LUIZ BIRMAN

CARTÃO DE DÉBITO

O lado emocional do dinheiro e do crédito

UNDERLINE
PUBLISHING

ISBN 978-1-962185-88-2

Published by Underline Publishing LLC.
www.underlinepublishing.com
USA

LUIZ BIRMAN

CARTÃO DE DÉBITO

O lado emocional do dinheiro e do crédito

DEDICATÓRIA

Assim como uma construção deve ser baseada em pilares fortes para que seja sustentável e duradoura, dedico esta obra às quatro colunas essenciais da minha vida.

À memória de meu pai Henrique Birman, meu melhor amigo, que me ensinou desde o conceito mais simples de finanças até o mais profundo de honestidade.

À minha querida mãe Fani, minha incondicional incentivadora e orientadora.

À minha amada esposa Karla, minha dádiva e parceira de todos os momentos.

E a minha preciosa filha Bethânia, minha maior riqueza, a quem desejo que estes conhecimentos sejam úteis por toda a vida.

ÍNDICE

PREFÁCIO

Este livro foi propositalmente construído em 26 capítulos 'a partir de um plano de reflexão sobre o que representa o dinheiro e o recurso, esse poder construtivo e destrutivo. Minha sugestão é que seja lido um capítulo a cada dia do mês, não importa qual dia comece, deixando um dia por semana sem ler, como uma novela que só tem capítulos novos seis dias por semana, despertando o desejo do próximo conhecimento. Assim ao final de 4 semanas o leitor terá feito uma verdadeira reprogramação em sua vida financeira e econômica e levará por toda sua vida o conhecimento lido e aplicado. Mas sugiro que este livro faça parte do acervo patrimonial de cada um, como a sonhada casa de praia ou serra, que você deve visitar sempre para valorizar o que possui.

Esta obra vem de uma ideia equivocada de que o cartão de débito é limitante ou limitador. Ter organização financeira e estar preparado para a vida, o futuro, o equilíbrio e o imprevisto é mais do que ter crédito ou cartões de crédito, é aprender a lidar com os recursos financeiros e econômicos, mas principalmente é aprender a lidar com o dinheiro, o que ganha, o que gasta e o que guarda.

Ao longo dos capítulos você irá entender alguns conceitos, desmistificar outros e aprender como buscar um equilíbrio entre os quereres e os planos de vida, com foco em estabilidade financeira e emocional, essa que tanto nos abala e é a causa de muitos dos problemas do mundo.

CAPÍTULO 1

Dinheiro não aceita desaforo!

Se tem uma frase que me acompanha desde muito antes de eu entender o que era inflação, juros ou orçamento, é essa: "Dinheiro não aceita desaforo."

Eu era garoto quando ouvi pela primeira vez, saindo da boca de um senhor já vivido, sentado na poltrona com seu café preto e um olhar de quem já tinha perdido muito, mas se orgulhava de ter vencido na vida: meu pai.

Ele falou isso olhando nos meus olhos, como se estivesse me entregando um tesouro em forma de ensinamento e esta frase me acompanha, como se tivesse sido criada para mim, e agora, daqui por diante, para você também.

Naquela época eu nem sabia exatamente o que significava, mas tinha certeza de que era importante. Com o tempo, essa frase virou um guia. E hoje, posso dizer com todas as letras: se você não respeita o dinheiro, ele some.

Não importa quanto você ganha. Pode ser mil ou cem mil. Se você não souber como tratar o dinheiro, ele vai escorrer pelos dedos como água num copo furado. E sabe qual é o maior erro de todos? É pensar que só porque você ganha bem, está tudo certo. Esse é o primeiro desaforo.

Dinheiro é como gente. Ele precisa ser compreendido,

cuidado, e acima de tudo, respeitado. Ele tem comportamento, tem reação. Se você o trata como um inimigo, ele foge. Se você o trata como um aliado, ele cresce. Não estou falando aqui de misticismo, estou falando de comportamento prático. Porque o jeito como você trata o dinheiro diz muito sobre como você trata a sua própria vida.

Nesse livro, eu quero lhe convidar para uma conversa. Uma conversa sincera, direta e sem economês chato. Vou compartilhar com você o que aprendi, o que vivi, e o que vi outras pessoas viverem para que, no final, você tenha condições de olhar para a sua conta bancária e enxergar algo além dos números, enxergar propósito, direção e tranquilidade.

Não espere fórmulas mágicas. Eu não acredito nelas. Mas acredite, existe, sim, uma forma simples e real de reorganizar sua vida financeira. Ela começa com uma palavra só: respeito. Respeito com o que você ganha. Respeito com o que você gasta. Respeito com o seu futuro.

Eu vou começar lhe perguntando algo que talvez ninguém nunca tenha se perguntado: Você se respeita financeiramente?

Isso não tem a ver com salário, cargo, ou status. Tem a ver com consciência.

Você sabe quanto entra e quanto sai do seu bolso por mês?

Você já parou para pensar por que todo mês parece que "faltou um pouco"?

Você já sentiu aquela angústia ao abrir o app do banco ou ver o extrato do cartão de crédito?

Se você respondeu "sim" para qualquer uma dessas perguntas, então você está no lugar certo.

Eu estive aí. Muitas vezes. E vi muita gente boa quebrar, não por falta de competência, mas por falta de preparo emocional para lidar com o dinheiro. A gente cresce ouvindo que falar de dinheiro é feio, que é coisa de gente gananciosa. Mas sabe o que é feio de verdade? É não saber o que fazer quando o aluguel vence e você ainda está no vermelho. A verdade é que dinheiro é assunto de gente séria. De gente que quer viver bem, com dignidade e com sonho. Não tem nada de errado em querer ter dinheiro. Errado é não querer saber o que fazer com ele. Eu quero lhe ajudar a mudar essa chave aí dentro. Vamos juntos entender o que significa, na prática, respeitar o dinheiro.

Você vai ver que finanças não são um bicho de sete cabeças. São, na verdade, uma sequência de pequenas escolhas que, feitas com consciência, constroem uma vida sólida.

E pode anotar: "uma vida sólida começa com uma mente organizada."

Vamos tratar disso de forma leve, mas séria. Como quem conversa com um amigo tomando um café.

Ao longo deste livro, eu vou falar de cartão de débito, de crédito, de gasto, de investimento, de casa própria, de dívidas e, principalmente, de escolhas. Tudo com base no que vivi, vi, errei, estudei, aprendi e acertei.

Então, se você chegou até aqui e está disposto a ler esse livro até o fim, já lhe digo: você deu o primeiro passo.

E só por isso, já lhe respeito ou melhor, você decidiu se respeitar, respeitar seus limites, reconhecer suas limitações, adquirir conhecimento e se superar.

Eu costumo dizer que o dinheiro é um espelho da nossa mentalidade. Ele mostra quem você é quando ninguém está olhando. Tem gente que, ao receber, já pensa em como vai gastar. Tem outros que, ao receber, já pensam em como vão guardar. Nenhum dos dois está necessariamente certo ou errado, tudo depende do propósito. Mas o que nunca pode acontecer é você receber e nem saber pra onde vai o dinheiro. Isso é um desaforo.

Sabe aquela frase: "Quem não sabe para onde vai, qualquer caminho serve"? Pois é. Com dinheiro é igual. Se você não sabe o que quer, vai acabar gastando com o que não precisa. E aí, quando o boleto chega, você se pergunta: "Onde foi parar meu dinheiro?"

A resposta é simples: ele foi exatamente para onde você mandou. Mesmo que tenha sido sem querer.

Eu acredito que a primeira coisa que a gente precisa fazer é assumir o controle. Isso não significa que você vai virar um economista. Significa que você vai aprender a ser o piloto da sua vida financeira, e não mais o passageiro.

Deixa eu lhe contar uma coisa que aprendi cedo na prática, mas demorei a entender: "Você pode não controlar quanto ganha hoje, mas pode controlar tudo o que faz com o que ganha."

E é aí que mora o poder.

Não é sobre o salário, é sobre a gestão.

E pra começar a gerir, você precisa encarar sua realidade de frente. Sem vergonha, sem autoengano.

Então aqui vai meu primeiro convite prático: Pegue papel e caneta ou abra a planilha que quiser e escreva TUDO que você ganha e tudo que você gasta.

Não precisa de fórmula. Só escreva. E seja honesto com você.

É desconfortável? Sim.

Mas é exatamente esse desconforto que lhe liberta.

Quando você enxerga a verdade, você começa a construir liberdade, e a liberdade começa quando a gente pára de mentir para si mesmo.

Agora, falando de verdade, por que será que a gente foge tanto de olhar o extrato do banco?

É simples: porque a gente tem medo do que vai ver. E medo, quando se trata de dinheiro, é sinal de que algo está errado.

Eu sempre digo que quem tem medo do extrato, está gastando com o que não deveria.

E o que é pior, quando você gasta com o que não deveria, você inevitavelmente deixa de gastar com o que deveria, ou seja, não é só um erro financeiro. É uma escolha que tem consequências emocionais, físicas, familiares, profissionais.

E eu não estou falando isso pra lhe assustar, estou dizendo

pra lhe alertar. Porque se você ainda não tem tudo sob controle, não tem problema. O problema é continuar assim, sabendo que tem uma escolha.

Você já ouviu a frase "Quem guarda tem"?

Pois é. Talvez você tenha ouvido de uma avó, de um pai ou de uma mãe. E quer saber? Eles estavam certos.

Guardar é mais que poupar. Guardar é respeitar o amanhã.

É dizer: —Hoje eu posso, mas prefiro garantir que amanhã eu também possa.

E não, guardar dinheiro não é deixar de viver.

Você não precisa se privar de tudo nem virar um monge das finanças. Mas precisa, sim, se planejar pra viver melhor.

Precisa saber a diferença entre se dar um presente e se sabotar.

Sabe aquela sensação boa de fazer uma compra? Ela dura poucos minutos.

Sabe aquela paz de olhar sua conta bancária e ver uma reserva formada? Essa dura meses.

Dinheiro bem usado traz tranquilidade. Dinheiro mal usado traz ansiedade.

Deixa eu lhe contar um segredo que a escola não ensina. Você não precisa ganhar mais para começar a cuidar melhor do seu dinheiro.

O que você precisa é de intenção. É isso. Não é fórmula mágica, não é planilha cheia de gráficos. É só intenção verdadeira. E quando você coloca intenção, tudo muda.

Muita gente me pergunta: —Luiz, qual é o primeiro passo pra melhorar minha vida financeira?

E eu respondo, sem pensar duas vezes: —Assuma a responsabilidade.

Isso mesmo. Assuma que a sua vida financeira é reflexo das suas decisões.

A boa notícia? Se você criou o problema, você também pode criar a solução.

Talvez você tenha crescido num lar onde dinheiro era tabu. Ou talvez tenha aprendido que dinheiro era sinônimo de sofrimento, briga, escassez.

Mas deixa eu lhe dizer: isso tudo pode ser reprogramado.

Você pode aprender a ver o dinheiro como ferramenta, não como vilão.

O dinheiro, no fim das contas, é um meio.

Um meio pra alcançar segurança, conforto, liberdade e até generosidade. Mas para isso, você precisa colocá-lo no lugar certo.

Dinheiro não é identidade.
Dinheiro não é amor.
Dinheiro não é validação.
Ele é recurso. E como todo recurso, precisa ser gerenciado.

Eu conheci muita gente inteligente, formada, de carreira sólida, que vive com medo de abrir o extrato. E conheci também gente simples, com salário modesto, que vive em paz, com o controle na palma da mão.

Sabe qual é a diferença entre os dois? Consciência.

Não é sobre quanto você ganha. É sobre quanto você entende o que ganha. E o que faz com isso.

Agora, antes de encerrar essa primeira conversa com você, quero deixar uma reflexão que sempre carrego comigo: "O dinheiro não muda quem você é. Ele só amplifica."

Se você é generoso, vai ser mais.

Se você é consumista, vai gastar mais.

Se você é consciente, vai construir mais.

Ou seja: cuidar bem do pouco é treino pra quando você tiver muito. Por isso, respeite cada real. Cada moedinha.

Não importa se hoje você tem pouco. Se você souber tratar bem o que tem, amanhã pode ter muito mais, e com sabedoria.

E pra fechar, deixo aqui meu primeiro desafio pra você:

Hoje, ainda hoje, anote cada gasto que fizer.
Um café, um lanche, uma corrida. Tudo.

Comece a tomar consciência.

Amanhã, repita. Depois de amanhã também.

Você vai se surpreender com o que descobre.

E lembre-se:

"Dinheiro não aceita desaforo."

Essa frase não é só um ditado.

É um aviso.

E também é um convite.

Um convite pra você, a partir de agora, começar a respeitar o dinheiro como ele merece e colher os frutos disso na sua vida.

Nos próximos capítulos, a gente vai conversar sobre como usar o cartão de débito com inteligência, quando e por que evitar o crédito, como se preparar pra ter uma casa, construir patrimônio, montar uma reserva, e o mais importante: como fazer tudo isso sem abrir mão da sua vida, dos seus sonhos e da sua paz.

Esse livro é sobre liberdade.

E a liberdade começa agora.

CAPÍTULO 2

Eu só compro o que tenho dinheiro para pagar.

Você já ouviu por aí aquela frase: "Cartão de débito é o cartão dos fracos." Pois é, eu já. E lhe digo sem medo, essa é uma das maiores bobagens que já inventaram sobre finanças.

É quase como dizer não importa se não tenho dinheiro.

Se tem algo que exige força, é olhar pra algo que você quer muito e dizer pra si mesmo, "Ainda não posso."

Essa é a verdadeira força.

Força de vontade, força de consciência, força de propósito.

Eu lembro bem da época em que o crédito virou moda. O plástico brilhante era status. Ter um cartão com limite alto era sinônimo de sucesso. E a verdade é que, por muito tempo, muita gente acreditou nisso. Inclusive eu, no começo.

Mas a conta chega. Sempre chega.

E quando você compra o que ainda não tem dinheiro pra pagar, o que você está fazendo, na prática, é comprometer o seu futuro.

É como se dissesse: —Eu hoje quero tanto isso, que aceito pagar amanhã, com juros, ansiedade, e muitas vezes culpa e perda de saúde. E aí, eu lhe pergunto: vale a pena?

Cartão de débito não é limitação. É liberdade.

Porque quando eu uso o débito, eu estou dizendo: — Eu trabalhei por esse valor, ele está na minha conta, e eu estou decidindo como gastar.

Ou seja, é uma compra consciente, baseada na realidade, não em fantasia.

E aqui vai uma frase minha que carrego há anos: —O cartão de débito é o cartão da verdade! Porque ele não te deixa mentir pra si mesmo.

Se o dinheiro não está lá, ele diz: — Não. E esse "não" é doloroso no início, mas é libertador com o tempo.

Agora me diga: — Quantas vezes você já usou o crédito não por estratégia, mas por impulso?

— Quantas vezes parcelou algo que poderia ter esperado um mês ou dois e comprado à vista, com desconto, sem peso?

Você pode até pensar, "Mas Luiz, às vezes é só um jantar, uma roupa, uma parcelinha."

E eu entendo. Ninguém é de ferro.

Mas a repetição do pequeno erro é o que constrói o grande problema.

É a gota que fura a pedra, não o temporal.

Eu costumo comparar o cartão de crédito mal usado com aquela visita que chega sem avisar, fica tempo demais e, no fim, ainda espera que você pague o jantar.

Ele entra de forma inofensiva, até parece amigável. Mas quando você vai ver, ele tomou espaço, bagunçou tudo e deixou dívida no seu lugar.

Já o débito é como um amigo honesto. Ele diz a verdade. Ele te lembra do seu limite. Ele te ensina a respeitar o tempo.

E olha, não estou dizendo que o cartão de crédito é o vilão da história.

Eu mesmo o uso, com consciência e com estratégia.

Mas jamais como bengala.

Jamais como escape pra comprar algo que o meu presente não permite.

O cartão de débito me ensinou algo valioso:

**"Se eu não tenho, eu não compro.
E se eu quero, eu me planejo.**

Essa é a base da independência.

Independência não é ter tudo.

É ter a capacidade de esperar.

De olhar pra um desejo e perguntar:

"Isso é necessário agora? Eu estou pronto pra isso?"

E se a resposta for não, tudo bem.

Esperar é sabedoria.

Adiar é sinal de maturidade.

Deixa eu lhe contar uma história.

Conheci um rapaz, vamos chamá-lo de Gastancio. Ganhava bem, trabalhava num bom cargo em uma empresa reconhecida. Tinha um perfil discreto, mas gostava de viver bem. Viagens, roupas de marca, carro novo a cada dois anos. Tudo parcelado.

Tudo no crédito.

Ele sempre dizia: —Eu trabalho muito, mereço aproveitar.

E ele estava certo, pois merecia mesmo.

Mas o problema é que ele confundiu merecimento com imediatismo.

A vida é feita de fases. E o que você "merece" hoje não pode custar o que você "precisa" amanhã.

Gastancio quebrou!

Não porque não ganhava o suficiente. Mas porque gastava baseado no que "merecia" e não no que podia bancar.

E o mais triste? Ele não teve nenhum luxo real. Tudo era ilusão de posse. Tudo era dos outros. Das lojas, dos bancos, dos juros.

Ele pagava o que não via mais.

E pagava com estresse, noites mal dormidas e aquela sensação de estar sempre correndo atrás do prejuízo.

Isso não é liberdade.

Isso é escravidão moderna com nome bonito.

Por isso, quando lhe digo: —Eu só compro o que tenho dinheiro para pagar, não é arrogância, é sabedoria construída com erro.

Já foi Gastancio? Já deu passos maiores do que o bolso?

Aposto que pagou caro! Em boletos e em situações delicadas, certo? Mas aprendemos. Por isso, hoje quero que você aprenda sem precisar cair, tenha você a idade que estiver, nunca é cedo demais e nunca é tarde demais.

Quando a gente compra com o que tem, a gente dorme em paz. E essa paz não tem preço.

Saber que tudo o que está ao seu redor é seu, pago, quitado... é uma sensação que nenhum limite de cartão substitui.

E mais, comprar com o que você tem te ensina a valorizar o processo.

Você planeja, espera, se organiza... e aí sim, compra.

Esse caminho constrói caráter financeiro.

E caráter financeiro constrói patrimônio.

Sabe aquela máxima: "Devagar se vai ao longe."

Ela vale, e muito, pra sua vida com o dinheiro.

Cada centavo que você não gasta por impulso é um tijolo na sua casa de segurança.

E um dia, essa casa te protege.

Tem uma outra frase que gosto muito e carrego como filosofia, e já que adoro frases fortes, pois como dizem os grande filósofos, "Frase fortes são para serem ditas, lembradas e repetidas" e já que estamos aqui para compartilhar vamos lá: "Comprar à vista é mais que um ato financeiro. É um ato de respeito próprio."

Porque quando você paga à vista, com seu próprio dinheiro, você afirma que sua liberdade vale mais do que seu desejo imediato.

Você se dá um presente sem se dar uma dívida.

E isso, meu amigo, é MATURIDADE.

A gente vive em um mundo que incentiva o agora, o clique,

o delivery instantâneo de tudo. Mas a vida financeira sólida é construída no oposto disso; na espera, no planejamento, na escolha consciente.

E eu lhe pergunto agora: — Quantas vezes você comprou pra impressionar alguém?

— Quantas vezes gastou pra preencher um vazio que nada tinha a ver com a compra?

Essas perguntas não são fáceis de responder. Mas são necessárias. Porque o cartão de débito lhe obriga a olhar pra dentro antes de olhar pra vitrine. Ele lhe faz pensar antes.

A beleza de pagar no débito é essa, e veja que não disse cartão de débito, mas não por erro e sim por intimidade, quando digo pagar no débito, quero dizer que sou íntimo com minhas finanças, sei o que tenho, sei que aquilo, está dentro da minha programação e posso pagar sem problemas adiante.

Crédito lhe dá o alívio falso do depois. E esse depois, quase sempre, é mais caro.

Você não precisa virar um radical. Mas precisa sim, cultivar consciência. E a consciência começa quando você entende que cada compra é uma decisão sobre o seu futuro.

Então hoje, meu convite é simples, mas poderoso:

Passe um dia inteiro comprando só com o que você tem.
Nada de crédito. Nem parcelado, nem prometido.
Apenas o que está na conta.
Anote como se sente.
Repare se a sensação de controle cresce.
Observe se você começa a pensar duas vezes antes de passar o cartão.
Essa experiência vale mais do que qualquer planilha.
E lembre-se: "Quem vive com o que tem, vive em paz. Quem vive com o que ainda vai ganhar, vive em dívida com o amanhã."

CAPÍTULO 3

Mas o que é estabilidade, afinal?

Sabe aquela palavra que todo mundo busca, mas quase ninguém sabe exatamente o que significa? Estabilidade.

A gente escuta desde cedo: — Procure um emprego estável.

— Você precisa de estabilidade na vida.

— Compra um imóvel que é mais estável."

— Mas o que, afinal, é estabilidade? E mais importante: — Quem disse que estabilidade é o mesmo pra todo mundo?

Para muitas pessoas, estabilidade é sinônimo de "não mudar".

Por muito tempo se achava que ter estabilidade era encontrar um canto, um salário fixo, um plano de saúde, um carro quitado... e ficar ali.

Parado. Seguro. Sem riscos.

Mas o tempo, e a vida, mostram que estabilidade não é ausência de movimento.

É a presença de equilíbrio.

Você pode estar parado e instável. Pode estar ganhando bem e inseguro.

Pode ter casa própria e ainda assim viver com medo de perder tudo.

Estabilidade não é onde você está. É como você está, com o que você tem.

Estável é quem tem margem pra respirar. É quem pode parar de trabalhar por um tempo e continuar com as contas em dia.

É quem se planejou o suficiente pra não tremer a cada notícia do jornal.

Sabe o que é o oposto de estabilidade?

Não é o caos. É a dependência.

Dependência do próximo salário.

Dependência de cartão de crédito, ou outras linhas de crédito, pra comprar o básico.

Dependência emocional de compras impulsivas pra se sentir vivo.

E essa é a verdade que ninguém te conta.

Estabilidade começa com consciência. Não com salário alto.

Pode ter certeza: eu conheci gente com quarenta mil na conta todo mês que vivia aflita.

E conheci quem ganhava quatro mil, mas tinha paz, plano e liberdade de dizer "não" quando necessário.

E é isso que eu quero que você entenda desde já.

Você não precisa esperar ficar rico pra ter estabilidade.

Você precisa organizar o que tem e fazer o melhor com isso.

Porque estabilidade não é parar.

É poder escolher parar se for preciso.

É poder mudar se for necessário.

É poder dizer: "Eu estou bem, porque me preparei."

E isso, meu amigo, não se compra. Se constrói.

Você já parou pra pensar por que tanta gente diz que quer estabilidade, mas quando a tem, se sente entediado, preso, desconectado? Isso acontece porque confundiram estabilidade com rotina vazia.

Estabilidade de verdade é aquela que te dá base para se mover com segurança. Não é uma âncora. É uma plataforma.

Quando você tem estabilidade, você pode errar sem desmoronar.

Você pode dizer "não" a uma proposta ruim sem medo de faltar o básico.

Pode sair de um emprego tóxico porque tem um plano.

Pode adiar uma compra porque sabe que a paz vale mais do que o parcelamento.

E sabe qual é o segredo pra começar a construir isso? Ter clareza dos seus custos reais.

A maioria das pessoas vive uma vida que custa mais do que elas podem sustentar. Não só financeiramente, mas emocionalmente também.

Gente que paga escola cara porque "todo mundo do grupo do WhatsApp faz o mesmo", desprezando até melhores opções porque são públicas, como se o "Não pagar caro" fosse sinal de fraqueza.

Gente que entra em financiamento de carro novo pra não "ficar para trás".

Gente que não tem tempo de curtir a casa porque trabalha doze horas por dia pra pagar a casa.

Isso não é estabilidade. Isso é escravidão.

Estabilidade real é quando seu padrão de vida cabe na sua vida.

Não nas aparências. Não no status. Na vida real, sua, do seu jeito.

E olha, ninguém vai lhe ensinar isso na escola.

A escola ensina a somar e subtrair, mas não ensina a fazer escolhas com base no que importa de verdade.

Quem lhe ensina isso é a vida.

Ou alguém que já viveu, já caiu, já aprendeu e resolveu compartilhar, como eu estou fazendo aqui com você.

E aqui vai mais uma verdade que você precisa engolir, mesmo que amargo:

Estabilidade não combina com descontrole emocional.

Se você compra quando está triste, gasta quando está ansioso, estoura o limite quando está entediado... você não está no controle.

E se você não está no controle, alguém ou algo está por você.

Você pode ter um ótimo salário, mas se sua mente está bagunçada, seu dinheiro vai seguir o mesmo caminho.

Por isso, organizar as emoções faz parte da sua estabilidade.

Estável é quem sabe quando parar.
Quem sabe quando esperar.
Quem sabe quando dizer “não, agora não”.
E isso, você só aprende com prática.
Dia após dia. Escolha após escolha.

Eu me lembro de um caso que me marcou profundamente.

Era um cliente, vamos chamá-lo de Rob. Ganhava bem, tinha um ótimo cargo, carro de última geração, apartamento de alto padrão. Aos olhos dos outros, era o retrato da estabilidade.

Mas um dia, ele me ligou desesperado.

A empresa estava cortando custos e ele estava na lista.

A pergunta dele foi: — Luiz, o que eu faço agora? Tenho três meses de fôlego, no máximo.

Três meses.

Trinta anos de carreira e só três meses de margem.

Isso não é estabilidade.

Isso é viver num castelo de vidro, bonito por fora, frágil por dentro. Eu não julguei. Eu já estive perto disso também.

A vida é feita de fases e ninguém está imune.

Mas o que diferencia quem se levanta rápido de quem quebra de vez é o nível de preparação.

Rob não tinha reserva, não tinha plano B nem C.

Tinha um estilo de vida que exigia que tudo desse certo sempre. E quando algo saiu do script, a estrutura balançou.

Por isso, eu repito com todas as letras:

Estabilidade não é sobre status. É sobre estrutura.
E a estrutura se constrói com simplicidade, com consistência, com escolhas repetidas e conscientes.

Você quer saber se tem estabilidade?

Responda com sinceridade:

Se seu salário não cair no próximo mês, você consegue viver com dignidade por quanto tempo?

Se surgir uma emergência médica, você consegue cobrir sem se afundar no crédito?

Se quiser tirar um mês sabático, você conseguiria?

Se a resposta for "não" para tudo isso, está tudo bem.

Mas isso mostra que está na hora de ajustar o rumo.

Estabilidade é aquilo que te permite respirar fundo e saber que você não é refém do sistema.

Que sua vida não está presa a um boleto.

Que sua felicidade não depende do próximo pagamento.

É ter o poder de escolher, e não só reagir.

E isso começa, na prática, com três pilares:

Controle de gastos reais, sem maquiagem;
Reserva mínima de emergência, nem que seja pequena;
Planejamento de médio e longo prazo.

Sem isso, qualquer vento lhe derruba. Com isso, até uma tempestade lhe encontra com guarda-chuva.

Então vamos falar dos três pilares que citei de forma bem objetiva, como deve ser.

Controle de gastos reais sem maquiagem

Aqui não tem segredo. Você precisa saber exatamente quanto custa a sua vida hoje.

Não o que você acha que custa.

Não o que você espera que custe no futuro.

Mas sim o número real. O da conta de luz, o do mercado, o da plataforma de streaming, o do cafezinho diário.

Parece simples, mas muita gente falha aqui porque tem medo de encarar os próprios números. É como não querer subir na balança porque vai estragar o dia.

Mas fugir da verdade não muda a realidade.

A única forma de ter estabilidade é saber exatamente onde está pisando.

E isso começa com transparência total com você mesmo.

Anote tudo. Por uma semana. Um mês.

E depois revise. Corte o que não precisa, negocie o que puder, e mantenha o que é essencial. Esse exercício, por si só, já muda tudo.

Reserva mínima de emergência

Sim, eu sei que parece clichê. Mas clichês existem por um motivo, porque são verdadeiros.

Ter uma reserva — mesmo que pequena — muda a forma como você dorme, trabalha, pensa e até como se relaciona com os outros.

Saber que você tem um colchão para imprevistos tira o peso de viver sempre no fio da navalha.

"Ah, Luiz, mas eu não tenho como guardar agora."

Eu entendo.

Mas talvez você tenha como ajustar um pouco, sacrificar um pouco, escolher um pouco melhor.

Não é sobre guardar muito. É sobre começar.

$50 (cinquenta dinheiros – não importa sua moeda, ou onde viva) por mês guardados com intenção valem mais do que $500 que você promete guardar "quando sobrar".

Planejamento de médio e longo prazo

Aqui está o ponto mais ignorado.

A maioria das pessoas vive no piloto automático, esperando que o próximo mês resolva tudo.

Mas você precisa parar e pensar: *"Onde eu quero estar em 3 anos? E em 10? O que eu gostaria de conquistar? Quanto vai custar isso?"*

Sem essa clareza, sua vida vira um eterno apagar de incêndio.

E estabilidade não se constrói com balde d'água. Se constrói com mapa.

Planejamento é o que transforma sonhos em metas.

E metas em realidade.

Agora que falamos de tudo isso: controle de gastos, reserva, planejamento , eu preciso lhe fazer uma pergunta que pode parecer simples, mas é transformadora:

— O que a palavra estabilidade significa pra você?

Não para a sociedade. Não para os seus pais, colegas ou influenciadores da internet.

Mas para você, com sua história, sua realidade, seus sonhos.

- Para mim, estabilidade hoje significa poder parar.
- Parar quando eu quiser.
- Parar de trabalhar sem entrar em colapso.
- Parar de seguir um plano que não faz mais sentido.
- Parar de fingir que está tudo bem quando não está.

E mais: estabilidade é saber que eu posso seguir em frente e voltar, com dignidade.

Porque não dependo mais só da próxima entrada, do próximo depósito, da próxima esperança.

Sabe o que dói em muita gente? É saber que está preso a uma vida de que não gosta, só porque não se preparou pra outra.

E eu não quero isso pra você. Eu quero que você entenda que estabilidade não é ausência de risco.

É capacidade de absorver os impactos sem perder o rumo.

É olhar o mundo mudando e dizer: "Eu estou pronto."

E você pode começar agora. Hoje.

Não importa se você tem $50 sobrando no mês ou se está endividado até o pescoço.

Estabilidade começa com uma decisão.

Uma escolha de três passos:

Olhar pra sua realidade com honestidade
Fazer pequenas mudanças com consistência
Respeitar seu momento sem perder a visão do futuro

E para lhe ajudar a dar esse primeiro passo, aqui vai um desafio prático e muito poderoso: Pegue um caderno ou seu celular e responda, sem filtros, apenas pra você:

— *Qual é o valor mínimo que eu preciso por mês para viver com dignidade e tranquilidade?*

— *Se eu perdesse minha fonte de renda hoje, por quantos meses eu sobreviveria com o que tenho?*

— *Quais são os três maiores gastos hoje que eu poderia repensar ou substituir?*

— *O que a estabilidade financeira me permitiria fazer que hoje eu não consigo?*

Responda com calma. Releia amanhã. Pense.

E se alguma das respostas te incomodar, ótimo.

O incômodo é o primeiro passo da mudança.

Finalizamos aqui este capítulo, mas levamos daqui uma semente importante:

Estabilidade é liberdade em construção.

Não é ficar parado. É ter estrutura pra ir onde quiser com segurança, propósito e paz.

No próximo capítulo, vamos falar de um tema que muitos confundem com sacrifício: guardar dinheiro.

Mas eu vou lhe mostrar que guardar não é se privar, é se permitir.

Se permitir viver com tranquilidade, sonhar com clareza e conquistar com inteligência.

CAPÍTULO 4

Guardar dinheiro não é castigo

Durante muito tempo, guardar dinheiro foi visto como um tipo de punição. Como se fosse uma sentença imposta a quem não teve a sorte de nascer rico ou de ganhar bem.

Ou como se fosse o preço pago por viver uma vida sem graça, sem prazer, sem conquistas.

E sabe o que é mais curioso?

Esse pensamento se espalhou como verdade absoluta — silenciosa, mas poderosa.

Tão poderosa que, mesmo sem perceber, muita gente repete comportamentos que sabotam a própria liberdade. Se tem uma ideia que eu já ouvi mais vezes do que gostaria foi essa: "Ah, mas eu não quero guardar dinheiro pra viver mal agora e só aproveitar quando estiver velho." E eu entendo.

Essa frase vem carregada de frustração, de medo de se privar, de histórias de quem trabalhou a vida inteira e não viveu nada.

Mas eu te digo com toda a convicção que a vida e os números me ensinaram, que guardar dinheiro não é castigo, guardar dinheiro é libertação, uma libertação com data marcada.

Sim, libertação.

Guardar não significa abrir mão de viver.

Significa garantir que você possa viver melhor, por mais tempo, com mais tranquilidade e com menos medo. É planejar pra viver mais e melhor. Porque não há liberdade real enquanto você depende de cada centavo que entra no mês seguinte.

Não há descanso pleno enquanto sua paz está refém do limite do cartão.

Não há saúde emocional onde o futuro é uma ameaça e não uma construção.

E é aqui que precisamos começar a virar a chave:

- Guardar é cuidar de si.
- Guardar é dizer “sim” pra você mesmo no futuro.
- Guardar é escolher viver com dignidade, e não com desespero.

É dizer: —Eu me importo com meu futuro

Eu me amo o suficiente pra pensar em mim daqui a 1, 5, 10 anos.

É um ato de autocuidado.

Assim como você cuida da sua saúde, deve guardar dinheiro pra cuidar da sua segurança.

Precisamos aprender a lidar com o famoso medo de viver "sem".

Eu entendo quem diz que guardar dinheiro é se privar.

Porque, culturalmente, fomos treinados a pensar que guardar significa “ficar sem”.

“Se eu guardar, não vou poder sair.”

“Se eu guardar, não vou aproveitar.”

“Se eu guardar, vou parecer mesquinho.”

Mas a pergunta real é: — Aproveitar o quê? Por quanto tempo? E a que custo?

—Você prefere viver 5 momentos intensos com medo do que vem depois ou 50 momentos consistentes, tranquilos, com clareza e leveza? Guardar dinheiro não é um ato de negação.

É um ato de proteção e projeção. Quem guarda não é quem vive menos. É quem vive com mais consciência.

Muita gente confunde guardar com reprimir. Mas não é sobre isso.

Você não precisa deixar de tomar seu café fora ou abrir mão de uma viagem.

Você precisa escolher o momento certo para cada coisa.

Guardar dinheiro é aprender a dizer "ainda não" em vez de "nunca mais".

Quando você guarda, você troca o imediatismo pela liberdade futura. E essa liberdade vale muito mais do que aquele sapato na promoção ou aquele celular novo que ainda nem precisava ser trocado.

Quer um exemplo? Imagine que você quer fazer uma viagem.

Você pode parcelar em 12 vezes no cartão e passar um ano pagando com juros e ansiedade.

Ou pode guardar por 6 meses, pagar à vista, com desconto, e fazer a viagem com paz.

Guardar dinheiro transforma o consumo em conquista.

E isso muda tudo.

O sabor daquilo que é pago com esforço é completamente diferente.

Você saboreia a experiência. Você respeita o que comprou. Você não se culpa.

Guardar é sobre isso, liberdade sem culpa.

Agora, vamos ao ponto: —Por que as pessoas têm tanta resistência em guardar? Porque foram ensinadas a pensar que o dinheiro "guardado" está parado.

Que ele não serve pra nada.

Que ele só vale se estiver sendo gasto.

E aí vem o grande erro:

O dinheiro guardado não está parado. Ele está em formação.

Ele está crescendo, mesmo que devagar.

Ele está virando tranquilidade, segurança, oportunidade.

Guardar é investir no que você ainda nem sabe que vai precisar.

E olha, tem uma outra verdade: Quem não guarda hoje, paga mais caro amanhã.

Paga juros, paga com pressa, paga com desespero.

Guardar é a forma mais barata de viver bem.

Experimente e conheça o prazer de guardar com propósito.

Tem gente que guarda por medo. E isso funciona por um tempo. Mas o verdadeiro poder está em guardar por desejo.

Sim, desejo.

- Desejo de realizar um sonho.
- Desejo de conquistar uma meta.
- Desejo de não depender de ninguém.
- Desejo de dar uma vida melhor à família.
- Desejo de dormir em paz.
- Desejo de ter escolha.

E é aí que guardar deixa de ser castigo e vira caminho.

Guardar vira resposta.

Resposta ao consumismo desenfreado.

Resposta ao medo do desemprego.

Resposta à ansiedade financeira.

Resposta à sensação de impotência.

Guardar é dizer:
"Eu estou no controle.
Eu não sou mais refém."

Mas não espere o suposto momento certo que nunca chega.

Começar é mais importante que o quando.

Talvez você esteja pensando agora: "Ok, Luiz, entendi. Mas eu ganho pouco. Mal sobra. Como eu vou guardar?"

E eu lhe respondo com toda a empatia e verdade: — Não importa o valor, o que importa é o hábito.

Você não precisa começar com muito.

Você precisa começar.

O segredo está em fazer disso um hábito, e não um evento.

Guardar dinheiro precisa entrar na sua rotina como escovar os dentes. É parte da sua saúde financeira, emocional e até familiar. $20 guardados com disciplina e intenção valem mais que $200 que nunca chegam ao cofrinho.

Guardar é como ir à academia.

No início, parece que não faz diferença.

Mas depois de meses — e anos — você olha para trás e diz: "Ainda bem que eu comecei."

É preciso guardar para o inesperado e para o planejado.

Guardar dinheiro tem dois grandes objetivos, lhe proteger do imprevisível e lhe aproximar do que você mais quer.

A reserva de emergência é aquela rede que impede sua queda.

O fundo para um projeto pessoal é a ponte que lhe leva mais longe.

O valor separado para a aposentadoria é o que garante que você vai poder viver bem mesmo sem trabalhar.

Guardar é isso tudo.

É uma estrutura.

É uma filosofia.

É um estilo de vida silencioso, mas poderoso.

E o mais importante, é uma escolha sua.

Vou lhe contar algo que mudou minha relação com o ato de guardar dinheiro.

Guardar é construir oportunidades que ainda não existem.

Quando você tem reserva, você não precisa aceitar qualquer emprego.

Você pode escolher.

Você pode dizer "não" pro cliente abusivo, pro chefe tóxico, pro contrato que não faz sentido.

Você também pode aproveitar oportunidades que aparecem só pra quem está preparado.

Um imóvel abaixo do valor.

Uma sociedade promissora.

Um curso que vai alavancar sua carreira...

O dinheiro guardado é um abridor de portas invisíveis.

E só vê quem se preparou.

E sabe o que é mais bonito nisso tudo?

É perceber que guardar não é um ato de restrição. É um ato de criação. Você não está se podando. Você está se moldando.

E se preparando pra ser mais, ter mais, viver melhor.

Guardar é se planejar para a briga interna da cultura do agora contra a paz do depois. Vivemos na era do "compre agora, pague depois". E essa mentalidade está nos sufocando.

Estamos cercados de publicidade, ofertas, influenciadores dizendo que precisamos consumir agora, viajar agora, viver agora.

Mas ninguém fala do boleto que chega.

Ninguém mostra a ansiedade de quem parcelou em 12 vezes uma experiência de 3 dias.

Ninguém ensina que guardar também é viver, só que com dignidade.

Guardar é REVOLUCIONÁRIO.

Num mundo que quer que você gaste tudo que tem — e o que não tem — guardar é rebeldia.

É dizer: —Eu não preciso provar nada pra ninguém. Eu me basto.

Guardar é ter escolha.

No fim das contas, guardar dinheiro lhe dá a única coisa que o descontrole nunca vai lhe dar: **escolha**.

QUEM GUARDA escolhe o que quer viver.
QUEM GUARDA escolhe com quem quer trabalhar.
QUEM GUARDA escolhe quando parar.
QUEM GUARDA escolhe quando recomeçar.
QUEM GUARDA escolhe se continua ou muda tudo.
E não tem nada mais valioso do que isso.

Quero lhe propor uma mudança de mentalidade.

Toda vez que pensar em guardar dinheiro, em vez de pensar em algo que você está perdendo, pense no que você está ganhando.

Você está ganhando tempo de qualidade lá na frente.

Você está ganhando noites de sono tranquilo.

Você está ganhando poder de escolha.

Você está ganhando força emocional pra lidar com a vida real.

Guardar dinheiro é como plantar árvore. Você não colhe no dia seguinte. Mas um dia, quando o sol estiver forte e o cansaço bater, vai ter sombra. E você vai agradecer por ter plantado.

Deixe-me fazer umas perguntas que vão lhe levar a fazer uma autoanálise e ver com outros olhos o "poder"de guardar.

—Hoje, se você fosse mandado embora do emprego, por quanto tempo conseguiria manter sua vida com dignidade?

—Qual foi a última vez que você guardou um valor com propósito, e não por acaso?

—Quais pequenos luxos hoje você poderia reduzir por três meses para formar sua primeira reserva? O que você poderia deixar de comprar neste mês para guardar pelo menos $50?

—Se uma emergência acontecer amanhã, quanto você tem reservado hoje?

Preocupante, não?

Não pense grande agora.

Pense real.

Pense prático.

Pense viável.

E aja.

Guardar dinheiro não é sobre castigo.

É sobre respeito.

Sobre amor.

Sobre proteção.

Sobre liberdade.

Sobre visão.

E quando você começa a enxergar isso, guardar deixa de ser um peso e passa a ser uma das coisas mais prazerosas da sua rotina.

CAPÍTULO 5

O custo de não se planejar.

Quero começar esse episódio literário, com uma frase de extrema sabedoria: "**Quem não se planeja, paga duas vezes: em dinheiro e em sofrimento.**"

Você já reparou como, na maioria das vezes, as decisões que mais nos custam foram tomadas por impulso?

Aquela compra sem pensar.

Aquele empréstimo "temporário".

Aquela viagem parcelada que parecia inofensiva.

Aquele contrato que não foi lido direito.

Aquela escolha profissional feita por pressão ou medo.

Tudo isso tem um preço. E não estou falando só de preço financeiro.

Estou falando do custo emocional, da energia perdida, do tempo desperdiçado, da sensação de estar sempre correndo atrás do prejuízo.

A verdade é que a falta de planejamento é uma dívida silenciosa. Você talvez não a perceba no dia que ela é gerada.

Mas, com o tempo, ela cobra juros altíssimos.

E o mais perigoso disso tudo é que a gente se acostuma com o caos. Normaliza o improviso.

Trata como "vida real" aquilo que, na verdade, é só reflexo da falta de estrutura.

Existe um mito que diz que planejar é coisa de gente que já tem dinheiro.

E é aí que mora um dos maiores enganos da vida financeira.

Na verdade, é justamente quem ainda não tem muito que mais precisa planejar.

Porque quando você tem pouco, cada centavo mal usado tem impacto.

Cada passo errado tem repercussões grandes.

Mas por que evitamos tanto? Porque planejar exige parar. Exige olhar para a realidade. Exige encarar números, limites, escolhas e consequências.

E a maioria das pessoas foi ensinada a evitar tudo isso. Somos frutos da doutrina do Melhor "deixar rolar". Melhor "ver como vai ser".Melhor "depois eu penso nisso".

E enquanto isso... a vida vai acontecendo.

E os problemas vão crescendo.

E os sonhos vão sendo adiados.

E as oportunidades vão embora porque a gente não estava pronto.

Vamos falar de situações reais, o preço e os custos do improviso.

O casal que vive bem, mas nunca sentou pra organizar as finanças juntos.

Resultado? Brigas frequentes, gastos duplicados, decisões diferentes e insegurança constante.

O jovem que entrou no primeiro cartão de crédito sem entender como funciona.

Parcelou, atrasou, girou, entrou em rotativo. E agora paga $ 1.200 por uma compra de $ 400.

O microempreendedor que teve uma ótima ideia, mas nunca

fez uma planilha, nunca projetou custos, nunca separou o dinheiro da empresa do pessoal. Meses depois, o sonho virou dívida. E a culpa foi atribuída ao "mercado ruim".

Todos esses casos têm um ponto em comum, a ausência de planejamento.

E sabe o que mais me assusta?

É que muitos desses cenários eram evitáveis com duas horas de atenção e um caderno na mão.

Mas a gente não foi treinado pra isso.

A gente foi treinado pra apagar incêndio, não para prevenir.

A falsa segurança do "mês que vem melhora" é um clássico.

"Esse mês apertou, mas mês que vem melhora."

"É só esse cartão, mês que vem eu quito."

"Quando eu receber o décimo terceiro, eu me organizo."

E o que acontece?

Mês que vem nunca melhora.

Porque nada muda se você não mudar.

Dinheiro não se organiza sozinho.

Boletos não desaparecem com boa vontade.

Os juros não perdoam ninguém só porque você "tá tentando".

Enquanto você estiver vivendo com base na esperança e não no plano, vai continuar sendo refém da sorte.

E sorte não é estratégia.

Planejamento é!

Planejamento é liberdade, não prisão.

Outro mito que precisamos derrubar é o de que planejar "tira a espontaneidade da vida".

Nada disso.

Na verdade, é o contrário.

Quem planeja tem mais liberdade para ser espontâneo.

Quem planeja pode aceitar um convite de última hora sem culpa.

Pode comprar um presente fora de época sem estourar o orçamento.

Pode dizer "sim" pra uma viagem inesperada porque tem reserva.

O improviso só é divertido quando você tem estrutura, ou melhor, quando você já tem estrutura. Fora isso, ele vira desespero disfarçado de aventura.

E o mais importante, quem planeja vive com menos medo.

E medo consome mais do que qualquer fatura.

Então, como começar a planejar sem complicação?

Eu poderia lhe dar aqui uma série de ferramentas complexas, planilhas com gráficos, apps e indicadores.

Mas eu prefiro começar com o que realmente funciona: o simples.

Passo 1: Anote tudo o que entra e tudo o que sai no mês. Tudo mesmo. Até o pão da padaria.
Passo 2: Separe os gastos por tipo: fixos, variáveis, supérfluos, imprevistos.
Passo 3: Identifique o que pode ser ajustado, cortado ou melhorado.
Passo 4: Crie metas mensais realistas (guardar 5%, pagar uma dívida, fazer uma compra consciente).
Passo 5: Acompanhe semanalmente. E ajuste conforme precisar.

Planejar é isso. É ter clareza. É visualizar o caminho.

Não é rigidez. É consciência.

Planejamento não é apenas para evitar desastre.

Ele é, principalmente, para construir futuro.

Quer comprar uma casa? Planeje.

Quer fazer uma viagem? Planeje.

Quer sair das dívidas? Planeje.

Quer ter filhos? Planeje.

Quer mudar de carreira? Planeje.

Quer viver melhor? Planeje.

Tudo que você não planeja vira urgência.

E urgência é mais cara. Sempre.

E se eu posso lhe deixar um conselho aqui, é esse: Planeje com antecedência pra não ter que improvisar com desespero.

Pense qual foi a última vez que você sentou, de verdade, para organizar sua vida financeira? Quais foram os maiores prejuízos que você teve por falta de planejamento? E o que você pode planejar esta semana que lhe pouparia dor de cabeça nos próximos meses?

Lembre-se o custo de não se planejar é alto demais.

Ele se disfarça de liberdade, mas é prisão.

Ele vem sorrateiro, mas quando chega, derruba tudo.

E a beleza do planejamento está no fato de que ele não exige perfeição. Só exige decisão.

A decisão de cuidar de si.

De parar de viver no automático.

De construir com consciência.

Porque no fim, não é sobre dinheiro. É sobre vida.

E a sua vida merece um plano, um plano que seja seu, possível e poderoso.

CAPÍTULO 6

Gasto, custo, despesa e investimento

Neste capítulo quero ensinar a você, as diferenças fundamentais entre os quatro pilares do dinheiro no dia a dia: **gasto, custo, despesa e investimento.**

Vamos desmistificar o uso desses termos e mostrar como essas classificações mudam completamente a forma de pensar, gastar e planejar.

Começando pela **Consciência Financeira**, vamos direto ao ponto: se você não entende o nome do que está fazendo com seu dinheiro, você vai viver perdido, e pagando caro por isso.

—Por que algumas compras doem mais no bolso do que outras?

—Por que tem gente que compra muito e ainda assim prospera, e outros que vivem "enxugando" e continuam afundados?

A resposta está em uma palavrinha: consciência.

E ela começa entendendo a natureza do dinheiro que você movimenta.

Se eu lhe perguntasse agora: —O que você classificaria como gasto? E como despesa? O que você chama de custo? E investimento?

Se essas palavras se misturam para você, fique tranquilo. Muita gente, até gente que trabalha com dinheiro, vive nessa confusão.

Mas a partir de agora, vamos colocar cada coisa no seu lugar.

Porque quando você aprende a nomear corretamente o que faz com seu dinheiro, você ganha poder.

E como eu sempre digo: "Quem não sabe o que está fazendo com o dinheiro, está sendo feito por ele."

Gasto

Comecemos com o famoso Gasto.

O que vai embora sem avisar.

Gasto é aquela movimentação de dinheiro que muitas vezes é imediata, impulsiva ou desnecessária.

É o famoso "só hoje".

É o "comprei porque estava em promoção".

É o lanche do dia que virou vício.

É aquela compra por impulso, movida pela emoção.

O gasto é o tipo de dinheiro que não constrói nada duradouro. Ele traz prazer momentâneo, mas quase sempre arrependimento depois.

Não que gastar seja errado.

Mas você precisa entender quanto do seu dinheiro está indo embora dessa forma, e por quê.

Gasto é quando seu dinheiro trabalha contra você.

Despesa

Agora vamos para a Despesa.

O que a mantém funcionando.

Despesa é diferente.

Ela representa o custo da sua manutenção básica.

Luz, água, internet, transporte, alimentação, aluguel ou financiamento — tudo isso é despesa.

São os compromissos regulares que, bem ou mal, te mantêm vivo e ativo.

Mas aqui tem um ponto crucial, despesas também precisam ser monitoradas.

Porque quando elas se descontrolam, você começa a viver pra pagar o básico, e deixa de crescer.

Tem gente que chama tudo de "custo fixo", mas isso é perigoso. Porque ao dizer que é "fixo", você corre o risco de achar que é intocável.

E não é.

Você pode mudar de plano de celular.

Pode reduzir o pacote de internet.

Pode usar mais transporte público.

Pode rever seu mercado.

Despesa não é destino. É escolha.

Mesmo as fixas podem ser ajustadas — se você quiser.

Custo

O custo é o que viabiliza a produção.

Agora entramos numa área que muita gente confunde: o custo.

O custo é tudo aquilo que permite a geração de receita.

Ele é mais técnico, mais estratégico.

Se você tem um negócio, os custos são os insumos, a matéria-prima, o que torna possível a entrega do seu produto ou serviço.

Mas isso também vale pra vida pessoal.

Por exemplo: a mensalidade de um curso que você precisa para crescer na carreira.

O transporte até o trabalho.

O uniforme profissional.

Tudo isso pode ser classificado como custo.

O custo está intimamente ligado ao que gera retorno.

E por isso ele deve ser avaliado com mais critério.

Corte custos sem perder produção, e você está evoluindo.

Corte custo errado, e você mata o motor da sua geração de renda.

Investimento

Por último, o Investimento.

O que lhe faz crescer.

Esse é sempre o mais querido e, ao mesmo tempo, o mais mal interpretado.

Muita gente acha que investimento é só comprar ações, fazer um CDB, aplicar em imóveis.

Mas, na verdade, investimento é tudo aquilo que você coloca dinheiro hoje, esperando retorno amanhã.

Pode ser financeiro, sim — mas pode ser emocional, intelectual, estratégico.

Investir é comprar um livro que muda sua mentalidade.

É pagar por uma consultoria que reorganiza sua vida.

É guardar dinheiro para abrir o próprio negócio.

É aplicar num fundo de longo prazo pra ter aposentadoria digna. Investimento é o que amplia o seu amanhã.

Gasto é o que alivia o seu agora.

E saber a diferença entre os dois é o começo da liberdade.

Neste primeiro contato, meu objetivo foi lhe mostrar que esses quatro nomes — gasto, despesa, custo e investimento — não são só palavras diferentes.

Eles são óculos diferentes pelos quais você enxerga o seu dinheiro.

E dependendo dos óculos que usa, você vê problema onde há solução... e conforto onde há risco.

O Dinheiro Que Anda com Nome

Quero lhe apresentar agora O Dinheiro Que Anda com Nome.

Se você quiser ter controle sobre o seu dinheiro, a primeira coisa que precisa fazer é dar nome ao que ele está fazendo na sua vida.

Dinheiro sem nome é dinheiro sem destino.

E dinheiro sem destino acaba indo parar no lugar errado.

Agora que você já entendeu o conceito por trás de gasto, despesa, custo e investimento, vamos partir para a prática. Porque não adianta saber a teoria se, na hora de comprar um item no mercado, você ainda acha que "tudo é conta" e pronto.

Vamos imaginar uma cena comum:

Você foi ao mercado e comprou:

Arroz, feijão e carne.

Cerveja e batata frita congelada.

Um chocolate premium.

Uma pilha para o controle da TV.

Um sabão em pó e um amaciante novo mais caro que o habitual.

Na sua cabeça, talvez tudo isso entre em uma única categoria: mercado. Mas quando você olha com atenção, percebe que:

Arroz, feijão e carne são despesas básicas

Cerveja e batata frita são gastos supérfluos

Chocolate premium pode ser um gasto emocional ou de ocasião

Pilha é uma despesa funcional, de reposição

Sabão e amaciante mais caros podem ser um gasto disfarçado de despesa se não forem necessários

Entendeu? A diferença está na intenção e no impacto.

Se você passa o cartão no mercado e acha que tudo ali é igual, está perdendo a oportunidade de entender como o dinheiro está se comportando.

E, consequentemente, como VOCÊ está se comportando.

O papel da consciência na organização é decisivo!

Vamos agora pra uma análise mais profunda:

— Qual é o impacto de classificar o que você gasta?

Imagine duas pessoas com o mesmo salário, o mesmo aluguel e o mesmo custo de vida básico.

Uma delas anota tudo e classifica os gastos.

A outra "controla de cabeça."

— Quem você acha que vai ter clareza no final do mês?

— Quem você acha que vai enxergar o desperdício?

— Quem vai saber exatamente o que pode cortar sem comprometer a vida?

Isso mesmo, quem dá nome.

Porque nomear é organizar.

Organizar é entender.

E entender é agir com autonomia.

Existe uma pergunta que eu costumo fazer nas mentorias que aplico: —Você gasta mais por necessidade, por emoção ou por hábito?

Essa resposta muda tudo.

Se você gasta por necessidade, precisa ajustar o orçamento.

Se gasta por emoção, precisa olhar pro que está tentando preencher.

Se gasta por hábito, precisa reeducar o seu modo de funcionar.

E a chave pra descobrir isso está na classificação.

Anote tudo que gasta por uma semana. Tudo.

E depois olhe com lupa.

Isso aqui é uma despesa que mantém minha vida funcionando?

Isso aqui é um gasto que poderia ser evitado ou repensado?

Isso aqui é custo que me gera retorno futuro?

Isso aqui foi um investimento em mim ou no meu futuro?

Essa prática simples vai mudar a forma como você enxerga seus $10, seus $100 seus $1000 e seus futuros ou improváveis recursos.

Ciclo da reclassificação

Agora, lhe apresento o que chamo de Ciclo da reclassificação.

Outro ponto importante é que os nomes mudam com o tempo. Algo que hoje é investimento, pode virar custo.

Algo que parece despesa, pode virar gasto.

E algo que parecia gasto, pode virar oportunidade de reeducação.

Por exemplo: A escola particular do seu filho hoje é uma despesa importante, mas se está comprometendo demais a renda, pode estar se tornando um gasto desequilibrado.

Um plano de saúde pode parecer caro agora (despesa), mas se evita um gasto maior depois, é quase um investimento preventivo.

O segredo é revisar periodicamente.

A vida muda. E seu uso do dinheiro também precisa mudar.

Dar nome ao que fazemos com o dinheiro é mais do que controle.

É respeito com o que você conquistou.

É clareza para tomar decisões melhores.

É liberdade de ajustar antes que seja tarde.

Mas garanto que não é fácil, não bastassem as mudanças de nome ao longo de nossas vidas, existem ainda as armadilhas de confundir gastos com investimentos, e como muita gente entra no buraco se enganando com termos bonitos.

A Mentira do "Investimento Pessoal"

Um desses exemplos clássicos é A Mentira do "Investimento Pessoal"

Vivemos em tempos onde tudo virou "investimento".

Você já deve ter ouvido expressões como:

"Invista em você mesmo com este novo celular de última geração."

"Esse carro é um investimento no seu conforto e imagem."

"Essa bolsa de grife é um investimento no seu estilo e autoestima."

"Esse jantar é um investimento em bem-estar."

E eu lhe pergunto com toda honestidade: — Isso é mesmo investimento... ou só um gasto bonito com nome de nobreza?

Nem tudo que é caro é investimento. E nem tudo que é gostoso vale o preço que você paga.

Esse é o tipo de mentalidade que amarra pessoas em dívidas — emocionais e financeiras. Porque quando você rotula um gasto como investimento, você silencia o senso crítico.

Você se permite ir além do que pode. Você se convence de que está fazendo algo inteligente — quando, na verdade, está se recompensando emocionalmente e se endividando racionalmente.

O que define um investimento de verdade, é tudo aquilo que vai te trazer retorno no futuro, em valor, crescimento, estabilidade ou renda. o que pode ter chance de multiplicação ou valorização, que está alinhado com uma meta ou propósito estratégico e pode ser mensurado de alguma forma ao longo do tempo.

Agora me diz: — Um jantar de $800 num restaurante da moda... se encaixa nisso?

Um celular de $7.000 trocado sem necessidade... é investimento ou vaidade digital?

Um MBA que você não quer, só pra agradar o chefe... é investimento ou submissão?

Se você estiver chamando esses itens de investimento, você não está sendo sincero com sua realidade.

E vai aqui um grande segredo revelado, O marketing adora essa confusão. E tem mais, essa confusão não é coincidência. Ela é estratégica.

Empresas e marcas aprenderam que, se chamarem consumo de "investimento", você baixa a guarda.

Você sente que está evoluindo, quando na verdade está só comprando.

Você se vê como alguém em movimento ascendente, quando está apenas respondendo a impulsos do ego.

E isso é perigoso! Porque todo gasto disfarçado de

investimento tem dois prejuízos, você gasta mais do que pode, acreditando que está sendo inteligente, e deixa de fazer os investimentos reais que realmente te trariam retorno.

Quantas vezes você já viu alguém endividado até o pescoço, mas dizendo que "vive bem"?

Quantas vezes você viu gente com imagem impecável, mas com a conta negativa?

Isso não é riqueza. É maquiagem.

O verdadeiro investimento é silencioso, muitas vezes, não tem a foto bonita para as redes sociais.

É o valor que você guarda todo mês, mesmo que seja pequeno.

É a leitura de um livro que expande sua mentalidade.

É um curso feito no sábado de manhã enquanto os outros estão dormindo.

É um plano de previdência que parece entediante, mas que lá na frente vai garantir sua dignidade.

É a decisão de morar num lugar mais simples por alguns anos pra poupar e construir algo maior.

O que não aparece no feed é o que constrói a sua liberdade real.

A partir de hoje, sempre que pensar em comprar algo e se pegar dizendo: —É um investimento."

Faça essa pergunta: — Se é investimento, qual é o retorno esperado? Em quanto tempo? E que problema real estou resolvendo com isso?

Se não houver resposta clara, concreta, mensurável...

Desculpa. Não é investimento.

É gasto emocional. E ponto!

Se você quiser crescer de verdade, precisa aprender a olhar para o que o dinheiro constrói e não para o que ele apenas exibe.

A linha entre gasto e investimento é tênue.

Mas é essa linha que separa quem vive de aparência de quem vive com propósito.

Agora vou lhe ensinar como montar um sistema pessoal simples para categorizar e revisar todas as suas movimentações financeiras — em casa, no trabalho ou nos negócios.

Você vai aprender como aplicar isso com consistência, criando o Seu Sistema Pessoal de Classificação.

Saber o que é gasto, custo, despesa e investimento já lhe dá uma vantagem imensa sobre a maioria das pessoas.

Mas isso só se torna útil se você transformar esse conhecimento em ação.

Inteligência financeira sem aplicação é como receita sem comida na panela: não alimenta ninguém.

Então quero lhe mostrar um jeito simples, humano e eficaz de organizar toda sua vida financeira com base nessas quatro palavras-chave. E o melhor: você pode começar hoje, sem aplicativo pago, sem planilha complexa e sem desculpas.

Seu Sistema Pessoal de Classificação

Etapa 1 – Escolha a ferramenta que você usa de verdade

Antes de falar de método, preciso te lembrar de algo básico: A melhor ferramenta é aquela que você CONSEGUE usar com frequência.

Se você é da turma do papel, pode usar um caderno simples com 4 colunas: Gasto | Despesa | Custo | Investimento.

Se prefere o celular, use uma planilha ou até um bloco de notas organizado por emojis ou hashtags (#investimento, #despesa).

Se já usa aplicativos, aproveite a função de categorias.

O importante é não inventar moda. Use o que você vai realmente alimentar e revisar.

Etapa 2 – Registre absolutamente tudo por 30 dias.

Esse é o passo que separa quem vai mudar de quem só está animado.

Durante 30 dias, registre tudo que você pagou e tudo que você ganhou. Até os centavos, até o delivery, até a simples transferência bancária de doação de $1. E cada item registrado deve ser classificado em uma das 4 colunas:

Gasto – Foi emocional, impulsivo, não gerou retorno?
Despesa – Manteve sua vida funcionando?
Custo – Ajudou a gerar renda ou resultado
Investimento – Vai lhe dar retorno no futuro?

No início, vai parecer trabalhoso. Mas é como fazer um raio X das suas escolhas. E ninguém muda o que não enxerga com clareza.

Etapa 3 – Reveja os dados e encontre padrões.

Após 30 dias, pare e olhe para o todo.

Você vai se surpreender com o que encontrará.

—Quanto do seu dinheiro virou gasto emocional?

—Quanto virou despesa que poderia ser otimizada?

—Quanto você realmente aplicou em investimentos de verdade?

—Houve alguma categoria que dominou o seu orçamento sem você perceber?

Essa análise é ouro puro.

Ela vai lhe mostrar onde estão seus vazamentos, suas repetições inconscientes e suas sabotagens silenciosas.

Etapa 4 – Estabeleça limites por categoria.

Com base no que você observou, defina metas realistas.

"A partir de agora, meus gastos emocionais não passarão de 10% da minha renda."

"Vou reduzir despesas variáveis em 20%."

"Vou aumentar meu investimento mensal em 5%."

Isso dá forma ao seu plano.

Quando você põe números no que antes era só sensação, o controle volta pra sua mão.

Etapa 5 – Revise semanalmente, ajuste mensalmente.

Você não precisa virar um robô financeiro. Mas precisa criar uma rotina mínima de revisão.

Uma vez por semana, domingo, por exemplo.

Reveja o que entrou e saiu.

Veja se as categorias estão equilibradas.

Uma vez por mês ajuste os limites. Observe sua evolução. Compare com o mês anterior.

Essa prática, feita com leveza e regularidade, muda sua vida.

E o mais bonito?

Ela não depende do quanto você ganha, nem de sua formação profissional ou conhecimento de matemática financeira.

Ela depende apenas do quanto você quer entender e respeitar seu dinheiro.

Não é sobre planilha. É sobre a famosa consciência.

Tem gente que faz planilha linda... e continua sem controle.

Tem gente que tem renda alta... e vive endividada.

Tem gente que lê sobre finanças... mas nunca coloca nada em prática.

O que vai te diferenciar é o nível de sinceridade com que você olha pra si mesmo.

Organizar seu dinheiro com base em gasto, custo, despesa e investimento é um ato de maturidade.

É dizer: "Agora eu sou adulto de verdade. Não financeiramente apenas. Mas emocionalmente também."

Essa nova forma de olhar para o dinheiro impacta sua vida inteira — inclusive suas decisões familiares, profissionais e seus relacionamentos.

Porque a forma como você classifica seu dinheiro revela, no fundo, como você classifica seus valores, por profundidade emocional, impacto estratégico e conexão com a vida prática.

Porque a forma como tratamos o dinheiro não é só uma técnica, é um reflexo direto de quem somos e no que acreditamos.

O Dinheiro Fala Sobre Você (E Você Nem Percebe)

Se você parar pra pensar com calma, o dinheiro que sai da sua conta todos os meses está lhe descrevendo como pessoa.

Seus extratos bancários não são apenas números.

Eles são retratos comportamentais.

Eles mostram:

O que você valoriza.

O que você repete.

O que você evita.

O que você ignora.

E, principalmente, o que você está construindo , ou destruindo, sem perceber

O dinheiro revela mais do seu caráter do que você imagina.

— Afinal, quem você é no dinheiro?

Você é aquela pessoa que:

— Gasta primeiro e se arrepende depois?

— Compra pra se sentir valorizado ou amado?

— Consome pra se comparar com outros?

— Evita olhar pro saldo bancário porque dói?

— Ou aquela que planeja, cuida, valoriza cada centavo que entra?

Cada perfil tem uma raiz emocional por trás.

E se você não parar pra entender como você lida com o dinheiro, nunca vai conseguir reorganizar sua vida financeira com consciência.

O que sua relação com o dinheiro diz sobre sua história?

Muita gente não sabe disso, mas a forma como você usa o dinheiro hoje está diretamente ligada à sua formação emocional e familiar.

Talvez você venha de uma família onde nunca se falava de dinheiro, então você repete o silêncio; ou o dinheiro era sempre escasso, então você gasta tudo que tem pra não se sentir preso; ou o dinheiro era usado como controle, então você se rebela gastando compulsivamente. Ou ainda, o dinheiro era venerado, então você se sacrifica só pra acumular, mas não vive.

Entender o seu passado é essencial pra transformar o seu presente.

Dinheiro não muda caráter. Ele revela.

Tem uma frase que eu gosto muito — e que se aplica perfeitamente aqui: "***Dinheiro não muda as pessoas. Ele só revela quem elas são de verdade.***"

Se você for generoso, vai doar mais.

Se for mesquinho, vai acumular mais.

Se for desequilibrado, vai errar mais vezes com mais intensidade.

Se for consciente, vai usar o dinheiro pra construir e servir.

E tudo isso está embutido em como você classifica seus movimentos.

Gasta no que não precisa?

Investe em coisas que você nem acredita?

Mantém despesas que te drenam?

Ignora custos que poderiam virar investimento?

A resposta está nas entrelinhas da sua movimentação.

O dinheiro também afeta seus relacionamentos

Se tem uma coisa que causa desgaste, crise e até separação entre casais e famílias... é a falta de clareza sobre o uso do dinheiro.

Você quer crescer, mas seu parceiro só gasta.

Você quer investir, mas seus pais te cobram consumo.

Você quer guardar, mas seus amigos zombam do seu "pão-durismo".

O que fazer?

Comece organizando a sua verdade.

Mostre, com clareza, o que você está fazendo, por que está fazendo e o que está construindo com isso.

Dinheiro também se comunica. Ele pode unir ou dividir.

Mas quando você tem consciência, pode inspirar pelo exemplo.

Na trilha da evolução financeira, Gasto, custo, despesa e investimento não são só categorias financeiras, são fases de maturidade.

Quando você gasta muito, está vivendo no impulso.
Quando entende suas despesas, começa a organizar.
Quando identifica os custos, começa a pensar como dono.
Quando investe com propósito, começa a construir liberdade.

Toda pessoa que prospera conscientemente passa por essas quatro fases.

O problema é que a maioria pára na segunda. E acha que já fez muito. Mas você está indo além.

Você está aprendendo a pensar como quem constrói.

Como quem não quer só ter sobra de dinheiro no final do mês, mas fazer o dinheiro sobrar como propósito na vida.

Convido você então, antes de seguirmos para o próximo capítulo, pegar um extrato bancário dos últimos 15 dias e classificar cada linha em Gasto, Despesa, Custo e Investimento. Depois, responda:

- *Qual categoria predominou?*
- *Qual deveria ser a maior, na sua realidade?*

- *Qual lhe surpreendeu?*
- *Qual você precisa cortar ou equilibrar?*

Faça isso com calma, sem julgamento.

Com olhar de quem está cuidando, não se punindo.

A forma como você gasta, mantém, produz e investe seu dinheiro é um espelho da sua forma de viver.

Se você quer uma vida mais equilibrada, mais livre e mais significativa, comece por aí.

Não é sobre enriquecer a qualquer custo.

É sobre usar com consciência o que você tem, e o que vai conquistar.

CAPÍTULO 7

O peso da dívida e o valor do alívio

Uma das melhores formas de aprender sobre GASTOS, conforme já definimos este nome do dinheiro, está em refletir sobre como a dívida afeta não apenas o bolso, mas a saúde emocional, os relacionamentos e a visão de futuro.

O Barulho Silencioso da Dívida

Quero lhe mostrar O Barulho Silencioso da Dívida que tem um custo oculto, invisível e profundo, e apresentar o caminho realista para o alívio e retomada do controle.

Você já sentiu aquele peso que ninguém vê?

Aquela angústia que começa pequena, mas cresce a cada notificação no celular?

O suor frio ao ver o extrato bancário?

A sensação de que sua liberdade foi confiscada por parcelas que parecem não acabar?

Isso é a dívida.

Ela não grita.

Ela sussurra.

E esses sussurros viram ecos mentais que te acompanham o dia todo. A dívida tem um poder destrutivo que vai muito além do número.

Ela tira o sono, tira o foco, tira o humor, tira a autoestima.

E se você já viveu isso ou está vivendo, você sabe exatamente do que estou falando.

Dívida não é só problema financeiro. É emocional.

Muita gente acha que o pior da dívida são os juros.

Mas o pior da dívida é o estado de alerta constante que ela instala dentro de você.

Você acorda pensando em dinheiro.

Dorme se perguntando como vai pagar.

Evita atender ligações.

Evita olhar e-mail.

Evita sair com amigos.

Evita abrir a fatura.

Evita falar com a família...

A dívida não te isola apenas financeiramente. Ela te isola da vida.

E aqui está o ponto que pouca gente fala:

A dívida prolongada muda quem você é.

Te torna mais reativo

Te tira paciência

Te deixa inseguro

Te impede de sonhar

A dívida prende sua criatividade.

E criatividade é o que você mais precisa pra sair dela

Quando a dívida vira identidade, Você começa dizendo: "Estou endividado."

Com o tempo, sem perceber, você passa a pensar: "Eu sou endividado."

A dívida começa no cartão de crédito, mas termina no psicológico.

E essa transição é perigosa. Porque você deixa de lutar contra a dívida e começa a se adaptar a ela.

Você normaliza.

Aceita.

Se acomoda.

Se convence de que nunca vai sair.

E para de tentar.

Pois bem, deixa eu te dar uma notícia que vai mudar sua vida e seus conceitos.

**"Dívida não é um destino.
É uma condição temporária, que precisa ser tratada com urgência emocional."**

Mas por que nos endividamos?

Ninguém acorda e diz: "Hoje vou me afundar."

A dívida entra de mansinho, pelas portas do descuido, da pressa ou da ilusão.

Vamos ser honestos:

Às vezes, você se endivida por necessidade real, como um problema de saúde, desemprego, ou uma urgência familiar.

Outras vezes, por desconhecimento, comprar sem entender juros, não comparar preços, e não planejar.

E muitas vezes... por vaidade, impulso ou comparação.

É doloroso admitir, mas só é possível sair da dívida quando você tem coragem de olhar pra origem dela com verdade.

O começo da virada é a consciência antes da solução

Antes de pensar em renegociar, vender bens ou fazer renda extra, você precisa fazer algo mais importante, reconhecer a dívida como um ponto de inflexão.

Ela está te mostrando algo.

Ela é um sinal.

Ela é o sintoma, não a causa.

E se você tratar só a parcela, mas não o padrão que te trouxe até ela... Vai se livrar da dívida, mas vai criar outra lá na frente.

A dívida precisa ser vencida não só no bolso, mas principalmente na cabeça.

Para obter essa superação e adquirir esse nível de consciência, é preciso enxergar o impacto invisível da dívida nos relacionamentos, saúde mental e visão de futuro, somente assim você vai entender por que sair da dívida não é só uma meta financeira, é um processo de resgate pessoal.

A Dívida mora entre as emoções. Ninguém gosta de falar sobre dívidas. Mas todo mundo já teve, tem ou vai ter que encarar esse assunto em algum momento da vida.

E quando não se fala sobre isso, o que acontece?

A dívida ganha ainda mais força.

Ela cresce no silêncio.

Ela se alimenta do medo, da vergonha e do adiamento.

O que eu vou te dizer aqui é duro, mas é real:

A dívida não destrói só o orçamento. Ela destrói o emocional.

E não importa se você ganha muito ou pouco, quando está devendo, seu mundo fica nublado.

Você já reparou como dinheiro mal resolvido é uma das principais causas de separação de casais e familiares?

Não é só uma questão de ter ou não ter.

É o jeito como se lida com o dinheiro que separa as pessoas.

Um esconde a dívida do outro.

Um gasta, o outro tenta segurar.

Um quer pagar, o outro prefere fazer vista grossa.

Com o tempo, o que era só uma conta atrasada vira uma crítica velada, um ressentimento constante, um "eu te avisei" disfarçado e por fim um afastamento emocional.

E quando você vê, a dívida virou uma terceira pessoa no relacionamento.

Sempre presente, sempre tensa, sempre entre vocês.

A falta de clareza financeira entre casais cria distâncias maiores que quilômetros.

Pouca gente fala disso, mas a dívida também adoece o corpo.

Sim, o corpo físico. Insônia, dor de cabeça, enxaqueca, queda de cabelo, ansiedade, gastrite, compulsão alimentar e tantas outras. Muitos desses sintomas têm origem em estresse financeiro crônico. E a medicina já reconhece isso:

Quando a dívida vira um estado permanente, seu corpo interpreta isso como ameaça constante.

Seu cérebro entra em "modo de sobrevivência":

Prioriza o básico

Bloqueia decisões complexas

Reduz sua capacidade de concentração

Aumenta seu nível de irritabilidade

Derruba sua energia vital

Ou seja, você não está "cansado da vida", você está cansado de não ver saída.

Tem ainda, mais uma coisa que poucos percebem, a dívida limita seus sonhos sem você perceber.

Quantas vezes você deixou de fazer um curso por achar caro?

Desistiu de uma viagem?

Não aceitou um convite com medo da fatura?

Deixou de comprar um presente pra alguém especial?

Ou simplesmente parou de sonhar, por acreditar que "não dá mais"?

Isso é o que eu chamo de prisão invisível da dívida.

Ela não lhe prende com grades.

Ela te prende com ideias, como:

"Nunca vou conseguir."

"Não é pra mim."

"Já passei da fase."

"Talvez no ano que vem."

Mas dívida não deve definir sua história.

Ela é uma fase, e como toda fase, ela pode ser superada com direção, coragem e clareza.

A dívida tem solução, mas não mágica, e para isto que decidi escrever este livro.

Muita gente busca um atalho.

Um empréstimo pra pagar outro

Um cartão novo pra cobrir o velho

Uma aposta de alto risco na esperança de ganhar rápido

Mas lhe digo com firmeza, dívida se resolve com realidade, e não com mágica.

É preciso abrir tudo. Ver o total. Organizar. Negociar com verdade.

Parar de fugir das ligações.

Montar uma estratégia realista.

E principalmente, mudar o comportamento que gerou essa dívida.

Porque pagar sem mudar é repetir.

E repetir é o caminho mais curto pra se afundar de novo.

Então vamos organizar o caos!

Vamos entender os diferentes tipos de dívida, como avaliá-los, o que priorizar e por onde começar, com clareza, estrutura prática e linguagem acessível.

Vamos criar um divisor de águas, uma ação concreta para quem quer sair do sufoco. Para isso vou compartilhar algo simples e precioso que aprendi ao longo da minha vida no mercado financeiro:

Nem toda dívida é igual,
e nem toda dívida precisa ser tratada igualmente.

Existem dívidas que são como um pequeno arranhão: incomodam, mas cicatrizam rápido e, existem dívidas que são como feridas profundas: se não forem tratadas com urgência, podem lhe paralisar.

O grande erro que muitos cometem é tratar tudo da mesma forma. Ou pior, não tratar nada porque o conjunto parece grande demais.

O segredo é separar antes de somar. Quando as contas começam a acumular, a primeira reação emocional é generalizar.

"Eu devo muito."

"Não tem mais solução."

"Já era, estou ferrado."

Mas quando você abre com calma e separa, percebe que nem tudo é tão urgente quanto parece.

E alguns casos têm solução simples e rápida, se, forem tratados com foco.

Eu classifico as dívidas em 4 tipos principais, mas que merecem igual atenção:

1. Dívida urgente e essencial.

Exemplo: aluguel atrasado, luz para cortar, escola dos filhos, alimentação. Essas precisam ser tratadas imediatamente, porque ameaçam sua estabilidade básica.

Aqui, não há negociação emocional.

Você precisa agir: renegociar, cortar supérfluos, priorizar esses pagamentos até estabilizar.

2. Dívida com juros altos e crescimento rápido.

Exemplo: rotativo do cartão de crédito, cheque especial, empréstimos com juros abusivos.

Essas são as que matam silenciosamente.

Mesmo que o valor pareça pequeno, o crescimento é acelerado.

Aqui, a regra é: interromper o crescimento o mais rápido possível.

Duas opções principais:

Trocar por dívida com juro menor, por exemplo: créditos com garantia ou consignados a pagamentos recorrentes como salário ou aposentadoria, refinanciamento com instituições diferentes, talvez governamentais, onde o incentivo é maior e o interesse menor, dentre outras na mesma linha.

Renegociar direto com o credor buscando parcelamento fixo e claro também é sempre um ótimo caminho, mas observe as regras e custos iniciais de uma mudança, lembre-se negocie, NUNCA ACEITE QUALQUER COISA A QUALQUER PREÇO!

Assim como, nunca ignore o rotativo do cartão de crédito, ele é como um vazamento de gasolina, invisível, mas altamente explosivo.

3. Dívida emocional e disfarçada.

Exemplo: comprar celular novo parcelado sem necessidade, fazer financiamento de carro por status, pagar curso que não usa só para dizer que "faz algo".

Essas dívidas são mais sutis.

Não parecem urgentes, mas revelam padrões mentais e emocionais.

Muitas vezes, são financiadas por comparação ou vaidade.

O que fazer?

Reconhecer a motivação

Interromper o padrão (não renovar, não repetir)

Pagar, mas usar o aprendizado como vacina

Essas dívidas ensinam muito mais sobre você mesmo do que sobre juros.

4. Dívida estruturada e planejada.

Exemplo: financiamento imobiliário com taxa negociada, crédito estudantil com juros baixos, consórcios.

Essas não são exatamente "boas", mas podem ser estratégicas.

Desde que estejam dentro do orçamento, com previsão de pagamento realista, elas não te sufocam, te organizam.

Aqui a dica é:

Manter o pagamento em dia.

Revisar a taxa e o prazo anualmente.

Garantir que elas não ultrapassem 25 a no máximo 30% da sua renda.

Mas lembrem-se de que fazer este tipo de dívida carece de planejamento, pois se para manter os pagamentos em dia você usa um cheque especial ou linha de crédito, está aumentando o custo final da dívida exponencialmente e o produto final pode ser desastroso!

E como priorizar qual pagar ou cuidar primeiro?

Agora que você entende a natureza das dívidas, precisa organizar a ordem de ataque.

Mantenha viva sua estrutura básica: água, luz, moradia, alimentação e saúde.

Corte os juros altos antes que eles cresçam: cartão, cheque especial, crédito pessoal.

Negocie o que for possível renegociar.

Assuma os erros emocionais com humildade e compromisso de mudança.

Mantenha as dívidas estruturadas sob controle, mas sem pânico.

Dívida não some ignorando. Some enfrentando. Se tem algo que aprendi na prática é que "Quanto mais você finge que a dívida não existe, mais ela cresce em silêncio."

E sabe o que mais cresce junto?

A culpa.

A vergonha.

A autossabotagem.

Mas quando você diz:

"É isso. Eu devo. E vou resolver."

Tudo começa a mudar.

Você deixa de ser refém e vira condutor da própria solução.

Sair do endividamento é um processo que começa com um

plano prático, adaptado à realidade de onde você vive e acessível mesmo para quem está em situação delicada e com pouco dinheiro. Aqui você começa a retomar o controle de verdade, aprendendo a priorizar, cortar, comunicar, negociar, e principalmente, recuperar seu poder de escolha.

Plano de Guerra - Saindo da Dívida com Estratégia em 7 passos.

Até aqui falamos de consciência, emoção, tipos de dívida, impactos e erros comuns.

Agora é o momento da ação. Chegou a hora da virada.

Porque dívida não se resolve só com motivação.

Se resolve com plano. Clareza. Ordem. Decisão. Persistência.

E para que sua libertação das dívidas se torne realidade, o seu "case de sucesso pessoal", vou lhe entregar o exato passo a passo que desenvolvi e já orientei centenas de pessoas, inclusive empresários com grandes dívidas e também pessoas com salário mínimo. Sim, funcionou para muitos e vai funcionar para você também.

Porque não importa o quanto você deve. Importa como você lida com o que deve.

Começamos aqui o seu plano de alforria financeira:

Passo 1 – Liste todas as dívidas, sim, TODAS.

Você precisa ver o tamanho real da situação.

Papel, planilha ou celular na mão.

Anote primeiro quem são os credores: bancos, cartões de crédito, empresas, financimentos, contas de farmácias, mercado ou outras informais (aquelas que não tem documentos ou contrato mas permeiam o seu dia a dia, e não menos importantes pessoas físicas (essas especialmente quando são próximas, como amigos e familiares, podem e tendem a ser as que mais te abalam emocionalmente, seja pela cobrança do próprio credor ou a sua cobrança interna).

Agora encontre o valor total e os valores das parcelas.

Identifique, calcule e encontre os juros mensais ou totais, mesmo que aproximados, e não tenha vergonha de pedir ajuda técnica se precisar.

Buscar a solução é motivo de orgulho, não vergonha!

Na sequência, defina a situação atual de cada dívida, separe por dívidas **em dia, vencidas, renegociadas ou ignoradas.**

Separe por tipo da dívida conforme aprendemos anteriormente: **essenciais, juros altos, emocionais e estruturadas.**

Lembre-se, você não pode combater um inimigo que não enxerga. Nomear é o primeiro ato de retomada de controle.

Passo 2 – Ordene por grau de urgência e impacto.

Agora que você tem a visão clara, classifique em três níveis:

Críticas – risco de corte de serviço, despejo de imóvel, nome negativado, risco de ajuizamento ou impacto emocional grave.

Importantes – juros crescentes, com imperiosa necessidade de renegociação.

Administráveis – estão sob controle ou que podem esperar.

Comece SEMPRE o ataque, pelo que pode destruir sua estabilidade.

Depois ataque os juros altos.

Só então lide com o restante.

Passo 3 – Revise sua realidade financeira atual.

Antes de prometer pagamento a qualquer credor, você precisa saber:

- Quanto exatamente entra por mês;
- Quanto sai com despesas fixas e variáveis;

- Quanto sobra (ou quanto falta).
- Isso se chama base de ação real.

Você precisa saber o seu "espaço de manobra", nem que ele seja zero hoje. Porque até com espaço negativo é possível criar solução. Mas só se for com verdade.

Passo 4 – Corte, realoque e negocie

Aqui entra o plano real de ajuste:

Corte temporariamente gastos supérfluos, como streamings, delivery, enfim aquilo que pode até ser bacana mas pode voltar a existir em um momento mais equilibrado, e te garanto vai ser muito mais apreciado.

Renegocie diretamente com credores, muitos preferem receber menos do que não receber.

Unifique dívidas se possível (troque juros altos por um juro menor)

Use entradas extras como 13º salário, bônus, venda de itens ou até bens, para resolver, não para gastar

Atenção, toda renda extra sem propósito claro, vira gasto invisível.

Passo 5 – Comunique e envolva quem mora com você

Se você vive com outras pessoas, precisa ser transparente.

Mostre a realidade

Divida a responsabilidade, sem culpa.

Peça ajuda, apoio e paciência.

Explique que a fase é de reconstrução e que o sacrifício é temporário.

Dívida escondida vira problema dobrado.

Quando todo mundo sabe, é mais fácil priorizar e cooperar.

Passo 6 – Estabeleça metas reais e comemoráveis

Você precisa de vitórias.
Mesmo que pequenas.
Pague a primeira conta vencida e comemore.
Negocie e reduza juros e reconheça sua atitude.
Saia da negativação e registre o marco.
Chegue ao fim do mês sem atrasar contas e se parabenize.
O emocional precisa de combustível positivo para continuar no jogo. Vitórias reforçam seu cérebro de que você está no controle, isso lhe ajudará a ter melhor clareza e tomar melhores decisões.

Passo 7 – Crie um compromisso de comportamento

Nada adianta pagar a dívida e repetir o padrão.
Então assuma:
Não parcelar sem planejamento;
Não fazer novas dívidas enquanto paga as antigas ou em um nível mais arrojado, até que todas estejam liquidadas;
Não cair em comparações com os outros; e
Aprender a planejar antes de consumir.
Se quiser, escreva isso. Assine. Guarde na carteira ou fixe na porta da geladeira.
Transforme sua decisão numa aliança com você mesmo.
Quero te dizer uma coisa agora que talvez ninguém nunca tenha te dito assim, com todas as letras:
Você não é sua dívida!
Você pode estar endividado, sim.
Mas isso não define quem você é.
Nem o que você vale.
Nem o que você pode construir a partir de hoje.
Dívida é só um rastro financeiro. Sua identidade é muito maior do que isso.

Quando você zera uma dívida, mesmo uma pequena algo poderoso acontece, você recupera o direito de sonhar.

Pode parecer poético, mas é real.

Você começa a respirar melhor, dormir mais tranquilo, pensar com clareza, voltar a fazer planos e reconquistar autoestima.

Isso não tem preço.

É como tirar um peso do peito.

É como abrir uma janela depois de muito tempo trancado num quarto escuro.

A dívida deixa marcas. Mas também deixa lições.

E essas lições podem se transformar nos pilares da sua nova vida financeira.

Você aprende a ser mais seletivo.

Você descobre que pode viver com menos.

Você entende o verdadeiro valor das coisas.

Você passa a consumir com propósito, não com culpa ou carência.

Você aprende a dizer não, inclusive pra si mesmo.

Sair da dívida não é só sair do vermelho.

É entrar num novo estilo de vida.

Conhecer ou reencontrar o valor simbólico e emocional de ficar "zerado" de dívidas, e manter o controle depois de sair do buraco, é sobre liberdade.

É sobre Reconstrução; Responsabilidade; Visão de futuro.

O alívio não está no fim, está no recomeço.

Às vezes podemos voltar a cair, mas se isso acontece com consciência e tendo esses ensinamentos que compartilhamos, o caminho da solução será mais leve e mais breve.

Aliás, em alguns momentos, você pode até precisar recorrer a algum tipo de crédito.

Mas agora, com o entendimento que você está adquirindo aqui, a postura será diferente. Esta dívida será uma dívida planejada.

Para isso você deverá perguntar antes de agir:

- Isso é essencial?
- Tem juros abusivos?
- Qual é o meu plano pra pagar?
- O que estou tentando resolver com essa compra?
- O que antes era impulso, agora será escolha.
- O que antes era emocional, agora será estratégico.

Uma vida sem dívidas não é uma vida sem esforço. É uma vida com clareza.

Você ainda vai ter contas.

Vai ainda vai fazer escolhas difíceis.

Vai ter que dizer não, cortar aqui, ajustar ali.

Mas vai fazer tudo isso com consciência. Com autonomia. Com direção. Porque a pior dívida não é com o banco, é com a sua paz de espírito.

Quando você se livra da dívida externa, pode finalmente quitar a dívida interna e viver em paz consigo mesmo.

Mas lembre-se, dívidas para constituição de patrimônio são consideradas investimentos se administradas corretamente e constituídas com planejamento!

Agora quero sugerir que você tire 10 minutos e escreva duas listas bem curtas:

O que a dívida já me tirou até hoje?
O que a liberdade financeira me permitirá fazer de agora em diante?

Se quiser, cole essas listas, no espelho do banheiro, na capa do caderno.

Revise toda semana. Porque o maior combustível de alguém que quer sair da dívida é lembrar o que está em jogo.

Você chegou até aqui.

Leu tudo. Refletiu. Se olhou por dentro.

E mais importante, assumiu a vontade de mudar.

Agora você tem não só as ferramentas, mas também a visão e a força emocional para virar esse jogo.

No próximo capítulo, vou te ensinar que porção do que ganha pode ser GASTO. Porque entender como evitar dívidas, começa com o entendimento do quanto e como gastar.

CAPÍTULO 8

Quanto devo gastar do que eu ganho?

A pergunta que todos evitam mas deveriam fazer

Você já se perguntou isso de verdade? "Quanto do que eu ganho eu realmente posso gastar?" Não é quanto eu QUERO gastar.

Nem quanto o banco ME PERMITE gastar.

É quanto eu DEVERIA gastar pra ter uma vida equilibrada, tranquila e sustentável.

Essa pergunta é uma chave mestra.

Quando você responde com sinceridade, começa a tomar decisões com base na realidade e não na emoção.

Começa a entender e afastar a ilusão do "depois eu vejo".

Sabe qual é o erro mais comum?

As pessoas vivem como se o salário fosse todo disponível.

Ganhou $ 5.000? Gasta $ 5.000.

Ou pior, gasta $ 6.000 no cartão, acreditando que "no mês que vem compensa".

Isso é uma ilusão.

É como dirigir sem freio.

Funciona... até o primeiro buraco.

O salário ou a receita mensal, precisa ter destino, antes de cair na conta. Essa é uma das maiores verdades que posso te ensinar.

Seu dinheiro precisa de um plano antes de chegar. Se você espera ele cair pra depois decidir, já perdeu a partida.

Dinheiro sem propósito vira consumo sem critério.

E o resultado é aquele conhecido.

Parcelas demais, faturas fora de controle, reserva inexistente e a falsa sensação de "ganho bem, mas não vejo esse dinheiro".

O método dos 3 baldes

Vamos falar então de proporção, o método dos 3 baldes.

Pra facilitar sua vida, vou te apresentar um modelo simples, direto e muito funcional.

Ele é uma adaptação inteligente do método 50/30/20, feita para uma realidade comum em diversos países, mesmo com suas particularidades.

Pense em sua renda mensal como 3 baldes:

Balde 1 – O essencial (50%)

Tudo que mantém sua vida básica funcionando:

- Moradia (aluguel ou parcela);
- Alimentação;
- Transporte;
- Água, luz, internet;
- Saúde básica;
- Educação; (se for aplicável pela idade ou conjunto familiar, e claro educação é sempre bom investimento, mas programado)

Esse balde deve consumir no máximo 50% da sua renda líquida. Se ele estiver consumindo 60%, 70% ou mais, é um sinal de alerta.

Você está vivendo acima da sua estrutura de base.

Ajustes precisarão ser feitos. Com urgência, se possível.

Balde 2 – Qualidade de vida (30%)

Esse balde é pra viver, aproveitar e ter prazer:

- Lazer;

- Compras pessoais;
- Assinaturas e serviços não essenciais;
- Presentes;
- Cuidados pessoais;
- Pequenos desejos;

Esse balde é importante.

Não viva como um monge esperando um dia "ser rico".

Você precisa ter qualidade de vida no caminho.

Mas atenção, deve ser condizente. Porque prazer sem planejamento vira dívida emocional.

Balde 3 – Construção de futuro (20%)

Aqui entra a mágica:

- Reserva de emergência;
- Investimentos;
- Poupança para objetivos;
- Pagamento de dívidas (se for o caso);

Esse é o balde que lhe dá liberdade.

É o balde que garante que amanhã não será uma repetição dolorosa do hoje.

É aqui que você planta as sementes da sua tranquilidade.

"Mas, minha conta já começa negativa!"

Eu sei.

E muita gente vai ler esse capítulo com a realidade de que gasta mais do que ganha.

Mas a ideia aqui não é perfeição. É progressão.

Se você está gastando 100% com o essencial, seu primeiro passo é reduzir pra 90%.

Depois pra 80%.Depois para 70%.Até chegar ao percentual correto ou o mais próximo no menor tempo possível.

O segredo está na tendência, não na rigidez. Você vai ver que, mesmo com pouco, é possível começar a montar uma divisão saudável. Adapte o método à sua realidade, sem culpas.

Quando a gente apresenta um modelo com percentuais bonitinhos — 50%, 30%, 20% — a primeira coisa que muita gente pensa é: "Isso não funciona pra mim. Mal dá pra pagar o aluguel."

E sabe o que eu lhe digo? Você está certo.

O modelo puro não vai funcionar pra todo mundo.

Mas ele serve como referência. Como norte. Como direção.

E, com o tempo, você pode adaptar esse norte pra caber no seu caminho.

—Mas Luiz, e se a minha renda é apertada (ou variável)?

Você que trabalha como autônomo, recebe por comissão, tem dias melhores e piores — ou simplesmente vive com salário mínimo — sabe que não dá pra ter controle rígido.

Mas você pode ter base de decisão. O segredo aqui é separar os meses bons dos meses normais.

E nunca gastar no mês ruim o que só daria certo no mês ótimo.

Faça assim:

Crie um valor "padrão" pra planejar (ex: $ 2.000 mesmo que em meses bons entre $ 2.500).
Gaste sempre abaixo desse valor médio.
Guarde o excedente dos meses melhores para cobrir os meses mais fracos.

Esse modelo chama-se **orçamento de referência conservadora.**

E ele salva muita gente do looping da oscilação emocional-financeira.

Esse modelo se assemelha muito à forma como os países mais desenvolvidos e com nível de qualidade de vida melhor, onde as pessoas fazem todas as suas projeções em ciclos anuais e não mensais.

Deixem-me demonstrar dois exemplos práticos.

Caso 1: João, salário fixo de $ 1.800.

João mora sozinho, paga aluguel, gasta muito com transporte e ainda tem um empréstimo em aberto. Hoje ele gasta assim:

$ 1.000 em moradia e contas fixas;

$ 500 em alimentação e transporte; e

$ 300 em cartão e empréstimo.

Total $ 1.800, ou seja, não sobra nada.

Plano de ajuste:

Renegociar o empréstimo para reduzir parcela;

Compartilhar moradia ou mudar para local com aluguel menor;

Reduzir gastos com delivery e restaurantes, talvez cozinhar ou comprar comidas porcionadas, que além de mais econômicas são mais saudáveis.

Criar uma reserva de $ 10 por semana, sim, $ 40/mês já é um começo.

Meta: libertar 5% da renda para reserva e 5% para pequenos prazeres, aos poucos.

Caso 2: Ana e Marcos, casal com renda conjunta de $ 5.000

Eles têm uma filha pequena, pagam escola, aluguel e dois financiamentos de celular. Acham que "gastam só o necessário", mas não conseguem guardar nada.

Divisão atual:

$ 2.200 em aluguel e contas;

$ 1.200 em alimentação e escola;

$ 800 em financiamentos;

$ 800 em lazer, delivery, roupas e "comprinhas".

Plano de ajuste:

Quitar os celulares com antecipação e parar de parcelar tudo;

Reorganizar compras do mês com lista, planejamento e menos mercado por impulso;

Reduzir restaurante aos fins de semana por atividades em casa ou gratuitas;

Criar um envelope físico ou virtual com "reserva do mês": começar com $100;

Mesmo sem mudar de emprego, esse casal pode sair do 0% guardado para 10%, com leveza e sem sofrimento extremo.

O mais importante é a constância. Não é sobre guardar muito. É sobre guardar sempre. Mesmo que seja $20 por mês. Porque esse gesto cria um hábito. E o hábito, quando cresce, muda tudo.

Mais vale um guardador constante do que um poupador ocasional.

Você não precisa ser um expert em planilhas pra começar.

Algumas ideias simples como aplicativos de finanças pessoais, anotar tudo num caderninho simples por 30 dias (sim, na caneta!), usar envelopes físicos ou digitais para separar os baldes, criar alertas semanais no celular com lembretes, o importante é ter certeza de que você está cumprindo seu plano. O que importa é que você olhe para o dinheiro antes de ele sair.

Precisamos estar atentos aos erros mais comuns que fazem os baldes transbordarem, como correntes invisíveis de consumo, autoengano e armadilhas do "eu mereço".

Vazamentos Invisíveis do Orçamento.

Vou lhe apresentar agora o sabotador mais perigoso, com um poder mágico: você mesmo e os Vazamentos Invisíveis do Orçamento.

Você faz o plano.

Estabelece metas.

Organiza a planilha.

Divide os "baldes".

Mas aí o mês acontece...

E quando você olha, de novo, o dinheiro evaporou.

O que está acontecendo é o que eu chamo de "vazamento invisível": Pequenas decisões mal pensadas, frequentes e disfarçadas que, somadas, derrubam todo seu planejamento. Observe.

Erro 1: O autoengano do "é só dessa vez".

"Só esse mês."

"É só essa blusinha."

"Só esse jantarzinho."

"Só essa parcelinha."

O "só dessa vez" é o argumento mais convincente da autossabotagem.

Porque ele parece inofensivo.

Mas se repete. E repete. E repete...

Um gasto extra de $ 30 por semana é igual a $ 1.560 por ano.

E você nem vê passar.

Erro 2: Parcelar sem plano.

O parcelamento virou padrão na maioria dos países. Tudo tem 10x, 12x, 24x. E aí o cartão vira um cemitério de compras passadas.

Você paga pelo que já não usa mais.

E o pior, já comprometeu o que nem ganhou.

Parcelar sem planejamento é gastar o futuro no presente com o peso do passado.

A Dica prática é só parcele se a compra é necessária; se o valor cabe isoladamente no seu orçamento; e se o total de parcelas do mês não ultrapassa 30% da sua renda.

Caso contrário, pense duas vezes.

Erro 3: Não ter noção do total.

Outro erro clássico é focar nas parcelas individuais e ignorar o total.

"Ah, essa parcela aqui é só $ 70."

Mas quando soma tudo...

$ 70 da TV;

$ 180 do celular;

$ 250 do dentista (claro o que é saúde como tratamento e correção deve ser observado diferentemente de um clareamento estético, que é importante mas não premente);

$ 40 da assinatura;

$ 90 do curso supérfluo; e

$ 120 do cartão anterior.

Total $ 750.

E você achando que estava tudo sob controle.

Olhe o montante mensal. Sempre.

O peso está no conjunto, não nas peças.

Erro 4: Gastar como se já tivesse recebido.

Esse é o erro do "adiantamento mental", o famoso "Gastar por conta". Você sabe que o bônus vai cair.

Sabe que a restituição vai vir.

Sabe que aquele contrato vai fechar.

E já gasta antes de cair, e se não cair, você entra no buraco do improviso.

Dica prática:
Estabeleça um valor mensal de "autorrecompensa" dentro do balde 2.
Use esse valor com prazer, mas com consciência.
Não ultrapasse esse limite com desculpas emocionais.

Erro 5: Confundir "eu mereço" com "eu posso."

Esse é o erro emocional mais delicado. Porque ele nasce de um lugar verdadeiro: o desejo de recompensa.

Você trabalha muito.

Se esforça.

Abre mão de muita coisa.

Aí vem aquele impulso:

"Poxa, eu mereço." E compra.

O problema é quando o "merecimento" vira justificativa para descontrole.

Você merece, sim. Mas também merece dormir tranquilo, sem medo do boleto do mês que vem."

A Dica é: só conte como real o dinheiro que já está na conta, lembra cartão de DÉBITO!
Sonhos são sonhos.
Planejamento exige realidade.

A mente também sabota. O cérebro odeia dizer "não".

Então ele cria racionalizações criativas para todo gasto.

"É promoção."

"Vai aumentar depois."

"Eu tô investindo em mim."

"É só hoje."

"Eu vou dar um jeito."

Reconhecer esse processo é metade da cura. Porque gasto não planejado se disfarça de necessidade, mas é só impulso com argumento.

Quando abrimos espaço para falar de como corrigir o rumo, mesmo que os erros tenham se repetido por meses ou anos, aprendemos a reconstruir sua divisão de gastos com inteligência e perdão.

Corrigir o rumo e recomeçar é mais importante que acertar

Chega um momento em que a ficha cai.

Você olha para o extrato, sente aquele frio no estômago, e pensa: "Perdi o controle."

Ou pior: "Já era, não tem mais solução."

Mas deixa eu lhe contar uma verdade libertadora: **Nunca é tarde pra recomeçar.**

A diferença entre quem prospera e quem afunda não é o erro, é a decisão de corrigir.

O primeiro passo é parar de se punir.

Muita gente, quando percebe que gastou demais, quebrou o orçamento ou deixou de guardar dinheiro, reage com culpa.

E a culpa vira auto sabotagem.

"Já fiz besteira mesmo..."

"Agora deixa acontecer..."

"Depois eu resolvo..."

Mas culpa não paga conta.

E não constrói nada.

Você precisa trocar a culpa por consciência e ação.

Você não pode mudar o passado, mas pode impedir que ele se repita no próximo boleto.

Sequência de ouro

Reestruture seus baldes após o caos. Se você sente que os percentuais ideais estão longe da sua realidade, faça o seguinte:

Etapa 1 – Olhe com verdade;

Anote tudo o que você gasta hoje, sem censura, sem autoengano;

Verifique se algum dos baldes (essencial, prazer, futuro) está sendo ignorado ou exagerado.

Etapa 2 – Redefina metas possíveis
Se hoje 70% vai para o essencial, tudo bem.
Vamos buscar:
20% para qualidade de vida;
10% para futuro;
Depois:
60% essencial;
25% prazer;
15% futuro;
E assim por diante. O importante é a tendência de equilíbrio.

Etapa 3 – Comprometa-se com um ajuste por mês.
Não tente fazer tudo de uma vez.
Isso só gera frustração.
Escolha uma meta por vez:
Cortar $100 de gastos desnecessários;
Reduzir 1 pedido de delivery por semana;
Guardar $ 50 por mês, sem falta;
Pagar 1 dívida antes de comprar algo novo;
Pequenos ajustes mudam trajetórias.
É o efeito dominó do bem.
O que dá pra cortar sem machucar?
Ao revisar seu orçamento, se pergunte:
Isso é essencial ou hábito?
Isso me aproxima do meu objetivo ou me afasta?

Se eu cortar, vai me prejudicar emocionalmente ou só mexer com meu ego? Entenda que você não precisa cortar o café da tarde com um amigo, se isso alimenta sua alma. Mas talvez precise cancelar a assinatura que nem usa ou aquela academia fantasma. O corte certo é aquele que liberta sem machucar.

Reconstruir exige paciência, mas compensa. Seu cérebro vai resistir. Seu desejo vai tentar boicotar. O impulso vai lhe visitar nos shoppings, nas redes, nas vitrines.

Mas com o tempo, você percebe que não precisa de tudo que achava; que a paz de ter controle vale mais do que o prazer de um gasto; que é possível sim viver bem, com menos desperdício. E esse é o verdadeiro luxo, gastar com consciência e dormir tranquilo.

Você não precisa ser radical. Precisa ser constante. Não se compare com quem guarda 30% da renda se você hoje só consegue 3%. Comece com o que dá, mas faça sempre.

Dinheiro gosta de quem cuida dele com frequência, não com perfeição.

Até aqui você já entendeu o poder de identificar os baldes, projetar os percentuais, e encontrar os erros mais comuns e como ajustar com consciência, chegou a hora de dar o próximo passo, criar o seu plano real, dividindo sua renda com propósito.

Comece a criar a sua própria divisão de renda. Sem fórmulas mágicas. Sem regras engessadas. Sem culpa. Mas com realismo, clareza e compromisso.

A mentalidade certa para essa tarefa é lembrar que você não está competindo com ninguém, não precisa acertar tudo hoje e seu plano vai evoluir com você. O que importa é que você pare agora, por 15 minutos, e olhe pra sua renda com olhos novos.

Quanto você ganha não define seu sucesso.

E como você distribui o que ganha, define sua liberdade.

O Exercício da Divisão Real

Eu lhe proponho fazer o que eu chamo de O Exercício da Divisão Real Pegue papel e caneta, ou abra uma nota no celular, e siga as etapas abaixo com sinceridade:

Etapa 1 – Quanto você ganha?

Qual sua renda média mensal (já líquida)?

Tem outras fontes como trabalhos extras (aulas particulares, serviços manuais etc.), aluguéis, comissões?

A renda é fixa ou variável?
Use o valor médio e conservador como base do seu plano.

Etapa 2 – Quanto você gasta hoje?
Liste os valores mensais aproximados com:
Moradia;
Transporte;
Alimentação;
Contas fixas;
Cartão de crédito;
Parcelamentos;
Saúde;
Lazer;
Compras pessoais;
Investimentos;
Doações ou ajudas; e
Outras saídas.
Agora veja o total. E compare com sua renda.
Sobrou, empatou ou estourou?

Etapa 3 – Como estão seus baldes?
Agora, com base nas respostas acima, calcule o percentual aproximado de:
Gastos essenciais;
Qualidade de vida (lazer, consumo, bem-estar); e
Futuro (investimentos, dívidas, reserva).
Se um dos baldes estiver com menos de 10%, é hora de atenção.
Se o balde do futuro estiver com 0%, acenda o alerta vermelho.

Etapa 4 – O plano de ação
Agora, escreva sua divisão IDEAL para os próximos 90 dias.
Nada radical. Mas real.

Exemplo:
60% Essencial;
25% Qualidade; e
15% Futuro.
ou
70% Essencial;
20% Qualidade; e
10% Futuro.
Essa meta será o seu GPS.
Mesmo que ainda esteja longe dela hoje.

Etapa 5 – O compromisso

Por fim, responda pra você mesmo:

O que eu posso ajustar esta semana pra me aproximar dessa divisão?

Que gasto posso cortar sem dor?

Que comportamento posso mudar com consciência?

Se quiser, escreva isso numa folha, assine, e cole em um local frequentemente visível (olha aí mais uma coisa para a porta da geladeira).

Um plano sem compromisso é só uma ideia bonita. Mas um plano com atitude vira um futuro novo.

Tenha sempre uma certeza, ninguém vai cuidar do seu dinheiro por você. Não é o banco. Não é o governo. Não é a empresa. É você!

E quanto mais cedo você souber quanto pode gastar, mais cedo vai ter a liberdade de gastar com tranquilidade.

Gastar com consciência é mais prazeroso que gastar por impulso.

Porque traz paz.

E paz vale mais do que qualquer bem.

CAPÍTULO 9

Criança também aprende finanças.

Esse capítulo talvez seja o meu predileto: ele sozinho poderia dar um livro, como a semente para uma árvore forte, a árvore das suas finanças, com raízes bem estruturadas e uma reserva de nutrientes que permitem atravessar as quatro estações do ano, florificando, frutificando e até mesmo trocando e renovando as folhas, como um verdadeiro sistema financeiro forte e resistente a qualquer alteração do plano em que vive. Como costumo dizer, o cofrinho deve ser a primeira escola.

Para começar essa reflexão ou processo de reeducação financeira, pronto a capacitar as suas gerações posteriores, começo lhe perguntando: — ***Quando foi a primeira vez que você ouviu a palavra dinheiro?***

Talvez tenha sido quando alguém lhe deu umas moedas e disse: "Guarda no cofrinho!" Ou talvez tenha sido ouvindo um adulto reclamar: "Não temos dinheiro pra isso."

Ou ainda, você pode ter crescido em uma casa onde nunca se falava de dinheiro.

A verdade é que a relação que temos com o dinheiro não começa na vida adulta.

Ela nasce na infância, silenciosamente, mas profundamente.

A infância forma o pensamento financeiro, mesmo sem falar sobre finanças e não ensinar uma criança a lidar com dinheiro também é um ensinamento, mas de forma desconstrutiva.

É como deixar um campo fértil sem cultivo.

O mato cresce sozinho.

E o que cresce? Medo. Ganância. Impulsividade. Culpa. Descontrole.

Por isso, vamos deixar claro desde já uma regra, quase um mantra: Criança pode, e deve, aprender sobre dinheiro.

E a boa notícia: não precisa ser uma aula chata, nem sobre matemática avançada.

Basta vivência, conversa e exemplo.

O cofrinho é o primeiro MBA. O velho e bom cofrinho, de porquinho, lata, vidro ou app no celular ainda é provavelmente sempre será, o melhor laboratório de finanças que existe para uma criança.

Este simples ***objeto/ hábito*** lhe ensina 4 grandes lições:

O dinheiro tem valor;

Guardar hoje permite realizar amanhã;

Escolher é parte do processo, não dá pra ter tudo; e

Esperar compensa.

Quando a criança, assim como nós em qualquer idade, junta para comprar algo que deseja, ela aprende mais sobre finanças, do que muito adulto com cartão na mão.

Esse processo que irá formar adultos financeiramente e economicamente equilibrados precisa, acima de tudo, para ser desenvolvido, reconhecer que idades diferentes precisam de abordagens diferentes.

A educação financeira infantil não precisa seguir regras rígidas. Então aqui vão algumas sugestões por faixa etária:

3 a 5 anos:

Mostrar moedas e explicar que cada uma tem um "poder"

Brincar de comprar e vender com brinquedos

Incentivar a guardar moedinhas no cofre

6 a 9 anos:

Introduzir o conceito de mesada ou "semanada"

Separar o dinheiro em três potinhos: gastar, guardar, doar

Ajudar a definir metas simples ("vou comprar um brinquedo em 2 meses")

10 a 13 anos:

Envolver nas pequenas decisões de casa (ex: comparar preços no mercado)

Mostrar como o dinheiro entra (salário, trabalho)

Falar abertamente sobre erros e acertos com dinheiro

Lembre-se: a linguagem deve ser leve, natural, integrada ao dia a dia. Não precisa de planilhas — precisa de presença.

—Mas, e se eu mesmo não aprendi direito?

Essa é uma das perguntas que mais recebo.

—Como vou ensinar o que eu mesmo não sei?

E a minha resposta é simples: Você não precisa saber tudo. Você precisa se importar.

Aliás, aprender junto é um gesto de amor e humildade.

Que tal começar a guardar juntos?

Ou planejar uma compra em família?

Ou fazer um desafio: "Quem economiza mais essa semana?"

Seu filho, sobrinho, afilhado ou aluno não precisa de um professor. Precisa de um exemplo.

Dinheiro não é tabu — é ferramenta

Por muitos anos, falar de dinheiro com criança era visto como:

"Falta de assunto de criança"

"Coisa de gente rica"

"Preocupação de adulto"

"Assunto que traz conflito"

Mas o que realmente acontece quando não falamos?

A criança cresce sem referências

Aprende com comerciais, redes sociais e colegas

Cria crenças negativas ("dinheiro é ruim", "rico é ganancioso", "pobre não tem escolha")

O silêncio também educa. E geralmente, educa errado.

Vou lhe apresentar agora o método das três moedas: gastar, guardar e doar — uma estratégia simples e extremamente eficaz para formar a base emocional e comportamental de uma criança financeiramente equilibrada.

O método das três moedas

Você vai se surpreender com o poder que um gesto simples tem ao longo da vida inteira.

Se eu pudesse ensinar só uma coisa sobre finanças para toda criança, seria isso:

Dinheiro tem três destinos possíveis — e você deve aprender a escolher entre eles.

É simples. Mas transformador.

Gastar.
Guardar.
Doar.

Essa tríade é mais que uma divisão de moedas.

É uma formação de caráter.

Porque através dela, a criança aprende:

A lidar com o prazer imediato (gastar)

A desenvolver autocontrole e visão de longo prazo (guardar)

A cultivar empatia, generosidade e consciência social (doar)

E tudo isso antes mesmo de entender o que é uma planilha ou taxa Selic.

- **Moeda 1 – Gastar (com escolha e responsabilidade).**

Ensinar a gastar parece contraditório, né?

Mas é fundamental. Porque gastar com consciência é uma das habilidades mais importantes da vida adulta.

E o momento ideal para ensinar isso é quando o erro ainda é barato. É melhor uma criança gastar mal $ 10 e aprender com isso, do que virar um adulto gastando mal $ 10.000 e achando normal.

Como aplicar:

- Dê uma quantia simbólica e deixe que ela escolha o que comprar
- Converse antes sobre opções ("O que você quer? Vale a pena? Vai usar por quanto tempo?")
- Depois da compra, pergunte: "Ficou feliz com sua escolha?"
- Se ela se arrepender, ótimo. O arrependimento ensina mais que a proibição.

O segredo não está em acertar a compra. Está em pensar antes, escolher com intenção, e aprender com o resultado.

- **Moeda 2 – Guardar (com propósito e paciência).**

Guardar é o primeiro passo para a liberdade.

Mas guardar sem objetivo é difícil, até pra adultos.

Por isso, o ensinamento não é "guarde por guardar".

É: guarde para conquistar algo que você quer mais do que esse impulso de agora.

É plantar paciência, desejo, foco.

Como aplicar:

- Ajude a criança a escolher um objetivo (um brinquedo, um passeio, um presente especial)
- Calcule com ela quanto precisa guardar por semana/mês
- Crie um potinho separado só para esse objetivo
- Mostre visualmente o avanço ("Olha, já estamos com metade! Falta pouco!")

Isso ensina que guardar não é se privar. É postergar com propósito. E que o tempo pode ser um aliado, não um inimigo.

- **Moeda 3 – Doar (com empatia e consciência).**

Esse é o mais poderoso dos ensinamentos.
Porque fala de algo que vai muito além do dinheiro: caráter.
Doar ensina que:

- O dinheiro não é só pra mim
- Sempre há alguém com menos
- Eu posso ser parte da solução
- A felicidade pode vir da generosidade

"Doar não tira. Amplia. Amplia o olhar, o coração e o sentido de ter."

Como aplicar:

- Permita que a criança escolha uma parte do dinheiro pra ajudar alguém
- Pode ser uma doação simples: comida, brinquedo, roupa, contribuição simbólica
- Leve junto para entregar (se possível), ou conte histórias de impacto
- Reforce que isso não é obrigação : é privilégio de quem pode escolher ajudar

A criança que aprende a doar se torna um adulto menos egoísta, menos ansioso e mais consciente do mundo ao redor.

A mochila emocional que carregamos desde a infância não forma só a nossa visão de dinheiro. Ela forma nossa emoção em relação ao dinheiro.

E a tríade gastar-guardar-doar ajuda a equilibrar três sentimentos universais:

Desejo (gastar com sabedoria)
Controle (guardar com disciplina)
Compaixão (doar com consciência)
Esse é o tripé da maturidade financeira e emocional.

Dica prática: os três potinhos (ou envelopes)

Seja em moedas ou virtual, monte com a criança três recipientes:

- Pote 1 – "Agora" (para gastar quando quiser)
- Pote 2 – "Depois" (para juntar para algo maior)
- Pote 3 – "Compartilhar" (para ajudar alguém ou uma causa)

Faça isso junto. Mostre que você também divide seu dinheiro em prioridades.

Isso conecta, educa e inspira.

Vou lhe mostrar que as crianças passam a usar lógica para conquistar objetivos, e como pequenos gestos podem formar grandes adultos. Você verá que não se trata de dinheiro, e sim de mentalidade.

Pequenos Gestos, Grandes Adultos: Quando o Cofrinho Vira Caráter

Toda grande transformação começa em silêncio.

E, muitas vezes, com uma moeda caída num cofrinho.

Lembro-me como se fosse hoje: eu devia ter uns sete anos.

Ganhei minha primeira mesada: cinco reais.

Meu pai me deu junto um cofrinho e disse: — Você pode gastar tudo, guardar tudo, ou dividir. Você decide. Mas depois... não dá pra voltar atrás.

E essa frase — "depois não dá pra voltar atrás" — me ensinou mais sobre decisão financeira do que qualquer MBA.

Porque ali eu aprendi sobre escolha, responsabilidade e consequência.

Quero lhe contar duas historinhas que sempre uso em meus ensinamentos.

A primeira é a história de *Pedro e o videogame*. Pedro tinha nove anos e morava com a mãe em um bairro simples.

Ele queria muito um videogame, mas sabia que não daria pra ganhar "de presente" — era caro demais.

Então a mãe propôs: — Se você guardar $ 5 por semana, em dois anos, a gente completa com o resto.

Dois anos pode parecer uma eternidade para uma criança.

Mas Pedro topou.

Começou a guardar a mesada com disciplina

Deixou de comprar doces, figurinhas e besteiras

Aprendeu a dizer não pros colegas

E, o mais bonito: também doava $ 1 por mês pra um projeto da escola. Quando completou o valor, não era só um videogame.

Era uma conquista.

Era autoestima.

Era um menino que aprendeu que o tempo e o esforço são aliados — não obstáculos. E essa lição, nenhum adulto e nenhuma dificuldade irá tirar dele.

A segunda é a história de *Isadora e as sacolinhas de Natal*

Isadora tinha 11 anos e, ao contrário de Pedro, nunca teve um objetivo próprio de consumo.

Mas quando ouviu falar que crianças da comunidade vizinha não ganhavam presentes no Natal, ela teve uma ideia:

"E se eu usar minha parte de doar pra montar sacolinhas com doces e brinquedos?"

Com a ajuda da família, começou a juntar parte da semanada em um envelope com o nome: "Natal do Bem".

Durante um ano, ela guardou.

E quando o Natal chegou, montou 15 sacolinhas.

Com doces simples, brinquedos usados em bom estado, e um bilhete escrito à mão: "Você é importante. Feliz Natal."

Sabe o que Isadora aprendeu ali?

Que o dinheiro não serve só pra comprar coisas.

Serve pra criar conexões. Gerar impacto. Mover corações.

E que doar não é perder. É ganhar um novo tipo de riqueza.

Esse é o verdadeiro impacto de quem aprende cedo

Estudos em psicologia do comportamento financeiro mostram que crianças que recebem educação financeira básica entre 6 e 12 anos têm:

- 43% mais chances de evitar dívidas na juventude
- 52% mais propensão a poupar regularmente na fase adulta
- Maior autoestima em decisões financeiras
- Maior propensão a empreender ou buscar alternativas de renda
- Menor vulnerabilidade a golpes, fraudes e propostas abusivas

Ou seja: o cofrinho ensina mais do que guardar moedas.

Ele ensina autonomia. Clareza. Resiliência. Pensamento de longo prazo.

E tudo isso começa com uma conversa simples à mesa.

Por outro lado, o silêncio em casa também forma um padrão e traz as consequências do custo de não ensinar.

Crianças que nunca ouviram falar sobre dinheiro:

- Crescem com medo ou vergonha de perguntar.
- Aprendem com propagandas, redes sociais ou colegas (geralmente sem base).
- Desenvolvem crenças limitantes ("sou pobre, nunca vou ter", "dinheiro é coisa de gente rica").
- Têm dificuldade em lidar com frustração e demora de resultados.

Quando o dinheiro vira tabu, a criança aprende na dor, e não no diálogo. E o que é aprendido na dor gera cicatriz, não sabedoria.

Mas existe também o contrário: quando a criança ensina o adulto. E há algo ainda mais bonito: Quando a criança passa a ser exemplo dentro de casa.

Sim, é possível. Já vi mães repensarem seus gastos por verem os filhos mais conscientes.

Filhos ensinando os pais a esperar para comprar.

Crianças guardando moedas enquanto os adultos parcelam impulsos.

Jovens montando seus primeiros orçamentos com papel e lápis.

E, sabe, isso mexe com a autoestima familiar.

Porque não se trata só de finanças.

Se trata de identidade, autonomia, cultura e evolução.

Isso sem falar da fábrica de empreendedores que se originam em crianças bem orientadas e crianças que buscam de forma autodidata romper com a limitação do não ter, desenvolvendo verdadeiras estratégicas invejáveis de gestão financeira.

Mas como começar a educar uma criança financeiramente mesmo que você nunca tenha tido esse modelo em casa.

Com passos práticos, linguagem simples e ações que você pode aplicar hoje mesmo, com o que tem.

Porque nunca é tarde.

E nunca é cedo demais.

Os adultos podem conduzir essa educação na prática, mesmo que estejam aprendendo junto?

Quero trazer agora orientações práticas para os adultos: pais, tios, professores, cuidadores ou qualquer pessoa que tenha crianças por perto. O foco aqui é mostrar que qualquer um pode ser educador financeiro — mesmo que esteja aprendendo no caminho.

Você não precisa ter feito faculdade de economia.

Nem ser investidor, nem ter conta na bolsa.

Você só precisa estar disposto a conversar. Observar. Corrigir com carinho. Repetir. E principalmente, viver com coerência.

Porque criança aprende muito pouco ou quase nada com discurso, em compensação. Aprende muito com exemplos. E a primeira verdade é que você vai aprender junto e você se sente inseguro porque não teve uma boa base financeira, entenda uma coisa importante:

Admitir que está aprendendo é o melhor começo.

Aliás, isso pode até fortalecer o vínculo com a criança, seja honesto, relate comparações, dê exemplos como:

"Filho, sabia que eu não aprendi isso na sua idade? Mas agora eu estou aprendendo e quero lhe ensinar também."

Essa postura:

- Ensina humildade
- Mostra que conhecimento é contínuo
- Tira o peso da perfeição
- Estimula a criança a crescer com menos vergonha de errar

Quando você mostra que também está aprendendo, você convida a criança para crescer com você, e isso é lindo e duradouro.

Pequenos hábitos ensinam muito e devem ser praticados e revistos de tempos em tempos como uma forma de fixar nas raízes da criança, as ideias que deverão carregar por toda a vida.

1. Envolver a criança em pequenas decisões.

No mercado, por exemplo:

"Temos $ 20 para o lanche da semana. O que você escolheria com esse valor?"

"Esse aqui está mais barato, mas tem menos quantidade. Qual vale mais a pena?"

"Se a gente economizar hoje, dá pra guardar pra fazer algo legal no fim de semana."

São perguntas simples que treinam olhar crítico, consciência de valor e comparação.

2. Falar abertamente sobre escolhas e prioridades.

Se a criança pedir algo fora do orçamento, evite o clássico:— Não tem dinheiro!

Em vez disso, diga: —Esse mês a gente escolheu usar o dinheiro para pagar o curso de futebol. Vamos ver se conseguimos juntar pra isso no próximo."

Ou: —Temos o dinheiro, mas não vamos gastar com isso agora, porque temos outras prioridades.

Isso mostra que dinheiro é escolha, não limitação.

3. Criar metas conjuntas.

Se a criança quiser algo especial (um brinquedo, um passeio, uma festa):

- Divida o valor com ela.
- Estabeleçam juntos um plano de poupança.
- Mostre a evolução.
- Celebrem juntos quando alcançar.

Esse processo ensina que conquista exige esforço, mas é possível. E mais: ensina o valor da paciência.

Nessa linha vale também a troca e o conceito precioso da meritocracia, você pode oferecer maiores conquistas ou redução de prazo, mostrando que a colaboração e atividades de casa, por exemplo, podem gerar uma economia de despesa que poderá contribuir para o alcance mais rápido dos desejos, objetivos e planos.

Por exemplo, você pode ensinar a criança que, se ela não desperdiçar comida, a família gastará menos dinheiro com alimentos e sobrará recurso para um passeio de fim de semana, ou um parque ou até mesmo a compra daquele objeto de desejo. Além de ensinar o valor do alimento, e a lição de evitar o desperdício, você estará envolvendo a criança no sentimento de participação direta na conquista a qual ela pode contribuir com aquilo que estava a seu alcance, seja fazer algo ou deixar de fazer algo, mas que o resultado seja agregador.

4. Compartilhar pequenos erros e acertos seus.

Fale de forma leve: —Essa semana gastei com uma coisa

desnecessária. Fiquei meio chateado. Vou tomar mais cuidado na próxima.

Ou: —Lembra que a gente guardou $ 10 por semana? Hoje conseguimos fazer aquele passeio legal por causa disso!

Isso mostra que dinheiro não é tabu, nem fonte de vergonha. É parte da vida — com erros e acertos.

Todos nós somos e podemos ser formadores de opinião se você é educador, o poder está na rotina

Devemos todos ser professores e educadores com um papel único: o de formar gerações com pensamento crítico.

Todo momento pode ser uma aula de educação financeira, sim é possível e não precisa ser pesado ou maçante:

- Use histórias, contos ou fábulas com mensagens sobre valor, troca e esforço.
- Crie jogos de mercado, banco ou planejamento.
- Estimule projetos de economia solidária.
- Promova campanhas de arrecadação e doação com envolvimento ativo dos alunos.

Crie clubes de finanças com desafios reais e metas e não menos valoroso inspire as crianças a seu redor e alcance a sugerirem práticas de desenvolvimento destes conceitos.

A orientação e a simplicidade são a ponte entre a teoria e a prática.

Crenças limitantes passam (ou quebram) na infância. Muitas das frases que ouvimos quando crianças moldam nossa mentalidade até hoje:

"Dinheiro é sujo"

"Gente rica é má"

"Pobre não tem escolha"

"Você nunca vai ser ninguém"

Se você ouviu isso, talvez tenha carregado essas crenças por anos. Mas se você puder quebrá-las hoje — e não repeti-las para a próxima geração — você muda o ciclo.

Você vira a chave do futuro.

Uma criança que cresce ouvindo: — Você pode aprender a cuidar do seu dinheiro.

—Trabalho honesto gera frutos.

—Guardar hoje pode abrir portas amanhã.

Vai crescer mais livre. Mais leve. Mais preparada.

Porque quando plantamos educação financeira na infância, colhemos um país inteiro mais consciente.

Quero encerrar este capítulo com uma reflexão poderosa, um exercício prático e uma mensagem que se conecta com o impacto de longo prazo de que a educação financeira pode existir — não só na vida da criança, mas em toda uma geração.

Plante Hoje o Que Nenhuma Escola Pode Ensinar Amanhã

Sabe qual é a diferença entre ensinar uma criança a cuidar do dinheiro e simplesmente dar tudo pronto pra ela?

- A diferença entre formar um adulto autônomo — ou um adulto dependente.
- A diferença entre alguém que constrói — e alguém que consome sem pensar.
- A diferença entre quem tem poder de escolha — e quem vive à mercê do que sobra.

Ensinar finanças pra uma criança é um ato de amor, responsabilidade e visão.

A educação silenciosa é o que ela vai lembrar para sempre. Anos depois, ela talvez não lembre quanto você deu de mesada. Mas vai se lembrar:

- Do dia em que vocês contaram moedas juntos.
- Da meta que alcançaram com esforço.
- Do “não” que virou “sim” depois de meses de poupança.
- Do potinho de doar que ela mesma fez com as próprias mãos.

- Da conversa no carro, no mercado, no lanche — em que ela entendeu que dinheiro tem valor, tem limite, mas também tem propósito.
- Ela vai lembrar que alguém acreditou que ela podia aprender. Que era capaz.

A criança que você educa hoje... pode ser o adulto que educa você amanhã. E Sim, isso acontece.

Já vi pais que aprenderam a controlar os gastos porque o filho começou a poupar.

Já vi filhos ensinando os pais a usar aplicativos, a renegociar dívidas, a usar o cartão com mais consciência.

E tudo começou com um simples hábito: guardar moedinha no cofre.

Você não ensina só pra mudar o futuro dela.

Você ensina pra mudar a cultura de toda a família.

E cultura é o bem mais poderoso que existe.

Chegou a hora do desafio da semana com uma criança

Pegue agora papel, caneta, e pense em uma criança que você conhece.

Pode ser seu filho, sobrinho, neto, afilhado, aluno, vizinho.

Escolha uma ação simples para fazer com ela nos próximos 7 dias, aqui vão algumas sugestões:

- **Desafio 1 – Três potes da semana**

Monte com ela três recipientes rotulados: Gastar / Guardar / Doar.

Dê um valor simbólico ($ 5, $ 10, ou mesmo moedinhas)

Deixe que ela mesma divida

Converse sobre a escolha que ela fez

Depois, reflitam juntos:

—Por que você colocou mais nesse pote?

—O que você quer fazer com o que está guardando?

—Como você se sentiu doando?

- **Desafio 2 – Planejar uma compra**

Ajude a criança a planejar a compra de algo que deseja:
Descubram o preço
Definam o valor por semana
Façam uma tabelinha de progresso
Mostrem o quanto já avançaram

Se possível, visitem a loja e vejam o produto — sem comprar ainda. Isso ativa o senso de conquista, paciência, e meta alcançada.

- **Desafio 3 – Conversar sobre um erro (com humildade)**

Compartilhe com a criança um erro financeiro seu de forma leve:— Teve um dia que eu gastei mais do que devia e me atrapalhei...

—Aprendi que preciso pensar duas vezes antes de parcelar sem necessidade."

Isso cria espaço para ela também errar sem medo. E aprender com os erros: seus e dela.

Lembre-se "Educação financeira começa no cofrinho, mas termina na liberdade."

CAPÍTULO 10

O cartão de crédito pode ser um inimigo amável.

A Liberdade Que Custa Caro

Quando você ouve a expressão "inimigo amável", o que vem à sua cabeça? Alguém que lhe abraça, lhe elogia, mas nas entrelinhas mina sua confiança?

Pois é.

O cartão de crédito muitas vezes age exatamente assim. E ***por favor, não estou falando que crédito é ruim ou que cartão de crédito é um formato negativo***, apenas vou lhe mostrar que se você não sabe gerir, ele se torna um problema dos grandes.

Eu sei que pode parecer exagero.

Afinal, ele está lá, silencioso na sua carteira, com um design bonito, nomes sofisticados como "Gold", "Platinum", "Black"...

Ele é aceito em quase todo lugar. Permite parcelar, acumular pontos, te dá milhas.

Parece quase um superpoder.

Mas quero lhe convidar a olhar esse "amigo" sob outro ângulo.

—Você tem limite, ou o limite tem você?

Quando alguém fala que "tem um cartão com limite de $ 10 mil", o tom é de orgulho, como se fosse um patrimônio.

Mas o que muitas pessoas não percebe é que esse limite não é uma conquista — é um crédito que será cobrado. Com juros. Com prazo. Com peso.

Pior: esse valor alto pode gerar a falsa sensação de que existe mais dinheiro disponível do que realmente existe.

E é aí que mora o perigo.

A mente humana é condicionada a gastar mais quando não sente o dinheiro saindo da mão.

Quando você paga com dinheiro vivo, há uma dor perceptível: você vê, sente, toca.

Quando passa o cartão, não há impacto emocional imediato.

E isso tem nome: desconexão emocional com o ato de gastar.

A chamada ilusão da abundância

Sabe aquele ditado popular — "quem vê close, não vê corre"?

Pois o cartão de crédito é o "close" das finanças pessoais.

Ele mascara a realidade.

Muita gente anda de celular novo, relógio bonito, roupas de marca, jantares caros... tudo no crédito.

Mas por trás disso, vivem em pânico esperando a fatura chegar.

O cartão não é o vilão por existir.

Ele é perigoso quando se torna um disfarce daquilo que não podemos sustentar.

E esse é o grande problema: não é só uma questão financeira — é emocional.

O cartão é o opium da ansiedade moderna

Vivemos na era da pressa.

Queremos tudo pra ontem.

Não queremos esperar. Não queremos planejar.

E o cartão se encaixa perfeitamente nesse comportamento.

Quer um exemplo prático?

Imagine alguém que deseja muito um celular novo. O modelo custa $ 3.000.

Ela não tem esse valor, mas pensa: "Em 10 vezes de $ 300, eu consigo."

Ela passa o cartão, feliz.

Mas aí no mês seguinte:

Vem a fatura do celular

Mais a da academia

Mais o pedido do delivery parcelado

Mais a assinatura de streaming

Mais o mercado que ela colocou no crédito pra "ganhar pontos".

De repente, a soma de pequenas decisões vira um grande problema. E o que era pra ser liberdade se torna prisão com nome de parcela.

E o que o cérebro não vê, o bolso sente. Estudos mostram que pagar com cartão ativa menos o centro de dor do cérebro do que pagar com dinheiro.

Ou seja, você sente menos o impacto de gastar.

É por isso que tantas pessoas dizem:

—Nem sei como gastei tudo isso...

—Passou tão rápido que nem senti.

—Quando vi, a fatura já estava no teto.

Não é preguiça. Não é burrice.

É o sistema funcionando como ele foi desenhado: pra você consumir mais.

O cartão de crédito, quando mal compreendido, te desconecta do seu próprio dinheiro.

Mas, como começa a armadilha?

Tudo começa com pequenas frases:

—Vou só parcelar esse.

—Esse mês está apertado, mês que vem eu pago tudo.

—Paguei o mínimo, mas o importante é que não estou inadimplente.

—Cartão é pra emergência... essa compra aqui é uma 'semi-emergência'.

—Não quero mexer na reserva, então coloco no crédito.

Se você já pensou algo parecido, saiba: você não está sozinho.

Milhões de brasileiros vivem hoje com a fatura como sombra constante.

E o problema real nem sempre é o cartão.

É a ausência de planejamento, clareza e conexão com o que se ganha e se gasta.

Vamos aprofundar Como o rotativo se transforma numa bola de neve impagável. Como recuperar o controle e usar o cartão a seu favor. Como identificar se o cartão está dominando a sua vida. E, claro, um exercício prático para você refletir e virar essa chave

Porque o cartão não é o inimigo.

Mas pode se tornar um, se você deixar de ser o comandante das suas escolhas.

Começarei lhe mostrando como o rotativo — esse "buraco invisível"—prende tantas pessoas todos os meses. Vamos mergulhar a fundo no mecanismo da dívida, especialmente o crédito rotativo, e como ele pode se tornar um dos grandes causadores de colapso financeiro pessoal não só no Brasil.

Fazendo o "Amanhã" Virar Uma Prisão

Sabe aquela expressão "empurrar com a barriga"?

É exatamente o que milhões de pessoas fazem com a fatura do cartão todo mês.

—Esse mês vou pagar só o mínimo, mês que vem eu compenso."

O problema é que esse "mês que vem" nunca chega.

E o que parecia um alívio, vira uma armadilha matemática, emocional e silenciosa.

Estamos falando do rotativo do cartão de crédito — o famoso "***pague o mínimo***".

Mas o que é o rotativo?

O rotativo acontece quando você não paga o valor total da fatura do cartão. Em vez de quitar tudo, você paga uma parte e o restante vai pro mês seguinte... com juros altíssimos.

E aqui vai o alerta: os juros do rotativo na maioria das partes do mundo são os maiores entre todos os tipos de crédito disponíveis ao consumidor.

Estamos falando de mais de 300% ao ano, sim 3 vezes o valor gasto, aquilo que você negociou para comprar bem com desconto e reduziu de 130, 140 para 100, no final pode chegar a custar 400!

Isso mesmo. Se você deve $ 1.000 no cartão hoje e não pagar, pode estar devendo mais de $ 4.000 daqui a um ano , sem comprar mais nada.

Por que o rotativo é tão perigoso? Porque ele parece inofensivo.

Você paga um pouquinho, resolve "por enquanto", ninguém lhe liga cobrando... e assim vai se enrolando. Ele é perigoso porque ilude com conforto imediato, mas planta uma dívida que cresce sozinha, dia após dia. É como uma torneira pingando. Você não nota no início. Mas, quando vê, o balde transbordou e a conta alta chegou.

Imagine o seguinte:

- Você tem uma fatura de $ 1.200
- Paga apenas $ 300
- O restante, $ 900, entra no rotativo
- No mês seguinte, com juros de 15% (uma média real), você já deve $ 1.035

E o pior: no mês seguinte, a nova fatura inclui o valor antigo + os juros + novas compras.

Ou seja: se você continuar usando o cartão, está sempre pagando dívida com mais dívida.

E isso tem nome: bola de neve financeira. Caímos nessa, porque o sistema foi desenhado para parecer confortável. O cartão "permite" que você pague o mínimo. Dá a sensação de que "você está no controle". Mas, na prática, é o banco quem lucra. E você quem sangra.

Sabe aquela frase: "quem não entende juros, paga; quem entende, recebe"?

Pois é. Aqui ela se aplica perfeitamente.

É preciso que você aprenda a reconhecer os sinais de que está entrando no buraco

Talvez você esteja pensando: "Acho que estou indo por esse caminho..."

Veja se algum desses sinais faz sentido:

- Você não sabe o valor total real da sua dívida atual
- Paga sempre o mínimo e deixa "pro mês que vem"
- Tem a sensação de que o dinheiro nunca é suficiente
- Sente ansiedade toda vez que recebe a fatura
- Usa um cartão para pagar o outro
- Já perdeu o controle de quantas parcelas tem ativas

Se você identificou dois ou mais desses sinais, é hora de parar. Respirar. E reorganizar.

A boa notícia é que sair do rotativo é possível, mas exige coragem e mudança de hábito.

Aqui vão alguns passos práticos:

- Pare de usar o cartão imediatamente
- Suspenda novas compras até quitar a dívida.
- Se for preciso, guarde o cartão fora da carteira ou apague do app.
- Levante o valor total da dívida
- Consulte a administradora.
- Veja quanto é o saldo atual com juros.
- Negocie ou faça uma portabilidade

Muitos bancos permitem converter o rotativo em um parcelamento fixo com juros menores.

Em alguns casos, trocar de banco ou buscar um crédito pessoal pode sair mais barato.

- Crie um plano de pagamento
- Estabeleça um valor fixo mensal para quitar a dívida.

- Evite cair no erro de "só esse mês eu pulo".
- Reduza ou elimine o uso do crédito até reorganizar suas finanças.

Ninguém fala muito do lado emocional da dívida, mas é importante o estado de devedor adoece. Diminui sua autoestima. Gera culpa, vergonha e até depressão. Abala relacionamentos e faz você se sentir constantemente em débito com a vida

Mas dívida não é sentença.

É uma fase. E toda fase passa quando você assume o protagonismo. Mas é preciso estratégia.

O rotativo é como areia movediça: quanto mais você tenta sair sem estratégia, mais afunda.

Mas com clareza, atitude e foco, você pode se libertar e é para isso que estes ensinamentos vão existir para lhe ajudar a transformar sua vida financeira e econômica como uma virada de jogo.

Vou lhe ensinar como usar o cartão com inteligência , e até fazer ele trabalhar a seu favor (sim, isso é possível). Vou te mostrar o outro lado da moeda: como usar o cartão como ferramenta — e não como armadilha mas como aliado.

Depois de tudo o que falamos, talvez você esteja pensando:

"Então é melhor cortar o cartão de crédito de vez?"

A resposta curta é: não necessariamente.

O cartão de crédito pode ser sim um bom aliado, desde que você use com estratégia , e não por impulso.

A grande diferença entre o usuário comum e o usuário inteligente do cartão está na intenção e no controle.

Imagine o cartão como um martelo.

Você pode usá-lo para construir uma casa — ou quebrar tudo ao seu redor.

Com o cartão, é igual. Ele pode:

- Te dar prazos úteis sem juros
- Permitir acúmulo de benefícios (pontos, cashback, milhas)

- Ajudar no controle de gastos (com planilhas e apps integrados)
- Evitar que você ande com dinheiro vivo (segurança)
- Ser seu aliado no orçamento quando bem utilizado

Mas tudo isso só funciona se você souber o que está fazendo. Se você souber usar o cartão com inteligência. Isso significa seguir princípios simples, mas poderosos que diferenciam o uso consciente do uso impulsivo:

1. Gaste apenas o que já tem disponível.

- Use o cartão como se fosse débito.
- Se você já tem o dinheiro reservado, usa o crédito só para facilitar e paga a fatura integral depois.

Essa é a regra de ouro.

2. Controle e anote cada gasto.

- Nunca deixe os valores se acumularem "na cabeça".
- Anote em tempo real ou, no mínimo, revise semanalmente.
- Use apps simples ou até planilhas básicas. O que importa é saber exatamente onde seu dinheiro está indo.

3. Acompanhe sua fatura durante o mês, não só quando ela chega

- Espere a fatura fechar pra ver o estrago?
- Não! Veja constantemente o saldo já comprometido.

É como olhar o velocímetro de um carro: você precisa saber quando está acelerando demais.

4. Evite parcelamentos longos, mesmo sem juros

- O parcelamento sem juros parece inofensivo. Mas prende sua renda futura.
- Quando você parcela demais, não sente a fatura crescer — até que ela te engole.

- Só parcele o que for essencial e previsto.

5. Não tenha mais de dois cartões

- O ideal não é ter um só , mas dois, no máximo preferencialmente, com bandeiras diferentes (VISA, MASTER, AMEX) e datas de vencimento e benefícios diferentes como milhagem ou cash back, assim parte da sua gestão deverá ser usar o cartão certo para cada data e proposta.
- Múltiplos cartões dificultam o controle, aumentam os limites e bagunçam o planejamento.
- Se precisar de mais limite, peça aumento no cartão principal com responsabilidade ao invés de pedir mais um cartão.

E como o cartão pode trazer benefícios?

Quando você domina o uso, pode extrair vantagens reais:

Cashback: alguns cartões devolvem 1% a 2% de tudo o que você gasta. Pode parecer pouco, mas somado ao longo do ano, vira um valor relevante.

- Milhas e pontos: se você viaja, pode acumular milhas para passagens aéreas e hospedagens.
- Controle centralizado: reunir todas as despesas no cartão facilita a análise do seu padrão de consumo.
- Prazos sem juros: compras feitas no início do ciclo de faturamento têm até 40 dias para pagamento. Isso permite organizar o fluxo de caixa, desde que o valor esteja garantido.

O problema é quando as pessoas fazem isso sem ter o dinheiro. Aí o prazo vira dívida e não vantagem.

Vamos a um exemplo prático:

Suponha que você ganhe $ 4.000 por mês e tenha um cartão com limite de $ 3.000.

A maioria das pessoas enxerga esse limite como um "extra" de $ 3.000.

Mas a mentalidade correta é: "Esse é o teto do que eu poderia comprometer, mas meu limite real é o que posso pagar à vista."

Então você estabelece que seu gasto mensal com cartão não pode ultrapassar $ 1.200, por exemplo.

E você já deixa esse valor reservado numa conta de pagamento.

Assim, quando a fatura chega, você já tem tudo separado — e não entra no rotativo.

Como sempre digo "***O cartão de crédito não é renda extra. É um empréstimo com nome bonito***." O cartão não é vilão — o problema é a falta de clareza.

Quando usado com foco, disciplina e consciência, ele pode ser uma ferramenta útil e até vantajosa. Mas ele jamais deve ocupar o espaço do que você ainda não tem.

Vamos identificar agora os sinais de alerta de que o cartão está te dominando — e não o contrário.

E o que fazer para retomar as rédeas da sua vida financeira. Vamos identificar os sintomas de desequilíbrio financeiro causados pelo mau uso do cartão, e como perceber que a situação exige mudança imediata, trazendo os sinais de alerta claros que mostram que o cartão de crédito não está sendo usado como aliado, mas como muleta financeira, e o que fazer diante dessa realidade.

A ideia aqui é abrir os seus olhos com firmeza, mas também com empatia e direcionamento.

Os Sinais de Que o Cartão Está no Comando (E Não Você)

Todo relacionamento precisa de equilíbrio. E isso vale para o seu relacionamento com o dinheiro e especialmente com o cartão de crédito. Se você não está no controle, ele estará.

O cartão é como um carro potente: útil, veloz, confortável... mas capaz de causar um grande estrago se o motorista cochilar.

Então aqui vai um convite direto: é hora de olhar no espelho e perguntar com honestidade — Quem está dirigindo sua vida financeira?

Vamos ser diretos. Se você se identifica com 2 ou mais dos sinais abaixo, já passou da hora de mudar o jogo.

1. Você paga o mínimo da fatura com frequência.

É o sinal mais óbvio, e mais perigoso.

O pagamento mínimo dá uma falsa sensação de controle.

Na prática, ele te joga no rotativo, com juros que consomem seu futuro financeiro.

"Mas é só esse mês..." Se você já falou isso 3 meses seguidos, não é mais exceção. Virou padrão.

2. Você já perdeu a noção de quanto realmente deve.

- Você sabe o valor total de tudo que tem parcelado no cartão?
- Incluindo aquela compra em 12x lá de trás?

Se a resposta for "não sei direito", cuidado.

Quando você não sabe o tamanho do buraco, fica mais difícil sair dele.

3. Você usa o cartão para despesas essenciais.

Se supermercado, transporte, contas básicas e até aluguel estão indo pro crédito... isso pode significar que sua renda não está dando conta da sua vida real.

E usar o cartão como "complemento de renda" é o primeiro passo pra virar refém da próxima fatura.

4. Você evita olhar a fatura até o último minuto.

Ansiedade, taquicardia, negação... O simples ato de abrir o app e encarar a realidade lhe causa desconforto?

Esse é um sinal claro de que o cartão está causando mais medo do que praticidade.

"Quando algo lhe causa medo constante, está na hora de mudar a forma como você se relaciona com isso."

5. Você tem mais de dois cartões e usa todos.

Ter múltiplos cartões, cada um com parcelas e datas diferentes, só complica o controle.

Quanto mais cartões você tem, mais difícil é visualizar sua saúde financeira.

E tem gente que faz ainda pior: usa um cartão pra pagar a fatura do outro.

Isso é rodízio de dívida. E ele sempre termina mal.

6. Seu limite é maior do que sua capacidade real de pagamento

- Ter um cartão com $ 10 mil de limite não significa que você "pode" gastar tudo isso.
- Se sua renda é de $ 3 mil, esse limite é, na verdade, uma armadilha.
- O limite alto não é sinônimo de liberdade, é um convite à imprudência, se não for bem administrado.

Dívida não aparece no rosto. Não deixa hematoma.

Mas adoece.

Você dorme mal

Vive em alerta

Sente vergonha de falar com amigos

Tem medo de abrir o e-mail ou atender o celular

Sente que "nunca vai sair dessa"

Isso se chama carga emocional da dívida.

E o cartão de crédito, por ser silencioso e contínuo, é um dos que mais geram esse tipo de dor.

Quando parar tudo?

Se você chegou nesse ponto, talvez a melhor decisão não seja renegociar.

Talvez seja dar um choque de realidade.

Veja o que você pode fazer:

- Travar o cartão: tire da carteira, bloqueie temporariamente, apague do app
- Parar todas as compras no crédito: use só débito, PIX ou dinheiro por um tempo
- Fazer um diagnóstico financeiro completo: reveja todos os seus gastos fixos e variáveis
- Falar com alguém de confiança: vergonha não resolve nada, mas um bom conselho pode salvar
- Às vezes, o cartão precisa ser "demitido" até que você possa contratá-lo novamente, com novas regras.

"O cartão de crédito não quer saber se você tem paz.
Ele só quer saber se você tem limite."

Você não precisa odiar o cartão de crédito.

Mas precisa assumir o comando dessa relação.

Se ele está te dominando, é hora de rever os termos desse contrato silencioso.

Vou lhe propor um desafio prático pra virar a chave e mostrar como você pode construir uma nova relação com esse dinheiro de plástico trazendo um encerramento reflexivo, prático e transformador, com um desafio realista e poderoso para ajudar você a retomar o controle da própria vida financeira e passar a enxergar o cartão de crédito não como vilão, nem como herói, mas como ferramenta sob comando consciente.

Depois de tudo o que você viu até aqui, talvez esteja se perguntando: —E agora? Como reconstruo essa relação?

Porque sim, dá pra começar de novo.

Dá pra pegar esse objeto brilhante que mora na sua carteira e estabelecer novas regras.

Como num relacionamento que passou dos limites, é hora de sentar, conversar e redefinir os termos. Recriar um relacionamento baseado em respeito porque a relação com o cartão de crédito não precisa ser de dependência, medo ou obsessão.

Ela pode ser baseada em:

- Clareza
- Planejamento
- Estratégia
- Limite emocional (além do financeiro)
- E principalmente, autoridade
- Você é quem tem que mandar.
- Você é quem define a hora de usar.
- Você é quem decide o quanto gasta.

O cartão só obedece. Ele é o empregado, não o patrão.

O Desafio dos 30 Dias

Que tal O Desafio dos 30 Dias recomeçando do zero?

Aqui vai uma proposta prática que pode mudar sua vida financeira como poucas atitudes fariam:

- 30 Dias Sem Cartão de Crédito durante os próximos 30 dias:
- Use somente dinheiro em espécie, débito ou PIX.
- Anote absolutamente tudo o que gastar.
- Planeje as compras com antecedência.
- Se surgir algo "urgente", pergunte: isso pode esperar 30 dias?

- No final, calcule quanto você teria pago em juros se tivesse usado o cartão.

E como esse desafio transformará você?
- Você volta a se conectar com o valor real do dinheiro.
- Recupera o senso de planejamento.
- Evita dívidas desnecessárias.
- Passa a consumir com mais consciência.
- Cria o hábito de dizer "não" com firmeza e dizer "sim" com convicção.
- Descobre que a vida não acaba sem parcelar.
- E principalmente: você volta a dormir tranquilo.

Porque paz financeira é silenciosa. E poderosa.
Reescreva suas crenças, muita gente cresceu ouvindo frases como:
"Só cartão resolve."
"Crédito é pra quem sabe usar."
"Sem cartão, a vida trava."
"Todo mundo vive no limite."
Mas você está aqui pra mudar isso.

Você é a pessoa que vai quebrar esse ciclo. Porque cartão de crédito não é plano de vida. É apenas um meio.

A nova regra é usar só quando for útil ,
e nunca por impulso.

Depois do desafio dos 30 dias, você pode voltar a usar o cartão.
Mas agora, com essas regras claras:
Só usar se o valor estiver disponível e separado
Parcelar apenas o que não compromete mais de 20% da sua renda
Nunca gastar no crédito por impulso ou carência emocional
Avaliar se a compra te aproxima da sua meta — ou te afasta

"Cartão de crédito é como fogo: aquece, cozinha, ilumina. Mas se sair do controle, destrói."

Você não precisa viver sem cartão.

Mas precisa aprender a viver com autonomia, critério e propósito.

O verdadeiro poder não está em ter limite alto — mas em saber usar o que se tem com sabedoria.

CAPÍTULO 11

A Uberização do imóvel e o sonho da casa própria.

Onde Mora o Seu Sonho?

Desde que me entendo por gente, ouço que "ter a casa própria é o maior sonho de toda família". Algumas frases quase sagradas, que parecem ecoar no DNA sempre estiveram presentes em todos os cantos do planeta, ou pelo menos estavam até a pouco tempo:

"Quem casa quer casa."

"Melhor pagar o que é seu do que dar dinheiro pro dono."

"Alugar é jogar dinheiro fora."

Mas será que isso ainda vale?

Ou será que estamos entrando numa nova era, em que ter acesso é mais valorizado que possuir?

Uma era onde a casa não é mais raiz, mas roda.

Bem-vindo à discussão sobre a "uberização" do imóvel.

Mas o que significa "uberizar" um imóvel?

"Uberizar" virou um termo comum para descrever a transformação de produtos em serviços sob demanda.

Se antes você comprava um carro, agora chama um motorista pelo celular.

Se antes comprava um DVD, hoje assiste ao streaming.

Se antes comprava uma casa... agora, muita gente prefere alugar. Trocar. Circular.

Essa mentalidade está crescendo entre jovens profissionais, nômades digitais, solteiros com carreira instável e até casais mais maduros, que priorizam liberdade geográfica em vez de estabilidade fixa.

É a lógica da mobilidade: por que fincar raízes se o mundo está em movimento? Uma nova lógica econômica que relativiza flexibilidade sobre posse.

A ideia de comprar um imóvel nasceu num mundo em que:

- O emprego era estável e vitalício
- A cidade onde você nascia era onde você vivia e morria
- As relações eram para sempre
- A inflação devorava o valor do aluguel mês a mês
- Hoje, nada disso é garantido.
- A geração atual está:
- Mudando de carreira aos 30, 40, 50...
- Trabalhando remoto ou em múltiplas cidades
- Casando mais tarde e às vezes, nem casando
- Priorizando experiências em vez de bens

Nesse novo cenário, alugar passou a ser uma estratégia — não uma derrota.

Mas... e a casa dos sonhos?

Isso não quer dizer que o sonho da casa própria morreu.

Muito pelo contrário. O que está mudando é a maneira de se relacionar com esse sonho.

Antes, ele era visto como obrigação.

Hoje, precisa ser encarado como uma decisão estratégica.

Comprar ainda pode ser maravilhoso, mas não deve ser automático.

Muita gente compra sem planejamento, sem entender o custo real, e depois passa anos "trabalhando pra pagar tijolo".

Outros alugam por comodismo, sem jamais formar um plano de acúmulo de patrimônio e, aos 60, ainda vivem de favor.

O equilíbrio está em entender onde você está, o que deseja, e o que o momento econômico permite.

Comprar ou Alugar, não é só uma decisão emocional, é uma questão de matemática e estratégia.

Vamos tirar a emoção da jogada por um minuto e pensar friamente.

Imagine que você tem a opção de:

- Comprar um imóvel de $ 400 mil, financiado em 30 anos, com entrada de $ 40 mil e parcela de $ 3.500
- ou
- Alugar um imóvel semelhante por $ 1.800 e investir os $ 40 mil + a diferença mensal de $ 1.700

Em 30 anos, com disciplina, os resultados podem surpreender.

Dependendo do rendimento, o valor investido pode ultrapassar o valor final pago no imóvel.

Mas... e se o aluguel subir mais que o previsto?

E se o investimento der retorno menor que o esperado?

E se o imóvel valorizasse acima da média?

A resposta é: não há resposta única.

Tudo depende de perfil, disciplina, momento e objetivos. E claro uma analise cuidadosa de onde e como investir, ou onde e como comprar, e aqui deixo um conselho precioso:

"Lembre-se que seu dinheiro é fruto de sua dedicação e conquista com esforço, e ainda que recebido de presente ou por acaso, ou até mesmo sorte, como um premio, deve ser tratado como uma preciosidade, uma dádiva na essência da palavra, somente assim você vai valorizar e cuidar de forma a não confiar em qualquer pessoa ou oferta, buscando a melhor e mais segura relação para investir ou aplicar.

E quando ou, como você deve considerar alugar? Usualmente, existem cenários e momentos de vida que nos ajudam a tomar as melhores decisões, quase como nos encaminham a um foco, como batentes de uma pista de boliche, fechando as canaletas e nos levando a acertar pinos independentemente de nossa habilidade.

- Jovens em início de carreira, com pouca estabilidade de renda.
- Profissionais que podem ser transferidos ou mudar de cidade.
- Pessoas que valorizam liberdade, mobilidade e praticidade.
- Casais ainda sem filhos, em fase de organização.
- Para esses casos, alugar pode ser inteligente e estratégico.
- Permite guardar dinheiro, evitar dívidas longas e manter flexibilidade.

Mas atenção: alugar sem guardar nada é jogar o jogo perdendo.

A economia do aluguel só vale se for revertida em investimento e planejamento.

Na mesma linha precisamos entender também quando devemos considerar comprar. Neste caso as considerações perpassam novamente pelo momento de vida, porém a existência de um conjunto familiar acaba sendo uma das variáveis mais consideráveis.

- Famílias com filhos em fase escolar (estabilidade conta).
- Profissionais com renda estável e planejamento de longo prazo.
- Pessoas que já possuem entrada guardada e custos sob controle.
- Quem vê no imóvel uma forma de proteger patrimônio.
- Comprar traz segurança, previsibilidade e senso de conquista.

Mas não pode ser um passo baseado apenas no "é o certo".

Comprar sem condições é como casar por obrigação: vira prisão. A moradia é uma das maiores decisões financeiras da sua vida. Mas mais do que isso, é uma decisão emocional, prática e até filosófica.

Você precisa entender o seu momento.
Não o que dizem seus pais, seus amigos ou o Instagram.
Mas o que você pode, quer e está pronto para fazer.

Para ajudar a definir melhor essa decisão, vamos destrinchar o custo real de um financiamento e mostrar por que, muitas vezes, a casa pode sair mais cara que o castelo, vamos aprofundar o tema com um mergulho claro e realista no custo total do financiamento, vou te apresentar o que poucos explicam e o que muitos só descobrem quando já é tarde.

Comprar um imóvel financiado é um passo que muitos tomam como natural, quase como um "rito de passagem".

O problema é que, muitas vezes, esse passo é dado no escuro.

Sem fazer contas. Sem olhar o contrato. Sem entender o que significa o tal do "prazo de 30 anos".

E é aí que mora o perigo: a casa dos sonhos pode virar uma prisão com janelas bonitas.

Para evitar essa felicidade que aprisiona, é importante entender como funciona o financiamento (de verdade), não precisa se tornar um expert em matemática financeira, mas entender com simplicidade o que está fazendo, o que está assumindo, principalmente em termos de valor e prazo.

Vamos usar os valores que mencionamos no comparativo anterior de compra e locação. Suponha que você encontra o imóvel dos sonhos. Valor de venda: $ 400 mil. Você tem $ 40 mil de entrada (10%) e o banco financia os $ 360 mil restantes.

Parece ótimo, certo?

Mas aqui vai a realidade:

Se você escolher um financiamento de 30 anos, com juros de 9% ao ano (uma média), o valor total pago ao fim dos 360 meses será algo em torno de $ 900 mil.

Sim. Você leu certo.

Você pagará mais do que o dobro do valor original do imóvel.

Agora você pode fazer a analise com clareza se seu momento de vida sugere a compra e este será um investimento de LONGO PRAZO, onde a maior rentabilidade será uma estabilidade familiar e emocional, OU, decidir que este momento pode aguardar uma etapa diferente da vida e buscar uma opção de custo de vida baixo que permita guardar e economizar, investindo o saldo de modo a consolidar um valor cada vez maior, que te permita ou comprar um imóvel `a vista, sem financiamento, mesmo que menor ou em um local digno mas com área mais barata, OU AINDA, pagar um valor de entrada maior permitindo que o saldo financiado seja menor, lhe entregando um compromisso longo mais suave de pagar ou até mesmo um esforço de valor maior porém em prazo reduzido, diminuindo o custo final do resultado.

Lembre-se o banco ou instituição financeira que proporcionar o seu crédito financiado, lucra de acordo com o tempo em que o dinheiro emprestado está em suas mãos, é como um aluguel do dinheiro, enquanto você não devolve ele todo segue pagando uma custo adicional, assim quanto menor o prazo, menor o custo e por conseguinte menor o preço final do bem adquirido, isso vale para qualquer bem que você compre financiado, seja sua casa, seu carro ou uma viagem.

Este cálculo analítico simples está ligado a um conceito matemático que você já deve ter ouvido falar e talvez até entenda o conceito mas acaba não aplicando na pratica em especial nas suas próprias finanças, os famosos juros compostos, que podem ser um grande vilão silencioso.

Muita gente não percebe, mas o financiamento imobiliário é um produto bancário.

E como todo produto financeiro, ele precisa ser lucrativo para o banco.

A cada parcela que você paga, apenas uma parte vai para abater a dívida real.

O restante? Vai para os juros.

Nos primeiros 5 a 10 anos, a maior fatia da sua parcela mensal nem toca no valor principal da dívida.

Você passa anos pagando e a sensação é de que "a dívida não abaixa".

Isso é normal? Sim.

É justo? Depende.

É financeiramente vantajoso? Nem sempre.

Imagine que você paga $ 3.500 por mês durante 30 anos O valor total pago será de $ 1.260.000 para um imóvel adquirido de $ 400.000

Ou seja: você poderia, com esse valor, comprar 3 imóveis do mesmo valor à vista...

...ou, se investisse com disciplina, construir um patrimônio muito mais robusto.

Agora entenda: isso não significa que comprar é errado.

Significa que comprar sem planejar é perigosamente caro e por isso o momento de comprar deve ser pensado e medido, senão você irá pagar pelo custo invisível da pressa, e a pressa é uma das maiores inimigas da inteligência financeira, e uma aliada do marketing do consumo. Aposto que você já cansou de ver e ouvir frases como: -Você quer sair do aluguel agora? Quer "morar no que é seu"? Quer fazer a reforma que tanto deseja, pendurar um novo e belo quadro na parede ou, trocar tudo? Não quer esperar! Chega de esperar pelo seu bem estar !

Essa urgência cobra um preço altíssimo em anos de trabalho. Quantas horas da sua vida você está disposto a trocar por algo que poderia ser feito com calma, com mais preparo, com menos pressão?

Mas essa preocupação não pode e não deve ser um desestímulo a sua constituição de patrimonio, apenas você precisa entender quando o financiamento faz sentido.

Apesar dos altos custos, o financiamento pode ser uma opção válida em alguns cenários:

- Quando o valor das parcelas é menor ou igual ao do aluguel local.
- Quando há estabilidade de renda e reserva de emergência formada.
- Quando o imóvel será usado por um longo prazo (10 anos ou mais).
- Quando a valorização do bairro ou região justifica o investimento.
- Quando há possibilidade de quitar antecipadamente parte da dívida.
- E, principalmente: quando a decisão foi pensada, calculada e aceita com consciência.

Mas atenção ao que jamais você deve fazer:

- Comprar só porque "todo mundo está comprando"
- Assinar contrato sem ler todas as cláusulas ou até mesmo sem ajuda de um profissional, um consultor de negócios imparcial, e este pode parecer ser um investimento desnecessário, mas pode te salvar de grandes armadilhas, não só monetárias, mas documentais.
- Financiar o valor máximo que o banco aprovar.
- Entrar sem entrada significativa (lembrem-se quanto menor a entrada, maior o custo final)
- Depender de aumento de renda futura para sustentar o parcelamento.

O financiamento pode ser um trampolim, mas também pode ser um abismo. Tudo depende de como, quando e por que você escolhe dar o salto. A casa dos sonhos não deve virar um pesadelo silencioso. Lá precisa ser um lar, não uma algema com escritura.

Antes de assinar qualquer contrato, sente-se com a calculadora, e com a verdade.

Passemos agora a explorar o outro lado dessa moeda, *quando vale a pena alugar e investir o dinheiro? Como isso funciona na prática? Quais os riscos e armadilhas?*

Vamos comparar cenários, desconstruir mitos e mostrar que, em muitos casos, alugar pode ser uma ponte poderosa para o enriquecimento, desde que com propósito e planejamento.

Alugar e investir pode ser uma realidade ou uma Ilusão. Você já deve ter ouvido a frase, "Quem aluga enriquece o dono. Melhor pagar o que é seu."

Essa afirmação carrega verdade emocional, mas pode ser financeiramente ultrapassada, dependendo do cenário e da disciplina de quem aluga.

A proposta aqui não é defender o aluguel cegamente. É mostrar que alugar pode ser parte de uma estratégia inteligente de construção de patrimônio, desde que exista disciplina e direção.

O raciocínio básico da tese "alugar e investir" é uma lógica que parece complexa mas é bem simples. Você aluga um imóvel por um valor menor do que gastaria em uma parcela de financiamento. A diferença mensal, você investe em aplicações financeiras de boa rentabilidade. Com o tempo, o rendimento dos investimentos supera a valorização do imóvel. Você preserva mobilidade, liquidez e flexibilidade sem carregar uma dívida de décadas

Parece maravilhoso, certo?

Mas como tudo na vida financeira... tem nuances.

Essa estratégia fracassa na prática para a maioria, porque ela exige algo raro, repito disciplina e constância.

A diferença entre o valor do aluguel e o valor de uma parcela não pode ser gasta — precisa ser investida.

E não basta guardar "quando der". É preciso:

Investir todos os meses

Buscar aplicações com rendimento real (acima da inflação)

Reinvestir os juros compostos com paciência

Resistir à tentação de "usar um pouquinho só" da reserva

E sejamos honestos: isso não é o que a maioria de nós fazemos.

Elas alugam para ter "alívio", mas gastam a diferença com supérfluos, viagens, upgrades de vida...

Resultado? Passam 10 anos pagando aluguel — e sem nenhum patrimônio acumulado.

Por isso alugar e investir só funciona se o "investir" realmente acontecer.

Lembra do imóvel de $ 400 mil, vamos usar um cenário realista:

- Valor do imóvel: $ 400.000
- Valor do aluguel: $ 2.000/mês
- Valor da parcela de financiamento: $ 4.000/mês

Diferença: $ 2.000 mensais

Se você investir essa diferença durante 30 anos com uma rentabilidade média de 0,7% ao mês (aproximadamente 9% ao ano), você terá: ***Mais de $ 2,3 milhões acumulados.***

Enquanto isso, o imóvel provavelmente terá valorizado para cerca de $ 1,2 milhão isso se valorizar bem, mas poderá se manter no valor original dependendo da região e diversos fatores econômicos do seu país.

Ou seja: alugar e investir podem certamente ser uma genuína fonte de gerar mais riqueza, ou seja enriquecer patriominialmente.

Mas atenção, mais uma vez, esse cenário depende de 30 anos de consistência, estabilidade e visão de longo prazo.

Em geral, destaco sempre que entre os que se beneficiam dessa estratégia, estão:

- Jovens com foco em mobilidade e acumulação de capital
- Profissionais em cidades caras que pretendem mudar futuramente
- Casais sem filhos ou com planos de curto prazo instáveis
- Pessoas com bom controle financeiro e perfil de investidor disciplinado
- Quem valoriza liquidez e evita se prender a um bem fixo, Para esses, alugar não é "jogar dinheiro fora". É usar o aluguel como ferramenta de liberdade e crescimento.

Com mesmo destaque estão entre os que devem evitar essa estratégia:

- Pessoas impulsivas com gastos
- Quem não tem hábito ou educação para investir regularmente
- Famílias que buscam estabilidade para filhos (escola, rotina, raízes)
- Pessoas que veem o imóvel como porto seguro emocional

Para esses, comprar pode ser mais seguro emocionalmente e mais prático financeiramente, se houver planejamento.

O aluguel não é perda se o dinheiro trabalha.

Dizer que "aluguel é dinheiro jogado fora" só é verdade se você não guardar nada.

Mas se você investe com disciplina, evita juros de financiamento, usa o tempo para formar uma entrada robusta ou comprar à vista no futuro você está fazendo o dinheiro trabalhar para você não para o banco.

O problema não é alugar.

O problema é não fazer nada com a diferença.

Se você escolher alugar, que seja por escolha e não por impulso, e que isso venha acompanhado de um plano de enriquecimento real, consistente e inteligente, afinal, não moramos só em casas, moramos em significados.

Já que abordamos um pouco sobre os custos das decisões e agora que você conhece os parâmetros vamos mergulhar no fator mais invisível, e mais poderoso , de toda essa discussão: a dimensão emocional do lar.

A casa não é só concreto, documentos e juros.

A casa é abrigo de afetos, símbolo de conquista, ponto de chegada. E, muitas vezes, ela fala mais sobre quem somos do que sobre quanto temos.

Onde Mora a Sua Emoção?

É fácil olhar para a decisão de morar de aluguel ou comprar um imóvel apenas com a lente dos números. Mas a verdade é que, para a maioria das pessoas, a escolha da moradia carrega mais emoção do que matemática.

Porque não se trata apenas de metragem, juros ou contratos.

Trata-se de onde os filhos vão dar os primeiros passos.

De onde o café vai ser passado todo domingo.

De onde você vai assistir à chuva caindo — sentindo que está protegido do mundo.

Um lar deve ser como um símbolo de sua conquista Para muita gente, comprar a casa própria é mais do que um plano financeiro. É um marco, uma medalha emocional. É o "cheguei lá" em forma de chave.

Lembro da expressão de um dos meus primeiros mentoriados, no dia em que terminou de pagar a última parcela da sua casa.

Ele segurava aquele papel com mais orgulho do que o diploma que ganhou na juventude.

Porque ali, naquele contrato quitado, havia anos de suor, sacrifício e perseverança. Essa é segurança emocional que o imóvel proporciona. Comprar um imóvel traz benefícios que não cabem no Excel:

- Sensação de estabilidade
- Ausência de risco de despejo ou reajustes bruscos
- Liberdade para personalizar, reformar, pintar, sonhar
- Enraizamento: criar raízes na vizinhança, escola, comunidade
- Sentimento de "pertencimento" ao lugar

Para casais com filhos, por exemplo, isso pode pesar mais do que qualquer planilha de rentabilidade.

O valor emocional de "ter onde voltar"

Muitas pessoas que moram fora dizem que o que mais sentem falta é ter onde voltar.

Um chão que seja seu. Uma base fixa no mundo.

Algo que diga: "aqui é meu porto."

E mesmo os mais racionais, diante de crises, descobrem que patrimônio é também paz.

Num mundo instável, ter um teto que ninguém pode tirar de você ainda é um dos maiores símbolos de liberdade, por mais contraditório que pareça.

Entretanto, quando falamos de educação financeira, a emoção atrapalha. O lado emocional muitas vezes cega a racionalidade.

É quando a pessoa compra um imóvel muito acima do que pode pagar, só pelo "status", se endivida até o pescoço para provar que "venceu na vida", se prende a uma localização ruim por apego ao imóvel antigo, ou recusa boas oportunidades de trabalho ou crescimento para "não sair da casa própria"

A emoção deve ser parte da equação — mas jamais o único fator.

Porque se o imóvel vira prisão, o sonho se transforma em peso, e o equilíbrio entre razão e coração deixa de existir, e como em tudo na vida financeira, o segredo está no equilíbrio.

Comprar um imóvel pode sim ser uma grande conquista emocional. Mas deve vir acompanhada de preparo, planejamento e realismo. Não é porque seu avô comprou uma casa aos 22 que você precisa fazer o mesmo. Nem porque seu amigo de infância mora de aluguel que você deve adiar seu plano. Cada realidade é única. Cada escolha deve ser personalizada. A casa deve ser buscada como lar, não como provação.

A sua casa não deve ser um altar de sacrifícios eternos.

Não deve custar todas as suas férias, seus finais de semana, sua tranquilidade. Se a compra de um imóvel te tira o sono, te impede de viver ou de crescer, talvez não seja o momento.

Por outro lado, se a compra te traz paz, encaixa no seu orçamento, fortalece seus planos e honra seus afetos, vá em frente. O importante é que a casa sirva a sua vida. E não o contrário.

Em resumo a decisão entre alugar ou comprar nunca será puramente racional.

E nem precisa ser. Mas ela precisa ser consciente.

Consciente do que você sente, do que você precisa, e do que você pode, com base na sua realidade e não nas opiniões alheias.

O objetivo aqui é lhe ajudar a entender melhor este tema e com base em critérios claros, realidade individual e sem romantização, te empoderar para fazer a melhor escolha para sua vida, não para os outros.

Chegou a hora de decidir, Comprar ou Alugar?

Uma vez que você já tenha refletido sobre o custo real, os prós e contras emocionais e os diferentes perfis de decisão, é hora de montar um roteiro claro, objetivo e honesto para tomar sua decisão. Sem romantismo. Sem pressão. Só a verdade da sua realidade, seguindo passo a passo um plano de vida como um plano de negócios, bem desenhado, com o maior numero possível de variáveis analisadas.

Etapa 1 – Avaliar sua fase de vida

A pergunta inicial deve ser: —"Onde estou na vida, e onde quero estar nos próximos 5 a 10 anos?"

Se você:

- Está em fase de crescimento profissional
- Pensa em mudar de cidade ou país
- Está começando um relacionamento ou recém-formou família
- Ainda não tem clareza de objetivos de médio/longo prazo
- Provavelmente, o aluguel te dará mais liberdade e mobilidade.
- Mas se você:
- Tem filhos em idade escolar e estabilidade familiar
- Está consolidado profissionalmente
- Tem visão de longo prazo para sua cidade e região
- Sente necessidade de estabilidade emocional e de rotina

Talvez seja a hora de buscar uma compra estruturada.

Etapa 2 – Analise sua situação financeira

Aqui, vamos com as perguntas duras — mas necessárias:

- —Você tem ao menos 20% do valor do imóvel para dar de entrada?
- —Tem uma reserva de emergência de 6 a 12 meses de custo de vida?
- —O valor da prestação não ultrapassa 30% da sua renda líquida?
- —Você não está contando com aumentos futuros ou bônus incertos?

Se você respondeu "sim" para todas, pode avaliar a compra com mais segurança.

Se respondeu "não" para mais de uma, comprar agora pode comprometer sua saúde financeira.

Etapa 3 – Faça as contas com papel e caneta

Pegue dois cenários:

- Cenário A – Compra financiada:

Valor total do imóvel
Entrada disponível
Valor das prestações
Taxa de juros e tempo total
Custo com cartório, escritura, impostos
Estimativa de valorização do imóvel

- Cenário B – Aluguel com investimento:

Valor mensal do aluguel
Diferença em relação à prestação simulada
Possibilidades reais de investimento com a diferença
Rentabilidade média esperada
Tempo que você pretende permanecer no imóvel

Compare os dois cenários ao longo de 10, 20 e 30 anos.

Se o cenário do aluguel com investimento tiver vantagem e você tiver disciplina, ele pode ser o melhor caminho.

Se a valorização for sólida e o imóvel te servir por longo prazo, a compra pode vencer.

Etapa 4 – Considere o fator emocional

Aqui, a pergunta é:—“O que eu busco na minha moradia: liberdade ou enraizamento?”

Se a casa é:

- Um projeto de identidade
- Um ponto de estabilidade familiar
- Uma âncora emocional para filhos e cônjuge
- Um marco de realização pessoal
- A compra pode trazer paz e sentido.

Se a casa é:

- Um lugar de passagem
- Uma ferramenta de mobilidade
- Uma etapa flexível da jornada
- Algo que pode mudar conforme a vida se desenha

O aluguel pode representar liberdade e flexibilidade.

Nenhuma escolha é errada, desde que seja consciente. Um lar não deixa de existir nem passa a existir pelo título de propriedade!

Etapa 5 – Consulte profissionais e histórias reais

- Não tome essa decisão baseado só em achismos ou pressões sociais.
- Fale com um planejador financeiro
- Converse com pessoas que compraram e alugaram
- Entenda o que funcionou, e o que deu errado
- Estude o mercado da sua região
- Simule cenários realistas

Comprar um imóvel ou optar pelo aluguel não é apenas sobre o que você quer, é sobre o que sua realidade comporta.

A melhor escolha é sempre aquela que respeita seu momento, sua visão de vida e sua saúde financeira. Comprar pode ser conquista. Alugar pode ser estratégia.

Só você pode saber o que é certo; desde que não ignore os números, os sentimentos e os riscos.

Quero encerrar este capítulo com um exercício prático e reflexivo, que permitirá a você organizar seus próprios critérios, compreender seus desejos e tomar uma decisão consciente e sustentável.

Agora que você percorreu todos os caminhos deste capítulo dos números à emoção, da razão à estratégia é hora de parar, respirar fundo e perguntar:

Onde Está a Sua Chave? "O que eu realmente quero?"

Mais do que seguir a multidão ou repetir padrões familiares, este é o momento de fazer um acordo com você mesmo.

A decisão de comprar ou alugar impacta sua paz, seu bolso e seu futuro.

E ninguém, além de você, pode tomar essa decisão com verdade.

- **Crie um Mapa da Decisão Consciente**

Pegue papel e caneta — ou seu caderno de anotações favorito — e responda, com calma e sinceridade:

1. Onde estou hoje?

- Cidade, bairro, imóvel atual:
- Tempo de permanência:
- Satisfação com a moradia atual (de 1 a 10):
- Valor mensal gasto com moradia:

2. O que quero nos próximos 5 anos?

- Quero morar na mesma cidade ou mudar?

- Pretendo crescer profissionalmente? Trocar de área?
- Pretendo formar família? Crescer a que tenho?
- Desejo estabilidade ou liberdade?

3. Como está minha vida financeira hoje?

- Tenho reserva de emergência de 6 meses ou mais?
- Tenho ao menos 20% de entrada para um imóvel?
- Minha renda é estável?
- O valor da prestação caberia no meu orçamento sem sofrimento?
- Eu consigo investir mensalmente com disciplina?

4. O que o imóvel representa para mim?

- Segurança
- Status
- Enraizamento
- Liberdade
- Estabilidade emocional
- Carga emocional ou pressão social?

5. Cenário A: Se eu comprasse hoje...

- Qual imóvel eu poderia comprar?
- Valor:
- Entrada disponível:
- Prestação mensal:
- Tempo de financiamento:
- Impacto emocional dessa compra:
- Impacto financeiro dessa compra:
- O que eu abriria mão?

6. Cenário B: Se eu alugasse e investisse...

- Quanto custaria o aluguel ideal para mim?
- Quanto eu economizaria em relação a uma prestação?
- Eu teria disciplina para investir essa diferença?

- Como ficaria minha liberdade de mudança?
- O que eu ganharia? O que perderia?

7. Conclusão pessoal:

Com base em tudo o que respondi...

- O que faz mais sentido para mim neste momento da vida?
- Qual decisão me trará mais tranquilidade, realização e sustentabilidade?
- Quais são os passos que posso dar hoje para avançar rumo a essa decisão?

Uma casa não é feita só de tijolos, mas dos sonhos que ela carrega — e do preço que você está disposto a pagar por eles. Encontre sua chave, seja comprando ou alugando, o mais importante é que você se sinta em casa com a sua decisão.

- Que a escolha seja feita por desejo — e não por medo.
- Por consciência — e não por pressão.
- Por planejamento — e não por impulso.

Porque, no fim, o melhor lugar do mundo não é o mais caro, o mais moderno ou o mais valorizado.

É aquele onde você pode respirar fundo e dizer: "***Aqui eu posso ser quem eu sou.***"

CAPÍTULO 12

Segurança patrimonial começa pequena.

A Primeira Pedra do Castelo

Desde cedo nos ensinam a desejar "segurança financeira". Mas raramente explicam o que isso significa de verdade.

Parece um conceito abstrato, reservado a quem "tem muito dinheiro", imóveis de alto padrão, carros importados e aplicações sofisticadas.

Só que a verdade é outra.

Segurança patrimonial começa muito antes da riqueza e quase sempre, bem pequena.

Começa com aquela primeira moeda que você escolheu guardar em vez de gastar, com o primeiro mês que você terminou com $ 100 a mais do que começou, com a primeira vez que você entendeu que guardar é tão nobre quanto ganhar.

Antes de seguir, vamos traduzir o que é "patrimônio" em linguagem do dia a dia, e por que importa tanto.

Patrimônio é o que você tem que gera estabilidade, valor ou retorno.

Pode ser:

- Um imóvel.
- Um carro (embora, muitas vezes, ele seja mais passivo que ativo).
- Dinheiro guardado.
- Investimentos em renda fixa ou variável.
- Um pequeno negócio lucrativo.
- Uma reserva de emergência sólida
- Até uma coleção valorizada ou algo vendável

Em resumo: patrimônio é tudo aquilo que pode lhe sustentar quando o salário parar.

O primeiro imóvel nem sempre é o seu maior troféu, mas sim o seu trampolim, aquilo que o motiva a seguir, crescer e prosperar, ele deve ser buscado como principio, semente de uma árvore que após um tempo você terá enraizada, firme e grande, por isso que chamamos de PRIMEIRO.

Muita gente espera comprar a casa perfeita, em um bairro dos sonhos, já mobiliada, decorada e próxima do trabalho.

Mas quem constrói patrimônio de verdade sabe:

"O primeiro imóvel raramente é o definitivo. E está tudo bem."

Ele é um trampolim, como eu disse, não um trono.

Um degrau. Um marco. Um espaço de aprendizado e crescimento.

Pode ser um pequeno apartamento financiado.

Pode ser um terreno longe do centro.

Pode ser algo que você compra para alugar e gerar renda.

O que importa é começar.

E fazer disso um plano, não um fardo.

Uma programação de vida consiste em começar certo, não importa se parecer pequeno. Na verdade, esse conceito de pequeno é abstrato, o que pode parecer pequeno para uns, pode ser um sonho para outros, eu resumo o tamanho ideal como aquele que cabe de forma estruturada ao seu momento de vida.

Tudo de grandioso que podemos construir assim como tudo grandioso que conhecemos começa pequeno, gosto muito de uma frase que diz: *"Nenhum incêndio começa grande."*

Se você ainda não tem patrimônio algum, ou sente que está atrasado, aqui vai a boa notícia:

Não é tarde. Mas é urgente.

Veja algumas formas simples e possíveis de dar os primeiros passos:

- Monte sua reserva de emergência:
- Comece guardando 10% de tudo o que ganha.
- Guarde em uma conta separada, de preferência que renda mais que a poupança.
- Só toque nesse dinheiro para emergências reais (saúde, demissão, conserto essencial).
- Invista em ativos de baixo risco: Renda fixa, CDBs, Tesouro Direto.
- Comece com pouco, mesmo que seja $ 100 por mês.
- O importante não é o valor, é o hábito.
- Pesquise oportunidades imobiliárias alternativas: Leilões, terrenos em expansão urbana, imóveis na planta com desconto.
- Pense como investidor, não como consumidor.
- Venda o que não usa mais e reinvista:
- Móveis, eletrônicos, roupas de marca — transforme tralha em capital.
- Evite dívidas que consomem seu poder de construir patrimônio:
- Parcelas longas por bens de consumo, financiamentos de carro desnecessários, compras por impulso.

A segurança patrimonial nasce quando você troca consumo por construção.

Mude a chave: de consumidor para construtor

Uma das maiores mudanças que você pode fazer pela sua

vida financeira é deixar de ser apenas consumidor — e se tornar construtor.

Consumir é prazeroso, sim.

Mas construir é o que vai garantir que você tenha liberdade no futuro.

A segurança não está em gastar bem.

Está em ter o que te sustente quando você não puder mais gastar.

O futuro agradece o presente disciplinado

Pense em você daqui a 15 ou 20 anos.

Você gostaria de olhar para trás e dizer:

"Ainda bem que comecei a guardar, mesmo que fosse pouco."

Ou...

"Como eu gostaria de ter começado antes."

A boa notícia é que a escolha ainda está nas suas mãos.

Mesmo com um salário simples, com dívidas atuais, com dificuldades.

Sempre há um primeiro passo.

Segurança patrimonial não é sobre quantidade.

É sobre consistência, visão e tempo.

Começar pequeno é melhor do que não começar.

Guardar pouco é melhor do que continuar zerado.

Construir devagar é infinitamente melhor do que viver refém do agora.

Quero falar agora com você sobre os mitos que impedem as pessoas de começarem a construir patrimônio e como você pode superá-los com coragem e clareza.

A desculpa de uma pseudo incapacidade, ou de uma limitação financeira muitas vezes é a grande vilã que boicota qualquer chance de mudança ou superação, sabe aquela frase "Isso não é para mim" ou "Só na próxima encarnação"ou ainda "Como posso guardar e planejar, se não ganho nem para pagar as contas?"

Essas frases são você tentando se auto sabotar, é o seu lugar em um caos confortável não lhe deixando ver que essas limitações não existem, mas sim seu medo de virar o jogo e sua falta de saber como fazer. Olhar para uma maioria sem recursos e uma minoria com, não é buscar em qual grupo você se enquadra nesta vida, mas sim qual grupo você quer estar!

Todo mundo quer ter patrimônio.

Mas nem todo mundo acredita que pode ter.

E é aí que mora o maior problema: antes de guardar dinheiro, é preciso destravar a mentalidade.

O que você acredita sobre o dinheiro determina o que você faz com ele.

Vou lhe revelar agora os principais mitos que aprisionam milhares, milhões de pessoas e como sair dessa lógica que só favorece a escassez.

- **Mito 1: "Não ganho o suficiente para guardar"**

Esse é, disparado, o mito mais repetido nas conversas sobre finanças. Lembra da frase que disse acima, *"Como posso guardar e planejar, se não ganho nem para pagar as contas?"* olha o mito aí.

A pessoa olha para o salário, vê que está no limite, e conclui: *"Quando eu ganhar mais, eu guardo."*

Mas o tempo passa, o salário até aumenta... e a pessoa continua zerada.

Porque o problema não está na quantia, está no comportamento.

Quem não guarda $ 50 de $ 1.000, não guardará $ 500 de $ 10.000.

O estilo de vida cresce junto com a renda — a menos que haja consciência.

Guardar dinheiro é um hábito, não uma questão de quanto se ganha.

- **Mito 2: "Guardar é se privar da vida"**

Muita gente tem essa sensação:

"Ah, vou ficar juntando dinheiro e deixar de viver?"

"Não sei nem se estarei vivo amanhã..."

"Prefiro gastar agora, aproveitar."

Essa é a lógica do "carpe diem mal aplicado".

Planejar o futuro não é negar o presente.

É garantir que você terá liberdade de escolha amanhã.

É cuidar de você, do seu eu mais velho, do seu futuro com dignidade.

Ter segurança não significa deixar de viver. Significa poder viver melhor, com menos medo.

Gosto sempre de lembrar uma história verdadeira de um bilionário que a família era dona de quase metade do estado. Conhecido como um dos "playboys" mais famosos do mundo. Ele quando novo chegou a pedir a um contador que calculasse quanto poderia gastar por dia para consumir sua quase inesgotável fortuna na casa dos bilhões até seus 80 anos. E assim se tornou conhecido por nunca ter trabalhado e por suas estravagancias sem limite. De fato tudo deu certo e a conta estava bem feita. A faixa etária de expectativa de vida também era condizente com uma máxima para a época. O único problema é que ele viveu 88 anos e os últimos 8 não possuía sequer recurso para cuidados básicos.

Lembra daquela máxima que lhe falei lá no início, *"Dinheiro não aceita desaforo"*!

Tudo tem um fim se você não planeja e cria uma estratégia para não faltar.

- **Mito 3: "Investir é coisa de rico".**

Quantas vezes você já ouviu isso?

"Isso aí é pra quem tem muito dinheiro."

"Não é pra mim, nem sei por onde começar."

"Eu só tenho conta no banco, nada de aplicação..."

A verdade é que qualquer pessoa pode começar a investir.

Hoje, com $ 30, $ 50 ou $ 100, já é possível aplicar em renda fixa, CDBs, Tesouro Direto. O acesso está nas mãos de todos: o que falta é instrução, não dinheiro. É esclarecimento, não acesso.

- **Mito 4: "Meu único patrimônio é meu trabalho".**

Muita gente confunde renda com segurança.

Acha que por ter um bom salário fixo, está segura. Mas...

Se perder o emprego?

Se adoecer?

Se a empresa fechar?

Se o mercado mudar?

Seu trabalho é renda ativa, mas não é patrimônio.

Patrimônio é o que fica mesmo quando a renda pára.

E a segurança de verdade só vem quando você tem algo que te sustenta além da sua força de trabalho.

- **Mito 5: "Só compensa guardar se for muito".**

Outro sabotador comum:

"Ah, mas guardar $ 50 não muda nada."

"Quando eu tiver mais, eu começo."

"Isso é troco, nem vale o esforço."

Essa é a lógica que impede a construção da disciplina.

Toda reserva grande começou com uma reserva pequena.

Você não constrói uma casa começando pelo telhado.

Você começa com um tijolo, depois outro.

Assim se constrói um patrimônio: com constância, não com milagre.

- **Mito 6: "Eu tenho tempo, depois eu me organizo".**

Esse mito é traiçoeiro porque se disfarça de tranquilidade.

"Sou jovem, ainda tenho tempo."

"Mais pra frente eu vejo isso."

"Agora é hora de aproveitar."

A verdade dura é: tempo é o maior aliado dos juros compostos.

Cada ano que você adia é um ano de capitalização que você nunca mais recupera.

Quem começa aos 25 com $ 200 por mês pode chegar aos 50 com mais de $ 300 mil investidos.

Quem começa aos 40 precisará guardar mais do dobro por mês para chegar ao mesmo valor.

O melhor momento de começar foi ontem. O segundo melhor é hoje. O pior é deixar para o amanhã.

A cura dos mitos está na consciência, atitude e ação

- Todos esses mitos têm cura, mas ela exige três passos:
- **Consciência**: perceber o que você acredita, de onde veio essa crença, quem lhe ensinou.
- **Atitude:** decidir que você quer mudar. Mesmo que seja difícil.
- **Ação**: começar com o que tem. Não importa o valor, o tamanho, o ritmo. Só comece.

Porque não é o mito que te prende.

É você continuar acreditando nele.

Se você quer segurança, precisa construir, e para construir, precisa começar.

E para começar, precisa destruir os mitos que lhe mantêm pequeno. Dê os primeiros passos reais, simples e eficientes para começar sua segurança patrimonial, mesmo com pouco, mesmo com medo, mesmo com dúvidas.

Porque tudo o que você precisa para começar... você já tem.

Agora que você já entendeu o que é patrimônio e já destravou as crenças que impedem a ação, é hora de responder à pergunta mais importante: "Por onde eu começo?" E a resposta é simples: pelo que você tem. Não importa se é muito ou pouco.

O que importa é dar o primeiro passo, com clareza, consistência e coragem. Vou lhe apresentar o que eu chamo de os 6 passos para fazer dar certo.

- **Passo 1 – Crie sua consciência patrimonial.**

Antes de guardar, é preciso saber onde você está.

Por isso, sente-se com papel, caneta, celular ou planilha e anote:

- Quanto você ganha (renda líquida mensal)?
- Quanto você gasta (gastos fixos, variáveis e supérfluos)?
- Você tem dívidas? Quais? Com quais taxas e prazos?
- Você já tem alguma reserva? Quanto? Onde?
- Tem algum bem que pode ser considerado patrimônio?

Esse retrato é o seu ponto de partida.

Não se assuste se o saldo for negativo: o importante é saber para poder agir.

- **Passo 2 – Monte sua reserva de emergência**

Antes de pensar em investir, em comprar imóvel ou em negócios, monte sua reserva de segurança.

A recomendação básica:

- Para assalariados: 6 meses de custo fixo mensal
- Para autônomos, empreendedores e freelancers: de 9 a 12 meses

Exemplo: se você gasta $ 3.000 por mês para viver, sua reserva ideal é de $ 18.000 a $ 36.000.

Comece com metas menores: $ 1.000, depois $ 3.000, depois $ 6.000

Vá passo a passo, e guarde em locais acessíveis, seguros e que rendam acima da inflação: CDBs com liquidez diária, Tesouro Selic, contas digitais com rendimento automático, e como já falamos, procurar ajuda técnica, seja um especialista pago ou um gerente de contas confiável é sempre um bom caminho.

Essa reserva será seu trampolim para a construção patrimonial.

- **Passo 3 – Saia das dívidas tóxicas.**

Não há como construir patrimônio enquanto o dinheiro escorre pelos juros.

Dívidas de cartão de crédito, cheque especial, financiamentos longos de consumo... tudo isso drena sua capacidade de guardar.

Estratégia recomendada:

- Faça uma lista de todas as dívidas
- Ordene da maior taxa de juros para a menor
- Tente renegociar, concentrar ou trocar por um empréstimo com juros menores
- Comece a pagar as mais caras primeiro (método avalanche) ou as menores para ganhar motivação (método bola de neve)
- Cada dívida quitada é um novo espaço criado para investir.

- **Passo 4 – Crie um canal fixo de investimento mensal**

Escolha um dia do mês — de preferência logo após cair seu salário — e faça a transferência do valor reservado para investimento, automaticamente.

- Renda fixa (Tesouro Direto, CDBs)
- Fundos de investimento
- Previdência privada (em alguns casos)
- Fundos imobiliários ou ETFs (para quem está pronto para renda variável)

Não espere "sobrar" dinheiro.

Faça "sobrar", colocando o investimento como prioridade, não como sobra.

- **Passo 5 – Invista em educação financeira.**

Você não precisa se tornar um economista.

Mas precisa entender o suficiente para não ser enganado, nem travado pelo medo.

- Leia livros.
- Ouça podcasts.
- Assista vídeos de especialistas.
- Acompanhe perfis que ensinam com seriedade.
- Converse com quem entende mais.

A educação financeira não custa caro, custa não ter.

Aqui quero lhe deixar um ensinamento valioso. Um filósofo chamado Beda, que viveu entre os séculos 6 e 7, considerado uma das mais eruditas figuras da alta Idade Média, dizia, entre seus ensinamentos, que entre os segredos do fracasso estão os erros de ***Não se ensinar o que se sabe, não se aplicar na vida o que se ensina e não perguntar quando não sabe.***

Sem entrar no cenário vasto da filosofia, o que este conteúdo se aplica no seu processo de educação e gestão financeira é procure ensinar a todos que integram o seu ecossistema familiar tudo que você está aprendendo aqui, seu esposo, filhos, parentes ou amigos que vivam com você, pessoas que trabalhem na sua casa e na empresa, seja você empregador ou empregado, sócios, fornecedores e pessoas envolvidas em suas metas, enfim quanto mais você compartilhar seus aprendizados, mais fortes e alinhados as pessoas que estão ao seu redor estarão, e quando todos caminham na mesma direção, a onda do sucesso chega mais rápido.

Nessa linha, você não pode esquecer que não basta ensinar ou compartilhar se você não aplicar aquilo que acredita como verdade, assim como não deve ter vergonha ou medo de assumir que não sabe de tudo e pedir ajudar, o tal "perguntar quando não sabe", isto irá tirar você da rota do fracasso como disse Beda, e lhe levar para o caminho do sucesso.

Um excelente conselho é compre este livro e doe para o máximo número de pessoas que você puder, faça chegar a todos que você conhece estes ensinamentos, não falo isso porque quero vender mais livros, claro este é o objetivo de quem é autor de uma obra, mas porque quanto mais pessoas estabilizadas e crescentes economicamente, comprova a matemática e as estatísticas que o cenário macro econômico se torna mais favorável, além de você estar disseminando o bem e se tornando uma pessoa melhor e generosa.

- **Passo 6 – Cultive o hábito, não o heroísmo.**

Muita gente começa guardando $ 500, se empolga... e para no terceiro mês.

Outros começam com $ 50, acham que é pouco... e param por desânimo.

Patrimônio se constrói com hábito, não com impulso.

É como plantar uma árvore:

Você rega, espera, confia.

No começo parece que nada muda.

Mas um dia, a sombra chega.

O importante não é com quanto você começa.

É não parar.

Você não precisa ser rico para começar.

Mas precisa começar para ter chance de ser rico.

Segurança patrimonial é o resultado de decisões simples, repetidas com disciplina.

Comece hoje. Do seu jeito. Com o que tem. Você verá acontecer o milagre do poder da multiplicação, verá como seu patrimônio pode crescer exponencialmente com o tempo certo e os investimentos certos. Aí sim, o pequeno se transforma em grande. O começo vira conquista. E o esforço vira liberdade.

A Multiplicação Silenciosa você já entendeu como começar.

Agora é hora de entender por que começar o quanto antes é tão valioso.

O tempo, quando aliado ao hábito, é o mais poderoso dos multiplicadores.

É ele que transforma gotas em oceano.

Centavos em segurança.

Poupança em liberdade.

O tempo é e deve sempre atuar como seu aliado mais leal

Pense em uma semente de carvalho.

Nos primeiros anos, ela parece frágil, pequena, quase insignificante.

Mas à medida que o tempo passa, sem que se perceba, ela se transforma em uma árvore forte, resistente, e que viverá por séculos.

Com o patrimônio, é exatamente igual.

O que você guarda hoje, mesmo que pareça pouco, pode virar uma base sólida, desde que respeite três leis:

Constância – guarde sempre, mesmo que pouco

Paciência – não mexa no dinheiro guardado com pressa

Boa escolha de instrumentos – aplique de forma inteligente

Você precisa entender para aplicar melhor o conhecimento, certo?

O poder dos juros compostos é certamente um dos segredos que você precisa conhecer.

Albert Einstein chamava os juros compostos de "a oitava maravilha do mundo".

"Quem entende, ganha. Quem não entende, paga."

— Albert Einstein

O que são juros compostos?

É quando o rendimento do seu dinheiro começa a gerar mais rendimento.

Ou seja, o lucro gera lucro, que gera mais lucro.

Exemplo simples:

$ 200 por mês investidos com 1% ao mês (aproximadamente 12,7% ao ano)

Em 10 anos: $ 45.000

Em 20 anos: $ 125.000

Em 30 anos: $ 290.000

Você terá depositado $ 72.000 — o resto veio da mágica do tempo e da constância.

Agora imagine se fosse $ 400, ou $ 600...

O crescimento não é linear — é exponencial.

Essa "mágica" está na realidade de reinvestir os ganhos, o maravilhoso efeito bola de neve, sim, aquela bola de neve dos desenhos animados da nossa infância que quanto mais rolava a montanha abaixo, maior ficava, o princípio de ir passando e aumentando a circunferência, é ver crescer o raio da circunferência do seu patrimônio.

Muitos cometem o erro de retirar o que ganham assim que o investimento começa a render.

Mas a inteligência financeira pede outro caminho:

Reinvista. Deixe os frutos virarem sementes.

Se você ganha $ 50 de rendimento, aplique os $ 50 junto ao valor que iria aplicar naquele mês.

Isso acelera o crescimento da carteira e aumenta o poder de capitalização.

O crescimento deve sempre ser feito com consciência, evite a ganância!

Aqui mora um ponto de atenção. À medida que você vê o dinheiro crescer, a tentação de arriscar mais também cresce. É nesse ponto que muitos caem em armadilhas como:

- Promessas de retorno rápido e alto
- Esquemas de pirâmide
- Criptomoedas sem lastro
- Investimentos que não entendem etc.
- Crescer é bom. Mas crescer com segurança é melhor.
- Não troque consistência por ilusão.

A pressa pode destruir o que você levou anos para construir.

Outro bom caminho é reinvestir também na sua geração de renda Segurança patrimonial não é só guardar. É também ganhar melhor para guardar mais. Por isso, invista também em você:

- Cursos de qualificação
- Certificações
- Networking inteligente
- Saúde física e mental
- Ferramentas que aumentam sua produtividade
- Você é o seu maior ativo.

Cuidar de você é multiplicar seu patrimônio invisível e seu poder de acumular patrimônio. Gerando maior receita, seu potencial de guardar, economizar e investir aumenta e consequentemente seu patrimônio e sua estabilidade se tornam maiores e chegam mais breves, e veja que disse mais breves, isso significa antes, não rápido !

O dinheiro não se multiplica por mágica.

Ele cresce com:

- Visão de longo prazo
- Disciplina
- Boas escolhas
- Reinvestimento
- E, principalmente, tempo.

Começar pequeno não é limitação: é inteligência.

Porque quem aprende a multiplicar $ 100 com disciplina, saberá fazer o mesmo com $ 10.000.

Uma outra forma de assimilar esses conceitos é conhecer histórias reais de quem começou pequeno e construiu grandes fortunas pessoais, não por sorte, mas por sabedoria e persistência. Assim você vai reconhecer que também pode ser um desses exemplos e até inspirar outros amanhã. Quem sabe em uma próxima edição deste livro você esteja entre os citados casos de sucesso que costumo usar de exemplo de histórias reais que mostram a trajetória da simplicidade à solidez.

Não há nada mais poderoso para provocar mudança do que ver alguém parecido com você tendo sucesso. A teoria ganha corpo quando a prática mostra que é possível. E sim, é possível para você também.

Aqui estão três histórias reais, adaptadas com nomes fictícios para preservar a privacidade, mas com base em situações verídicas e representativas de caminhos que funcionam.

- Dona Ilda: $ 10 por semana

Dona Ilda trabalhou como doméstica por 30 anos.

Nunca teve salário alto. Teve quatro filhos, criou todos praticamente sozinha, enfrentou a inflação da década de 80, a escassez dos anos 90 e a informalidade por quase toda a vida.

Mas uma coisa ela fazia, desde sempre, toda semana ela guardava $ 10 num envelope escondido atrás da estante. Às vezes $ 20. Quando podia, $ 50.

Ela nunca contou pra ninguém.

Aos 56 anos, quando foi dispensada e achou que tudo estava perdido, abriu sua reserva escondida:

Mais de $ 30 mil acumulados ao longo de décadas.

Com esse valor, reformou o quartinho dos fundos da própria casa e fez um estúdio para aluguel. Hoje, recebe $ 900 por mês fixos, e nunca mais ficou sem renda.

Ela construiu um patrimônio com envelopes e disciplina.

- Rafael: da dívida à liberdade

Rafael, 29 anos, analista de sistemas, morador de Belo Horizonte.

Aos 25 anos, ganhava $ 5 mil por mês — e devia $ 26 mil no cartão de crédito, empréstimos e limite bancário.

Tinha carro financiado, celular parcelado, vivia de delivery, roupas de marca e festas no fim de semana. Ele achava que estava tudo certo. Afinal, ganhava bem, mas não guardava nada. Só ansiedade."

Depois de um susto de saúde e uma conversa com um mentor, ele decidiu virar o jogo.

Fez um plano de quitação agressivo: vendeu o carro, cortou 80%

dos gastos, morou com os pais por um ano, pagou tudo.

No mesmo período, começou a estudar sobre investimentos.

4 anos depois:

Quitou todas as dívidas

Tem $ 85 mil investidos

Mora sozinho em um apartamento alugado com aluguel estratégico

Guarda 35% da sua renda mensal

Tem liberdade de escolha

O que mudou? Mentalidade. Prioridade. Hábito.

- Silvana: investimento invisível

Silvana é professora. Sempre foi disciplinada, mas nunca teve grandes ambições. Ensinava matemática no ensino médio e ganhava entre $ 3.500 e $ 4.000 líquidos.

Ela começou a guardar $ 200 por mês assim que entrou no magistério. Não sabia muito de investimentos, então escolheu a velha e boa caderneta de poupança.

Depois de 10 anos, se deu conta de que tinha mais de $ 35 mil.

Foi então que buscou ajuda: um consultor a orientou a diversificar e buscar ativos mais rentáveis.

Hoje, aos 45 anos:

Tem um apartamento quitado modesto, mas confortável

Possui mais de $ 140 mil em investimentos

Continua dando aulas — mas por prazer, não por necessidade

E está fazendo um curso para abrir uma escola infantil particular

Nunca ganhou muito, mas nunca gastou como se tivesse tudo.

Patrimônio é isso: liberdade de escolha.

O que essas histórias ensinam, não é sobre o quanto se ganha, é sobre o quanto se guarda com disciplina. A segurança começa com pequenas atitudes, não com grandes heranças. Quem prioriza o futuro no presente colhe paz, não medo. A jornada é individual, mas o caminho é possível para todos.

Você pode não se identificar com todos os perfis.

Mas, com certeza, carrega uma parte de cada um deles.

Dona Ilda te ensina que a persistência vence.

Rafael mostra que mudar é possível, mesmo no buraco.

Silvana prova que o invisível de hoje pode ser o conforto de amanhã. Você também pode ser uma dessas histórias.

Não importa se seu nome ainda não está nas manchetes. Seu patrimônio começa no silêncio e um dia se manifesta em paz.

Eu lhe proponho mais um exercício, o de mapeamento patrimonial pessoal, um raio-X do que você já tem, o que pode conquistar e como traçar a rota com clareza e consciência.

Porque seu castelo pode estar apenas esperando que você assente a primeira pedra.

Você leu, refletiu, se inspirou, compreendeu.

Agora é hora de agir, porque conhecimento só vira transformação quando é colocado em movimento.

Por isso, prepare papel e caneta, ou um aplicativo de notas, planilha, o que preferir. Vamos construir o seu primeiro mapa de segurança patrimonial.

Mapeamento patrimonial pessoal

- **Parte 1 – Raio-X do seu hoje**

Comece sendo brutalmente honesto com você mesmo.

Anote:

- Renda mensal líquida (o que entra de verdade):
- Gastos fixos mensais (aluguel, contas, transporte, alimentação básica):
- Gastos variáveis e estilo de vida (delivery, lazer, roupas, etc.):

- Dívidas em aberto (com valores, prazos e taxas):
- Valor que sobra (ou falta) todo mês:
- Você tem alguma reserva? Onde está? Quanto rende?
- Você tem algum bem com valor patrimonial (imóvel, terreno, carro, fundo, CDB, etc.)?

Essa fotografia é o seu ponto de partida real. Sem filtro. Sem julgamento.

- **Parte 2 – Onde você quer chegar?**

Responda com sinceridade:

- Qual é seu sonho de segurança financeira? (exemplo: ter um imóvel quitado, viver de renda, poder parar de trabalhar aos 60, etc.)
- Quanto de patrimônio você gostaria de ter nos próximos... 1 ano: 3 anos:10 anos:
- Qual o valor ideal da sua reserva de emergência?
- Qual seria um bom valor guardado por mês, dentro da sua realidade atual?
- Você está disposto a cortar algum gasto em troca de estabilidade futura? Qual?

Lembre-se: não existe resposta certa, existe o que é certo para você.

- **Parte 3 – O plano possível e ajustável**

Agora trace um plano de ação simples, mas realista:

- Valor que você vai guardar todo mês, a partir do próximo salário:
- Onde você vai guardar esse valor (especifique a instituição, tipo de aplicação):
- Dia fixo do mês em que você vai fazer a transferência (de preferência, automático):
- Objetivo do valor guardado (reserva, entrada de imóvel, aposentadoria, etc.):

- Avaliação mensal: todo mês, no mesmo dia, você vai revisar o progresso — sim ou não?

O segredo aqui é a constância, não a perfeição. Uma dica extra é visualizar e acompanhar. Pegue um caderno, um mural, uma planilha com gráficos, um app. Visualize o crescimento. Acompanhe o saldo. Celebre os avanços. Quando você vê seu patrimônio crescendo, mesmo que devagar, você ativa o cérebro para continuar. Você sai da lógica da escassez e entra no ciclo da construção. E isso muda tudo.

Reprogramação final

Diga a si mesmo:

"Eu sou capaz de construir meu patrimônio."

"Eu não dependo de sorte, dependo de atitude."

"Eu me respeito o suficiente para cuidar do meu futuro."

"Pequenos passos são melhores do que grandes desculpas."

Repita. Acredite. Faça.

Você não precisa ser especialista.

Você só precisa ser constante.

O patrimônio começa no invisível — na ideia, na crença, na escolha.

Mas ele se torna visível com tempo, hábito e clareza.

Se você seguir esse caminho, mesmo que pareça lento, um dia, vai olhar para trás e perceber que você construiu uma fortaleza onde antes só havia medo.

E então, ao olhar para o mundo lá fora, você saberá:

"Estou seguro. Porque fui fiel a mim mesmo."

CAPÍTULO 13

Você é sua maior renda ativa.

O Ativo Que Ninguém Pode lhe Tirar

Prepare-se vou lhe ajudar a mergulhar em um dos pontos mais transformadores deste livro, o valor da sua capacidade de gerar renda com o que você sabe, faz e aprende. Você vai descobrir que investir em si mesmo é o ativo mais rentável de todos.

Quando se fala em "investimentos", a maioria das pessoas pensa em:

- Imóveis
- Ações na bolsa
- Fundos
- Renda fixa
- Empreendimentos

Poucos pensam em si mesmos.

E é exatamente aí que mora o segredo dos que crescem de forma consistente:

Eles entendem que o maior ativo que possuem são eles mesmos.

A máquina de gerar valor

Imagine que você tem uma máquina em casa.

Ela funciona 8 horas por dia.

Produz algo que pode ser vendido no mercado.

Quanto mais bem cuidada, mais ela rende.

Agora entenda: essa máquina é você.

Seu corpo. Sua mente. Sua energia. Sua capacidade de aprender, produzir, vender, servir, pensar.

Tudo o que você ganha hoje é o resultado da sua atuação.

Seja como empregado, autônomo, empresário ou criador.

Você é a fonte da sua renda ativa.

E quanto mais você se desenvolve, mais valor você gera.

Investir em si mesmo, é simples. É dedicar tempo, esforço e recursos para se tornar mais capacitado, mais saudável, mais produtivo e mais criativo.

Veja alguns exemplos:

- Estudar: fazer cursos, aprender novas habilidades, ler livros técnicos ou inspiradores
- Praticar: aplicar o que aprende, testar ideias, buscar feedback
- Cuidar do corpo: saúde é capital. Quem cuida da alimentação, do sono e da energia, produz mais
- Cuidar da mente: gerir emoções, desenvolver inteligência emocional, manter clareza
- Conectar-se: construir rede de contatos, participar de grupos, criar reputação
- Empreender: transformar ideias em soluções, resolver problemas, gerar valor

Tudo isso é investimento.

E o retorno vem na forma de aumento de renda, oportunidades, reconhecimento e liberdade.

Sua renda ativa pode crescer com você

Pare agora e pense:

"O que eu ganho hoje está mais ligado ao meu esforço ou ao meu desenvolvimento?"

A maioria das pessoas troca tempo por dinheiro. Trabalha por hora, por entrega, por salário. Mas as pessoas que mais crescem são aquelas que aprendem a aumentar seu valor por hora.

Isso se faz com:

- Conhecimento mais especializado
- Capacidade de resolver problemas mais complexos
- Relacionamentos que abrem portas maiores
- Diferenciação que te torna único

Seu currículo pode dizer muito. Mas sua postura, sua entrega e sua evolução constante dizem mais. Cuidado com a armadilha do comodismo Muita gente para de crescer porque:

- Já tem um "bom" emprego
- Sente que já aprendeu o necessário
- Acha que estudar é só para quem está "começando"

Mas o mercado muda. As demandas mudam. A tecnologia acelera. Quem não investe em si mesmo hoje está se preparando para ficar irrelevante amanhã. Manter-se em movimento é a única maneira de não ser ultrapassado.

Você não precisa ser o melhor do mundo. Mas precisa ser melhor que você mesmo ontem.

Você é a maior fonte de valor da sua vida financeira. Não importa quanto tem no banco, o que você sabe e faz pode criar, manter e multiplicar riquezas muito maiores.

Aprenda como identificar suas habilidades, paixões e oportunidades para transformar conhecimento em retorno financeiro, pessoal e profissional.

O melhor investimento é aquele que anda com você, vive com você e cresce junto com você: você mesmo.

Descobrir seu valor é transformar sua renda, e o primeiro passo depois de entender que você é o seu maior ativo, é se perguntar por onde você começa a investir em si mesmo. Tudo começa com um mergulho em autoconhecimento, só ganha com o que é, quem sabe o que tem.

Identifique quais são suas habilidades, você pode achar que não tem nenhuma, ou que nada do que sabe serve para gerar renda. Mas eu lhe garanto que todo mundo sabe algo que vale dinheiro, mesmo sem saber.

Faça esse exercício agora:

- O que você sabe fazer bem (mesmo que ache simples)?

Ex: organizar planilhas, cozinhar, explicar algo, consertar, ouvir, liderar.

- O que as pessoas sempre pedem sua ajuda?

Ex: conselhos, revisões, explicações, indicações.

- O que você faz com prazer, e faria até de graça?

Ex: desenhar, pesquisar, conversar, planejar, costurar, escrever.

- O que você aprendeu com a vida e que poderia ensinar?

Ex: superações, vivências, métodos pessoais.

Tudo isso pode ser lapidado.

Transformar habilidade em valor começa com reconhecê-la.

Depois de identificar suas habilidades, o próximo passo é transformá-las em renda, em serviço, produto ou solução.

Veja alguns caminhos possíveis:

- Serviço direto: oferecer o que você sabe fazer como profissional ou freelancer
- Aulas ou mentorias: ensinar o que você domina (online ou presencial)
- Conteúdo digital: criar vídeos, textos ou cursos ensinando
- Produtos: transformar em artesanato, design, escrita, organização, consultoria
- Aplicação no trabalho atual: sugerir melhorias, liderar projetos, buscar promoções com base em novas competências

Você pode começar pequeno. Uma aula por semana. Um projeto paralelo. Um curso novo.

O importante é tirar sua habilidade da gaveta, aprender, testar, ajustar. Transformar conhecimento em renda não é linear. Você vai, tentar, errar, aprender, recomeçar, reaprender, recomeçar mas vai crescer com todo esse processo, é só praticar e acreditar. O que parece fracasso é só parte do processo de lapidação.

Exemplo: você gosta de costurar. Começa a fazer bolsas.

As primeiras não vendem.

Você descobre que o problema era o acabamento. Aprende com vídeos, melhora, tenta de novo.

Na terceira leva, vende 5 bolsas. Depois 10.

Logo, tem uma marca.

Isso vale para tudo: edição de vídeos, consultoria financeira, produção de doces, revisão de textos, personal trainer...

Tudo pode virar fonte de renda quando tratado com seriedade.

Use a tecnologia a seu favor, hoje, você não precisa abrir loja, ter escritório ou investir pesado para começar. Basta um celular, uma rede social, e disposição.

Venda no Instagram, WhatsApp ou marketplaces

Faça cursos online gratuitos ou acessíveis

Divulgue seu trabalho em grupos locais

Use ferramentas como Canva, ChatGPT, Google Docs, Trello, entre outras, para melhorar sua produtividade

A internet democratizou o acesso, mas é sua atitude que vai determinar se você entra no jogo. Não confunda talento com dom. Muita gente se bloqueia achando que precisa nascer com um "dom".

"Eu não tenho isso..."

"Tem gente que nasceu sabendo..."

"Eu não sou criativo..."

Essas frases sabotam sua evolução. Habilidade é treino. É repetição. É exposição.

O que hoje parece distante, com prática vira natural.

Quem você admira hoje já foi iniciante.

Você só não vê o começo, mas todo mundo teve um. Você não pode enxergar as sementes nem as raízes, quando olha para uma árvore. Assim como não pode ver a energia que existe por trás de uma tomada, ambas estão lá, são frutos de uma construção.

Você carrega dentro de si uma centelha de valor que pode ser acessada, treinada e transformada em resultado. Talvez o mundo ainda não conheça seu talento, mas você conhece.

E é seu dever com você mesmo não deixar isso morrer por medo ou acomodação.

Edificar o seu eu, entretanto, está muito além do conhecimento ou formação. É preciso aprender como cuidar do seu corpo, mente e energia para sustentar uma renda ativa saudável, produtiva e longeva.

Porque não adianta crescer por fora e adoecer por dentro, precisa preservar seu maior patrimônio, sua saúde, física e mental.

E acredite, o lado financeiro está diretamente ligado a este cuidado.

Sabe aquela história de quem nasceu primeiro, o ovo ou a galinha? É parecido, se você tem boa saúde, produz melhor e tem equilíbrio financeiro. E com equilíbrio financeiro você tem paz e leva uma vida mais tranquila que te traz mais saúde.

A saúde física, mental e emocional como combustível da produtividade, da clareza e da constância forma o tripé para um crescimento sustentável, e o melhor investimento pessoal por isso não podem ser afetados.

Corpo, Mente e Energia são seus recursos mais preciosos

De que adianta ter talento, conhecimento, oportunidades, se você não tem força para agir?

- Seu corpo é seu veículo.
- Sua mente é seu centro de comando.
- Sua energia é seu combustível.

E todos esses precisam ser cuidados com o mesmo zelo que você dedicaria a um bem valioso. Quando sua mente está nublada, você toma decisões ruins. Por isso o primeiro ponto a cuidar é a clareza mental.

Quando sua mente está cansada, ansiosa ou estressada:

- Você procrastina
- Toma decisões impulsivas
- Perde oportunidades por medo ou desorganização
- Não enxerga o que está dando certo
- Se sabota por insegurança

O cérebro em sofrimento não pensa em crescimento, pensa em sobrevivência. Por isso, reforço, cuidar da saúde mental não é luxo. É estratégia.

- Faça exercícios para manter a mente saudável:
- Tenha rotina de descanso e sono real
- Dormir mal é como tentar abastecer com gasolina adulterada. Seu rendimento cai, sua produtividade despenca.
- Evite sobrecarga digital

Tempo excessivo nas redes sociais suga sua atenção, gera comparação e consome sua energia criativa.

Fale sobre o que sente:

- Terapia, mentoria, grupos de apoio, amigos de confiança. Guardar tudo em si é carregar pesos invisíveis que te puxam para trás.
- Tenha momentos de lazer e propósito
- Caminhar, tocar música, cozinhar, servir, rezar — tudo que lhe conecta com algo maior te equilibra.
- Cuidar da mente é abrir espaço para que ideias novas floresçam.

Mas assim como a mente, o corpo também precisa estar forte. Corpo forte, presença plena!

Você precisa do seu corpo para trabalhar, criar, decidir, realizar.

E não existe versão rica de um corpo fraco.

A dor, o cansaço, a doença... tudo isso mina sua capacidade de crescer.

Você não precisa ser atleta.

Mas precisa respeitar seu corpo como seu instrumento de ação no mundo.

- **Corpo abandonado = energia perdida.**
- **Corpo cuidado = energia renovada.**

Hábitos mínimos de autocuidado precisam ser observados, construir um corpo saudável também é disciplina financeira. Quando você está bem, pratica exercícios e monitora sua saúde, com médicos e medicamentos, na mesma forma, quando se alimenta bem, gasta menos não só com comida, mas com suplementos e reposições e tudo isso interfere na sua economia individual e seus planos.

- Alimente-se de verdade: menos ultraprocessados, mais comida de verdade
- Movimente-se: 20 minutos de caminhada por dia já mudam seu humor e disposição
- Respire profundamente: várias vezes ao dia, para oxigenar o cérebro e acalmar o sistema nervoso
- Evite abusos regulares: álcool, açúcar, excesso de tela, sedentarismo
- Faça check-ups anuais: prevenção custa menos que tratamento

Saúde é investimento invisível que paga dividendos na forma de bem-estar, foco e longevidade produtiva.

Já ouviu falar que energia é capital emocional? Além do corpo e da mente, existe algo mais sutil, mas tão vital quanto, a sua energia emocional.

Sabe aquela pessoa que chega e "*levanta o ambiente*"? Ou aquela que parece que "*pesa o ar*"?

Isso é energia.

E a forma como você a gera, cuida e transmite define sua produtividade, sua reputação e sua capacidade de atrair oportunidades.

Gente com boa energia atrai conexões, clientes, indicações.

Gente com energia drenada repele tudo isso, mesmo sem perceber.

Essa é a tríade que sustenta sua renda:
Corpo saudável, disposição, resistência, presença.
Mente clara, foco, decisão, criatividade.
Energia boa , relações, vendas, confiança.

Você pode ser um gênio técnico, mas se estiver exausto, ansioso e amargo, ninguém vai querer trabalhar com você. Por outro lado, gente leve, presente, bem cuidada naturalmente sobe.

Você não é uma máquina de trabalhar.

Você é um ser vivo, integral — corpo, mente e alma.

E quanto melhor você se trata, mais você rende.

Mais oportunidades surgem. Mais portas se abrem.

Aprenda a construir uma rede de relacionamentos que potencialize seus talentos, valorize sua presença e multiplique suas oportunidades.

Porque renda ativa não é só esforço individual, é também saber se cercar das pessoas certas. Sua rede de relacionamentos é seu capital social. A forma como você se conecta com outros é parte integrante do seu valor.

Você já ouviu que *"quem não é visto não é lembrado"*. Pois é, no mundo real, que gera renda, isso vira *"quem não é visto não é contratado, não é indicado, não cresce"*.

E isso não é sobre ostentação ou rede de luxo. É sobre capital social, o conjunto de pessoas, conexões e boas relações que ampliam o seu "ser vendável", o seu "ser confiável", o seu "ser buscado".

O seu currículo abre portas, mas a sua reputação e rede de quem te conhece que abrem as oportunidades.

Se você tiver o melhor domínio técnico, mas for inacessível, fechado, distante, ou sem rede que o reconhece, vai andar em bloco baixo.

Ao contrário, quem reclama que *"não recebe ofertas"* mas atende bem, cuida dos outros, compartilha a informação, vira *"referência amiga"* , acaba sendo convidado para oportunidades antes mesmo de enviar CV.

Redes de relacionamento não são sobre *"ter muitos amigos"*. São sobre ter algumas conexões estratégicas, de confiança, onde você entra no radar de quem precisa de você , ou de quem conhece quem precisa.

E o melhor: isso se constrói aos poucos, com consistência, não com cartões de visita caros ou jantares sofisticados.

Construir sua rede de forma autêntica e valiosa vai fazer sim a diferença.

Seja útil antes de esperar algo – ajude, não porque espera retorno imediato, mas porque quem ajuda constrói reputação.

Compartilhe conhecimento – se você domina algo, ensine, publique, comente, responda. Isso te posiciona como "quem sabe disso".

Não recuse convites – nem todos os encontros são "perda de tempo". Às vezes o café informal vira parceria.

Utilize o online com sabedoria – LinkedIn, grupos profissionais, webinars. Estar online não basta — tem que estar ativo, visível, participando.

Cultive relacionamentos antigos – colegas de faculdade, ex chefes, vizinhos que empreenderam. Non duas três trocas por ano bastam para manter a "rede aquecida".

Reconheça o impacto da rede na sua renda ativa

- Quantas vezes você foi indicado para um trabalho, projeto ou cliente apenas por "conhecer alguém"?
- Quantas vezes deixou de receber porque ninguém sabia que você estava disponível?

Sua renda ativa não cresce só porque você trabalha mais. Cresce também porque mais gente sabe que você faz aquilo, que confia em ti, que recomenda você.

E isso reduz seu tempo de venda, de negociação, de captação — você começa a operar com mais inteligência e menos esforço.

Imagine dois designers gráficos — Ana e Bruno.

Ana apenas executa tarefas conforme contratado.

Bruno compartilha posts no LinkedIn com dicas, responde comentários, participa de lives, recomenda outros profissionais e pergunta aos antigos clientes se conhecem alguém que precisa.

Seis meses depois:

– Ana continua pegando jobs esporádicos.

– Bruno recebe convites diretos, faz parceria com agência, indica e é indicado.

Bruno criou capital social. E isso virou incremento de renda sem aumentar horas de trabalho.

A ética na rede é indispensável para os negócios. Rede não é jogo sujo.

Parceria de verdade só funciona se for honesta, transparente.

Construir reputação é lento, destruir é rápido.

Não venda metade do que você promete. Não ignore quem te ajudou.

Marque presença, entregue valor, seja confiável e a rede será seu maior ativo invisível.

Você não é uma ilha.

Seu talento importa, mas sua presença, sua visibilidade e sua rede importam o dobro.

A renda ativa cresce quando você é competente e conhecido.

Buscar a renda é essencial, buscar aumentar a renda é indispensável para o crescimento, mas nem sempre aumentar a renda existente é o único ou melhor caminho, você precisa aprender como diversificar sua fonte de renda, porque depender de uma só atividade faz você vulnerável. Você é um capital humano que pode ser palco de várias fontes de renda, trazendo mais liberdade e mais segurança.

Depender de uma única fonte de renda é como voar com uma asa só.

Se ela falha —seja um emprego perdido, um cliente que não renova, uma doença inesperada — toda sua estrutura financeira desaba.

Mas a boa notícia é: você pode ter duas, três, cinco fontes de renda construídas com o que já sabe fazer, ou pode aprender com facilidade.

A lógica da renda múltipla está em antes de pensar em "ficar rico", pense em ficar protegido. A diversificação de renda não começa com grandes investimentos, e sim com pequenas iniciativas paralelas:

- Uma aula particular por semana
- Um serviço de edição no fim de semana
- Uma consultoria informal para amigos
- Um produto que você sabe fazer
- Um conteúdo que pode gerar renda no futuro
- Um curso vendido em plataforma online

São pequenos satélites de renda que orbitam sua renda principal. Procure fazer uma autoanálise e entender melhor do que é composto esse capital humano que é você, assim saberá como, onde e em que diversificar.

- Liste suas habilidades e paixões
- O que você sabe fazer bem e gosta?
- Veja o que já tem demanda no seu círculo
- Gente pedindo ajuda, perguntando, pagando para outros?
- Teste pequenas entregas

Não espere estar 100% pronto. Ofereça algo simples: uma aula, uma dica, uma consultoria.

Precifique e aprimore

Comece cobrando pouco, mas entregando com qualidade. Vá ajustando conforme cresce.

Use o que já existe

Plataformas como Hotmart, GetNinjas, Workana, Instagram, YouTube, e até marketplaces locais são pontes para começar.

Gosto muito do caso de uma mentoreada, a Cláudia. Ela era assistente administrativa, ganhava $ 2.800. Sempre gostou de organizar ambientes. Era famosa na empresa por suas arrumações e adequações até mesmo fora do seu setor.

Começou a ajudar amigas, depois fez um curso online de personal organizer. Manteve o emprego, passou a atender de 2 a 3 clientes por mês no fim de semana. Começou cobrando $ 250 por organização, faturando uma média de $ 750 a mais com algo que amava fazer. Construiu autoridade no Instagram e em dois anos, passou a se dedicar 100% ao serviço com segurança, planejamento e base construída.

Mas você pode estar dizendo, este é um caso clássico de transferência de única fonte, sim, mas Claudia criou uma fonte mais produtiva e com um nível de autonomia que permite melhor aproveitamento de tempo, possíveis inserções de receitas paralelas, multiplicação do tempo com a prestação dos mesmos serviços por outros profissionais e por conseguinte aumento de faturamento, renda e resultado.

Vamos inverter: imagine que Cláudia não tivesse essa renda paralela.

Em um imprevisto qualquer — corte de pessoal, crise econômica, doença — ela ficaria sem nada. O múltiplo não é só uma ambição. É um seguro emocional e financeiro.

E não exige pressa, exige constância, e olha a palavra-chave presente mais uma vez.

Diversificar é ampliar as chances e muitas vezes migrar do sustento para o sucesso, e o sucesso não só vem com o resultado financeiro, mas com a satisfação pessoal. Nada melhor do que monetizar fazendo o que se gosta, corpo e mente agradecem.

Escolha algo que não vá lhee esgotar

Você já tem uma rotina. O extra deve ser viável e prazeroso.

Seja claro com horários e entregas

Equilíbrio é essencial para não comprometer sua principal fonte. Formalize quando fizer sentido

MEI, nota fiscal, conta jurídica — tudo no tempo certo.

Reinvista o que ganha

Guarde parte da nova renda. Isso pode ser sua base para o futuro. É como criar um ciclo virtuoso. A renda extra gera mais segurança.

A segurança reduz o medo. Com menos medo, você toma decisões melhores.

Boas decisões aumentam sua renda principal.

E assim você entra no ciclo de crescimento sustentável.

Tudo isso começa com um passo simples, olhar para si e perguntar, "O que mais eu posso oferecer ao mundo com o que já tenho?"

Você não precisa virar empresário para ter múltiplas fontes de renda, você só precisa assumir que sabe algo que pode virar valor. Aprender a mapear sua renda atual, possíveis fontes secundárias e traçar um plano para testar ao menos uma delas. Porque a renda que lhe protege amanhã começa com a atitude que você toma hoje.

E não há melhor forma de honrar o que aprendeu do que colocar em prática e daqui a um tempo ver que os resultados aconteceram. Te convido agora a mais um exercício de 5 passos:

- **Parte 1 – Faça seu retrato atual**

Pegue um papel, caderno, app de notas ou planilha.

Agora responda, com sinceridade:

- Qual sua renda principal hoje (salário, pensão, comissão, etc.)?
- De onde ela vem? (trabalho fixo, freelance, serviço eventual?)
- Você depende exclusivamente dessa fonte?
- Tem alguma fonte complementar atual (mesmo que pequena)?
- Qual é sua maior habilidade ou conhecimento prático hoje?

- **Parte 2 – Agora seu inventário de talentos e possibilidades**

Pense: "Se eu precisasse gerar $ 500 a mais este mês, com o que sei fazer, como faria?"

Liste: 3 habilidades ou talentos que você possui:

(Exemplo: sabe ensinar? organizar? editar vídeos? fazer bolo? revisar textos?)

2 coisas que as pessoas sempre lhe pedem ajuda ou elogiam:

1 coisa que você faria mesmo de graça, porque gosta muito:

E reflita: Existe algum formato que eu possa oferecer isso como produto, serviço ou ajuda paga?

- **Parte 3 – Desenhe um plano de ação para 30 dias**

Com base no que listou, crie agora um mini-plano de teste:

- Qual habilidade você vai testar como fonte de renda nas próximas 4 semanas?
- Para quem? (quem pode ser seu primeiro cliente?)
- Como vai oferecer? (Instagram, WhatsApp, boca a boca, panfleto, grupo da igreja, etc.)
- Quanto tempo por semana pode dedicar a isso?
- Qual seria um valor justo (ainda que simbólico) para começar?

Exemplo prático:

Habilidade: organizar casas pequenas

Cliente inicial: prima que mora sozinha

Formato: ofereço a ela um dia de organização grátis, em troca de postar nas redes e me indicar

Meta: conseguir ao menos um cliente pagante até o fim do mês

Simples. Prático. Possível.

- **Parte 4 – Visualize sua jornada de evolução**

Imagine agora 3 meses à frente.

Se você fizer isso toda semana, o que terá conquistado?

Mais confiança

Mais retorno financeiro

Mais clareza de caminho

Mais prova de que você tem valor

E, principalmente: a certeza de que não depende apenas de um emprego, de um chefe, ou da sorte.

Você depende de você, e você está se tornando mais forte.

- **Parte 5 – Estabeleça um compromisso com você mesmo**

Para finalizar, escreva (sim, escreva mesmo!) a seguinte frase no seu caderno, ou onde você possa ler:

> **"A partir de hoje, reconheço que sou minha maior fonte de renda.**
> **Tudo o que vou construir parte de mim —**
> **do que sei, do que aprendo e do que entrego ao mundo.**
> **E eu me comprometo a me desenvolver,**
> **me cuidar e me valorizar todos os dias,**
> **como meu maior investimento."**
> **Assine.**
> **Coloque a data.**
> **Tire uma foto e salve como lembrança**
> **de onde sua virada começou.**

Você é seu maior projeto.

Seu maior capital.

Seu maior investimento.

Cuide-se, estude, mova-se, ofereça valor ao mundo — e a vida lhe devolverá com abundância.

Vamos transformar sonhos em metas concretas, criando um plano de crescimento pessoal e financeiro com clareza, direção e prazo.

Porque quem não mede, não melhora.

E quem não planeja, apenas torce.

CAPÍTULO 14

Como fazer o dinheiro trabalhar para você.

O objetivo deste capítulo é lhe ajudar na virada de chave, de empregado do dinheiro a dono do capital, quero lhe mostrar que você precisa aprender a usar o dinheiro e fazer com que ele performe crescimento além de seu valor concreto; parece complexo mas ao final, vai ver que conceitos simples podem ser aplicados para que os valores que você produz com seu desempenho se multipliquem, vamos usar o que seria um peso contrário como os juros compostos a nosso favor.

Quando eu era mais jovem, pensava que o segredo da estabilidade era simples: ganhar bem e gastar menos. De fato, esse é o alicerce. Mas ao longo dos anos percebi algo ainda mais poderoso: ***"A liberdade financeira começa quando você para de correr atrás do dinheiro... e faz com que ele corra atrás de você."***

O dinheiro não foi feito só para ser gasto. Ele foi feito para trabalhar.

Assim como você tem uma jornada de trabalho, o dinheiro também pode ter a dele, se você souber colocá-lo na função certa.

Entendo o conceito do que é *"fazer o dinheiro trabalhar"*? e que isso não significa somente uma frase bonita, mas demonstrar que o dinheiro que você ganha continua gerando mais dinheiro, mesmo quando você não está ativo. Ele deve se multiplicar com o tempo, se for bem alocado. Ele deve produzir frutos, rendimentos, juros, participações, valorizações, como se fosse um funcionário eficiente, ou seja, você não troca mais só "tempo por dinheiro", você começa a ganhar com o que acumulou e aplicou, essa é a diferença entre trabalhar por dinheiro e ter dinheiro que trabalha por você.

Imagine duas pessoas:

- Marcos, que ganha $ 10.000 por mês, gasta tudo e depende exclusivamente do salário.
- Rita, que ganha $ 5.000 por mês, investe $ 1.000 todos os meses com inteligência.

Após alguns anos:

- Marcos continua com sua boa renda, mas está exausto e preso à rotina. Se parar de trabalhar, o dinheiro para.
- Rita, com disciplina, criou uma carteira que rende $ 2.000 por mês em investimentos. Se precisar parar por um tempo, o dinheiro continua chegando.
- Marcos trabalha pelo dinheiro.
- Rita faz o dinheiro trabalhar por ela.

E o mais interessante?

Rita nem precisou ganhar mais que Marcos: só entendeu o jogo mais cedo.

O segredo está no tempo, não no montante. Muita gente acha que "investimento é só pra quem tem muito". Isso é mentira.

O maior aliado de quem investe não é o valor inicial é o tempo e a constância.

Quem começa com pouco, mas cedo e com disciplina, colhe mais do que quem começa tarde com muito.

Porque o juros composto, o verdadeiro motor da multiplicação, precisa de tempo para crescer.

Imagine:

Você aplica $ 200 por mês, durante 20 anos, com uma média de 10% ao ano.

Ao fim, você terá aportado $ 48.000...

Mas o total acumulado será de quase $ 140.000.

Você não ganhou isso trabalhando, você ganhou isso porque seu dinheiro trabalhou para você. O rendimento do mês seguinte é sobre o capital inicial mais o lucro do mês anterior. O rendimento de cada mês incorpora ao capital, então a rentabilidade mês a mês pode ser a mesma em percentual, mas será maior em valor porque a base que dá origem a lucratividade aumentará todos os meses, daí a importância de não mexer no lucro e deixar ele se agregar ao capital.

É como uma romã, uma fruta onde as sementes se apoiam uma na outra e quanto mais proliferam, maior fica a fruta. Dois valores que compõem o mesmo saldo, daí chamar juros compostos, rendimento sobre dois valores juntos.

Juros sobre juros, ganhos sobre ganhos e nesta mágica matemática o que temos de conseguir é que o produto, o resultado, seja em ganho e não em valores a pagar.

Deixe-me exemplificar para ajudar na compreensão:

Você aplica $ 1.000 a 10% ao ano.

No primeiro ano, ganha $ 100 de juros.

No segundo ano, você ganha 10% sobre $ 1.100, e não mais sobre $ 1.000.

Isso vai crescendo, e o crescimento se acelera.

Ao longo dos anos, o que mais cresce não é o valor que você colocou, e sim o que ele gerou e reinvestiu.

Einstein chamava isso de *"a oitava maravilha do mundo"* e ele tinha razão.

O primeiro passo para que esta maravilha aconteça começa quando você guarda ao invés de gastar, o processo se solidifica quando você guarda com intenção. Antes mesmo de investir, você precisa guardar. Mas não guardar de qualquer jeito, guardar com propósito. Não é "economizar o que sobra". É reservar o que for possível assim que você recebe, como se fosse um compromisso sagrado. Mesmo que seja $ 50 por mês, e que isso pareça irrelevantemente pouco, o que importa é começar.

E essa reserva não pode ficar "parada na conta" , ela precisa ter destino certo.

Aí sim você entra no mundo dos investimentos. Até este momento você só trabalhou demais pelo dinheiro. Talvez até tenha se cansado tentando ganhar mais, resolver dívidas, ajustar contas. Mas agora é hora de virar o jogo. De fazer com que cada centavo que passa por suas mãos tenha uma missão: crescer, render, proteger e construir liberdade.

Vamos falar então das principais formas de investimento acessíveis, como funcionam e como você pode começar mesmo com pouco. Porque investir não é um luxo de banqueiros. É um direito de qualquer trabalhador consciente e já que você entendeu que o dinheiro pode e deve trabalhar por você, vem a pergunta que muita gente se faz:

"Mas onde, exatamente, eu coloco meu dinheiro para ele render? Por onde começo?"

A boa notícia é que há várias formas simples, seguras e acessíveis.

A má notícia é que se você não souber o que está fazendo, pode cair em ciladas. Por isso, conhecimento vem antes do investimento. É importante entender as principais modalidades, com foco em quem está começando. Conheça algumas opções que considero interessante considerar:

1. Tesouro Direto: o começo de tudo.

O Tesouro Direto é um programa do governo federal que permite que qualquer pessoa empreste dinheiro para o governo e receba juros em troca.

É considerado um dos investimentos mais seguros, já que o risco de calote do próprio governo é muito baixo. Em regra geral possui 3 principais sub-tipos:

- Tesouro Selic: ideal para reserva de emergência. Rende pouco, mas tem liquidez (você pode sacar fácil).
- Tesouro Prefixado: você sabe exatamente quanto vai receber. Bom para quem quer previsibilidade.
- Tesouro IPCA+: protege da inflação. Garante um ganho real (acima da inflação).

Você pode começar com $ 30 ou $ 50.

2. CDB: você empresta para o banco

CDB significa Certificado de Depósito Bancário. É quando você empresta dinheiro para um banco e recebe juros como recompensa. É como tornar-se sócio do banqueiro, ele coleta recursos com investidores como você, remunera uma determinada lucratividade e empresta a terceiros por uma taxa maior, através da qual está o lucro que o banco terá.

Alguns pontos:

- Rendem mais do que a poupança
- Existem CDBs com liquidez diária (bom para reserva) e outros com prazos maiores (para objetivos de médio prazo)
- Quanto menor o banco, geralmente maior a taxa de juros — mas fique atento à segurança da instituição
- CDBs de bancos médios são protegidos pelo Fundo Garantidor de Créditos (FGC) até $ 250 mil por CPF por instituição. Importante sempre considerar a disponibilidade dos recursos ou melhor a indisponibilidade, pois a promessa de resultados melhores estará sempre ligada ao tempo mínimo em que os valores ficarão sob controle da instituição financeira escolhida, e saques antecipados mesmo por imprevistos geram perdas do lucro ganho e em alguns casos podem afetar o capital pelos custos administrativos deduzidos previamente.

3. Fundos de Investimento: um time que cuida para você

Fundos funcionam como "condomínios de investidores".

Você aplica seu dinheiro e um gestor profissional decide onde investir: ações, títulos, imóveis, etc.

Dentre os tipos de fundos estão entre os mais conhecidos:

- Fundos de renda fixa: investem em títulos públicos ou privados, mais conservadores.
- Fundos multimercado: misturam renda fixa, ações e até moedas.
- Fundos de ações: focados na bolsa de valores, com maior risco e maior potencial de retorno. Ideal para quem quer diversificar sem ter que estudar tudo sozinho, mas atenção às taxas cobradas tanto de administração quanto de performance.

4. Fundos Imobiliários (FIIs): rentabilizar com imóveis sem precisar comprar um

Você investe em cotas de empreendimentos imobiliários, como shoppings, prédios comerciais, galpões, etc. Recebe aluguéis mensais proporcionais à sua cota, como se fosse um mini proprietário. Como ter um avo de um imóvel mas sem gestão sobre ele.

- Vantagens:
- Rendimento mensal isento de IR para pessoa física
- Investimento acessível (a partir de $ 100)
- Liquidez — pode vender suas cotas na bolsa a qualquer momento

Uma excelente porta de entrada para quem sempre sonhou em viver de aluguel, mas sem precisar comprar imóveis físicos. Contudo, como todo investimento tem seus riscos, então analisar o momento econômico do local onde o fundo atua e procurar fundos que ofereçam alguma apólice de seguro de capital, mesmo que com lucratividade menor, costuma ser sempre um bom caminho.

5. Ações: sociedade com empresas

Quando você compra ações, você se torna sócio de uma empresa de capital aberto.

É o investimento mais comentado e também o mais volátil.

Mas ao contrário do que muitos pensam, não é cassino, não é loteria.

Você investe porque acredita que aquela empresa vai crescer, lucrar e você vai ganhar junto, seja por valorização ou por dividendos (parte do lucro distribuído aos sócios).

Exige mais estudo, ou acompanhamento de analistas. Pode ser muito lucrativo no longo prazo, mas não é indicado para curto prazo ou reserva.

6. Outras possibilidades ao alcance, mesmo de iniciantes ou desconhecedores do assunto.

- Poupança: ainda usada por muitos, mas rende pouco, só é indicada para curtíssimo prazo
- Previdência privada: boa para aposentadoria, mas exige análise das taxas envolvidas
- Criptomoedas: extremamente volátil, só deve ser acessada com estudo e com valores que você pode perder!
- Investimentos alternativos: startups, peer-to-peer lending, entre outros, podem ser grandes oportunidades mas em geral para perfis mais avançados

Escolher qual o melhor investimento, está muito ligado ao valor que você tem para investir no ato, o valor que está disposto a acrescentar periodicamente, quais planos de tempo e objetivo você tem, mas não menos importante que riscos está disposto a correr e que impactos uma perda pode representar, qual perda você toleraria, isso que define o que chamamos de Perfil do investidor.

Esse perfil que varia entre o ultra-conservador e o ultra-arrojado, passando pelo conservador, comedido e arrojado, em geral são estes os 5 níveis de perfis, mas esses títulos e nomenclaturas podem variar então o entendimento claro e mais uma vez o acompanhamento ou aconselhamento deve ser considerado. O fato é que não existe "o melhor" Investimento. Existe o melhor para você. Isso depende de:

- Seu objetivo (curto, médio ou longo prazo)
- Sua tolerância ao risco(seu perfil de investidor)
- Sua necessidade de liquidez (facilidade para resgatar)
- Seu nível de conhecimento e acompanhamento

O ideal é misturar tipos de investimentos, equilibrando segurança, rentabilidade e liquidez.

O dinheiro só começa a trabalhar de verdade quando você o aloca com intenção e inteligência. Você não precisa ser economista. Não precisa entender gráficos, nem ficar vendo notícias de mercado o dia todo. Você precisa de clareza, hábito e consistência.

O próximo passo deve ser montar uma escada de investimento, mostrando por onde começar, como evoluir e quando migrar para níveis mais avançados, com segurança e confiança. Porque riqueza é construída como se sobe uma escada, degrau por degrau.

Considere subir a escada do investidor, indo do nível do guardador ao investidor consciente. Como toda escada, esta também deve ser subida degrau por degrau. Investir não é pular de um penhasco com a esperança de voar. É subir uma escada com firmeza, onde cada degrau é uma conquista. É saber que você pode começar simples, mas não precisa parar por aí.

Essa tal "escada do investidor" é conhecida pelos seus 5 degraus, 5 níveis definidos cuidadosamente e de fácil percepção de onde você estará e quando migrar, que pode sim ser para cima ou para baixo.

Imagine seu crescimento financeiro como essa escada de 5 degraus.

Cada um representa um nível mais sólido de entendimento, hábito e confiança.

Você começa com pouco, mas com propósito.

E vai avançando conforme ganha domínio, sem pressa, sem ansiedade, sem comparações.

- **Degrau 1 – Guardar com disciplina**

Antes de pensar em rentabilidade, ações ou multiplicação, você precisa ter o que investir.

Esse degrau é sobre:

- Criar o hábito de separar um valor fixo todo mês
- Montar sua reserva de emergência
- Acumular os primeiros mil reais com esforço, não com atalhos

Sem esse primeiro degrau firme, todos os outros ficam instáveis.

Uma boa dica é automatizar. Programe transferências automáticas no dia do recebimento do salário. Tire de você o peso da disciplina, e transforme em hábito silencioso, como uma conta de energia que não pode deixar de ser paga.

- **Degrau 2 – Renda fixa simples e segura**
-

Aqui entram:

- Tesouro Selic
- CDB com liquidez diária
- Fundos conservadores

O objetivo é proteger o que você começou a guardar — sem correr riscos desnecessários. Você está formando sua base. Esse dinheiro ainda não é para grandes retornos, é para estabilidade.

- **Degrau 3 – Renda fixa com prazo e melhores taxas**

Agora que tem sua reserva e segurança, pode buscar:

- CDBs de médio prazo
- Tesouro IPCA+ com vencimento mais longo
- Fundos de renda fixa mais ousados

Aqui você começa a alocar para objetivos maiores: carro, casa, viagem, aposentadoria.O prazo trabalha a seu favor. Quanto mais tempo o dinheiro fica, mais ele cresce.

- **Degrau 4 – Fundos e Fundos Imobiliários**
-

Você começa a diversificar de verdade.

- Investe em fundos com gestão profissional
- Compra cotas de Fundos Imobiliários e começa a receber aluguéis mensais
- Aprende a acompanhar seus investimentos com calma, sem desespero

Aqui você já sente o dinheiro trabalhando para você, mesmo enquanto dorme.

Mas atenção antes de subir para o próximo degrau, você precisa:

- Ter reserva consolidada
- Ter uma carteira básica equilibrada
- Não se abalar com oscilações de mercado
- Estar com mentalidade de longo prazo

- **Degrau 5 – Ações e investimentos mais arrojados**

Agora sim você pode explorar:

- Ações de empresas sólidas
- Fundos de ações
- ETFs
- E, futuramente, até criptoativos com valores pequenos

O diferencial deste ponto é: você não investe porque "quer muito ganhar" e sim porque sabe o que está fazendo, pesquisando, entendendo os riscos e mantendo os pés no chão.

Observe que assim como os níveis dos perfis de investidor estão os degraus de investimento, tudo esta ligado a evolução, conhecimento e emocional, seja para a disciplina, seja para a tolerância.

Agora pergunte a si mesmo qual degrau você está?

Essa é a pergunta do momento. Você não precisa estar no último. Mas precisa estar em algum degrau. Ficar fora da escada é o que deixa o dinheiro parado. E dinheiro parado é dinheiro que perde valor com o tempo.

Investir sempre será um índice de maturidade, isto é, saber avançar e saber recuar também. Às vezes, você sobe um degrau antes da hora. Investe em algo mais agressivo, mas percebe que não dorme bem. Tudo bem, como disse, pode subir ou descer pelos degraus, neste caso, desça e reorganize-se. O importante não é *"parecer investidor de sucesso"*, e sim ter paz e constância.

Não existe escada rolante no mundo dos investimentos.

Mas existe uma escada que você sobe com consciência, coragem e planejamento.

Cada degrau vencido lhe dá mais visão.

E quem enxerga mais longe, escolhe melhor os caminhos.

Crescer financeiramente também é não cair nas armadilhas disfarçadas de oportunidade, os erros mais comuns de quem está começando. É aprender com as falhas dos outros e colecionar conhecimento.

Dentre os erros mais comuns ao investir, estão aqueles que fazem o dinheiro fugir antes mesmo de começar a trabalhar.

Você já ouviu o ditado: *"Dinheiro na mão é vendaval"*?

Pois é. No mundo dos investimentos, o vendaval vem, quase sempre, de decisões apressadas ou mal-informadas. O caminho para fazer o dinheiro trabalhar para você não passa só pelo que fazer, passa também por saber o que não fazer.

Vamos aos erros mais comuns e como você pode evitá-los desde já.

- **Erro 1 – Investir sem ter reserva de emergência**

Esse é o mais comum e o mais perigoso.

Antes de colocar dinheiro em ações, fundos, imóveis ou qualquer coisa que não tenha liquidez imediata, você precisa ter uma reserva para imprevistos.

Sem ela, basta um pneu furado, um problema de saúde ou um mês de desemprego para você precisar sacar investimentos no pior momento possível.

Resultado? Prejuízo, frustração e aquela sensação de que *"investir não é pra mim."*

O que fazer: Monte sua reserva de 3 a 6 meses de custo de vida em Tesouro Selic ou CDB com liquidez diária. Só depois vá para os outros degraus.

- **Erro 2 – Seguir modinhas ou dicas de desconhecidos**

Sabe aquele amigo do grupo do futebol que diz que *"ganhou 200% com tal ação"*?

Ou o youtuber que aparece com gráficos mirabolantes prometendo lucros rápidos?

Fuja disso como quem foge de armadilha. Investimento não é aposta. É projeto de vida.

Você não precisa virar especialista, mas precisa saber no mínimo onde está colocando seu dinheiro, qual o risco, e qual o objetivo.

O que fazer: Antes de aplicar, pesquise, leia, ouça mais de uma fonte. Se possível, converse com alguém confiável que já investe. Desconfie se a esmola for demais !

- **Erro 3 – Ignorar taxas, impostos e prazos**

Muita gente investe achando que vai ganhar 1% ao mês, mas esquece de considerar:

- Taxa de administração (em fundos)
- Imposto de renda (em quase tudo que não é isento)
- Prazo de resgate (não é tudo que você pode sacar na hora)

Às vezes o investimento que parece "melhor" na verdade rende menos porque tem mais taxas. Leia as condições. Entenda o prazo, o IR, as taxas embutidas. Compare sempre.

- **Erro 4 – Colocar tudo em um só lugar**

Colocar todo seu dinheiro em um único tipo de investimento é como andar de bicicleta com só uma roda. Como esquecer o conselho milenar de não colocar todos os ovos em uma única cesta. Pode até ir, mas o tombo será grande se algo sair errado.

Diversificar é o mantra do investidor consciente. Mesmo começando com pouco, você pode ter um pouquinho em cada tipo, Tesouro, CDB, FII, e até fundos simples.

Busque sempre montar uma carteira equilibrada. E lembre-se: diversificar não é "espalhar por espalhar", é equilibrar risco e retorno.

- **Erro 5 – Investir com dinheiro que não pode ficar parado**

Sabe aquele valor que você vai precisar mês que vem para pagar o IPVA ou a escola do filho?

Esse dinheiro não deve ser investido em nada que tenha risco ou prazo longo. Se for um valor que você precisa a curto prazo, ele tem que estar em aplicação de altíssima liquidez, mesmo que renda pouco. Planeje antes, separe os valores de curto, médio e longo prazo e invista de acordo com o tempo que pode deixar parado.

- **Erro 6 – Desistir na primeira queda**

Investimentos que têm mais retorno também têm mais oscilação. É natural ver uma ação cair 3%, um fundo recuar, um FII desvalorizar temporariamente. Isso não é motivo para pânico. Pior do que perder um pouco é vender no prejuízo por impulso e perder tudo.

Invista só o que você sabe que pode deixar por anos. E mantenha a calma. O mercado sobe, desce e sobe de novo. Controle seu emocional e evolua na formação do seu perfil de investimento.

- **Erro 7 – Querer enriquecer rápido**

Aqui mora a armadilha mais cruel. Todo golpista sabe que a pressa é inimiga da prudência. Golpistas parecem ter faro para esse sentimento imediatista e hoje em dia existem ferramentas que identificam por atos e rotinas, facilmente este perfil ultraarrojado. Se alguém promete rentabilidade garantida, acima do mercado, sem risco corra. Pirâmides, esquemas e fraudes se alimentam da ganância alheia.

Desconfie do que parece bom demais. Desconfie de promessas sem lógica. E, sempre que possível, procure verificar se a empresa, é autorizada pela CVM ou pelo Banco Central ou as instituições reguladores de onde você reside.

Erros são parte do caminho. Mas errar por ignorância pode custar anos de esforço. Não desperdice nem tempo, nem dinheiro, evite as armadilhas e siga com mais segurança. Mais importante do que acertar rápido é acertar com consciência e perseverança.

Agora é hora de transformar tudo o que falamos até aqui em ação concreta. Quero lhe ajudar a montar seu plano de investimento pessoal. Você já entendeu os conceitos, conheceu os caminhos, aprendeu a evitar os erros.

Plano de Investimento Pessoal

Lembre-se: esse plano deve ser seu.

Não é cópia de influencer, nem fórmula mágica.

É um esboço do que funciona para você, na sua realidade, com os recursos e limites que você tem hoje. Vamos por etapas:

- **Etapa 1 – Diagnóstico atual**

Antes de construir qualquer plano, é preciso saber onde você está. Responda com sinceridade (escreva mesmo, num caderno ou bloco de notas):

- Qual é sua renda líquida mensal média?
- Quais são seus gastos fixos essenciais mensais?
- Quanto você consegue guardar por mês atualmente?
- Você possui reserva de emergência? Se sim, de quantos meses de custo de vida?
- Já possui algum investimento? Onde e quanto?

Isso é seu retrato atual. Sem julgamento. É daqui que começamos.

- **Etapa 2 – Defina seus objetivos financeiros**

Agora, liste pelo menos três objetivos financeiros, com prazos e valores estimados.

Exemplo:

- Trocar de carro em 2 anos ($ 30 mil)
- Pagar entrada de um imóvel em 5 anos ($ 80 mil)
- Aposentadoria tranquila em 25 anos ($ 500 mil)

Seja realista, mas ambicioso. Você pode sonhar, mas com prazo, valor e plano.

- **Etapa 3 – Monte sua estratégia de alocação**

Agora, com base no que aprendeu, distribua seu dinheiro assim:

- Reserva de emergência (mínimo de 3 meses de custo): Exemplo: $ 12 mil no Tesouro Selic ou CDB com liquidez diária.
- Objetivos de curto prazo (até 2 anos):
- Tesouro Prefixado, CDBs curtos, fundos de renda fixa.
- Médio prazo (3 a 5 anos):
- Tesouro IPCA+, CDBs longos, Fundos Imobiliários.
- Longo prazo (mais de 10 anos):
- Fundos multimercado, ações, ETFs, previdência privada.

Lembre-se: comece pequeno, mas comece certo.
Se você só consegue investir $ 200 por mês, tudo bem.
Distribua com sabedoria.

- **Etapa 4 – Seu plano inicial de investimentos**

Monte uma tabela simples com os valores mensais que deseja investir em cada categoria, vou usar aqui os mesmos $ 200 por mês que parecem ser desprezáveis:

- Categoria Valor Mensal Tipo de Investimento
- Reserva de Emergência $ 100 Tesouro Selic
- Curto Prazo $ 50 CDB com 6 meses
- Médio Prazo $ 30 Fundo Imobiliário
- Longo Prazo $ 20 ETF ou Fundo Multimercado

Total: $ 200 por mês.
Adapte conforme sua realidade. O importante é ter um plano e segui-lo.

- **Etapa 5 – Frequência e revisão**

Defina:

- Quando vai aplicar (ex: todo dia 5, após receber salário)

- Onde vai acompanhar seus investimentos (app do banco, corretora, planilha)
- Quando vai revisar a carteira (sugestão: a cada 3 meses)

Consistência e atenção são mais importantes que rentabilidade espetacular.

- **Etapa 6 – Compromisso com você mesmo**

Escreva agora, como contrato pessoal:

A partir de hoje, me comprometo a investir parte da minha renda todos os meses, com consciência, paciência e visão de longo prazo.
Sei que minha liberdade futura depende das escolhas que faço agora.
Vou estudar, ajustar e persistir, porque meu dinheiro deve trabalhar por mim, não o contrário."

Assine. Coloque a data e deixe em um local privado mas que você visualize todo mês ou toda hora que for mexer em suas finanças, isso lhe ajudará a focar e não desfocar!

Você chegou até aqui com algo que muitos não têm: consciência e vontade de mudar. Seu plano não precisa ser perfeito. Precisa existir. E precisa ser colocado em prática.

Daqui a um ano, você vai agradecer por ter começado hoje.

E vai sorrir ao ver que, mesmo devagar, seu dinheiro está finalmente trabalhando, e você está mais perto da liberdade, a liberdade financeira da necessidade que aprisiona.

CAPÍTULO 15

Metas claras, finanças claras

Esse capítulo será fundamental para lhe ensinar a transformar sonhos em objetivos financeiros tangíveis, com prazos, estratégias e disciplina emocional. A proposta aqui é dar clareza para a jornada financeira, porque quem não sabe onde quer chegar, aceita qualquer caminho e qualquer gasto.

Daremos início a uma das chaves mais poderosas da transformação financeira: ***a clareza***. Quero começar como uma conversa íntima, mas firme, lhe trazendo o entendimento de que não se trata apenas de ganhar mais ou gastar menos, mas de saber exatamente por que e para quê se faz tudo isso.

Quem Não Sabe o Que Quer, Compra o Que Não Precisa

"Você está economizando pra quê?"

Essa foi a pergunta que fiz, certa vez, a um colega de trabalho que, toda vez que recebia o salário, fazia o ritual de cortar os supérfluos.

Café na rua? Cortado.

Assinatura de streaming? Cancelada.

Restaurante no fim de semana? Só olhar.

E mesmo com tudo isso, ele seguia frustrado.

Não conseguia guardar como queria. Nem sabia bem o porquê. Foi quando caiu a ficha: ele economizava por obrigação, não por propósito.

E quando a economia não tem objetivo, ela vira sacrifício, e sacrifício sem sentido logo se abandona.

Metas financeiras devem ser como faróis, não correntes.

Quando você pensa em "metas financeiras", qual é sua primeira sensação? Cansaço? Cobrança? Medo de se frustrar? Se for, entenda, metas não existem para te aprisionar elas existem para lhe guiar. São faróis no mar do consumo.

Sem elas, qualquer onda (promoção, desejo, impulso) te desvia do rumo.

Sem meta, seu dinheiro perde o caminho

Imagine pegar um táxi, sentar no banco de trás e dizer apenas:

— Pode ir.

O motorista vai lhe olhar, confuso.

— Mas pra onde, senhor?

— Não sei... só vai indo.

Parece loucura, mas é o que muita gente faz com o próprio dinheiro.

Gasta aqui, investe ali, economiza um pouco, mas sem direção.

Resultado? Depois de anos de esforço, não sabe pra onde foi todo aquele dinheiro.

Clareza traz paz. Clareza traz poder.

Toda vez que um cliente ou amigo me pergunta:

— Por onde eu começo a melhorar minha vida financeira?

Eu respondo com outra pergunta:

— O que você quer conquistar nos próximos 3 anos?

E muitas vezes, a pessoa não sabe responder.

E aí está o ponto: quem não tem clareza do que deseja, vive preso ao que aparece.

Metas bem definidas não só motivam, elas organizam.

Elas lhe ajudam a:

- Priorizar decisões
- Dizer "não" com mais segurança
- Saber onde colocar o dinheiro que sobra
- Saber o que cortar e o que manter
- Medir o progresso real

Toda meta financeira começa quando você define as três principais características:

- Ser clara: "Juntar dinheiro" não é meta. "Juntar $ 12 mil para dar entrada num carro até dezembro do ano que vem" é.
- Ter prazo: Um sonho sem data é só desejo. Coloque tempo.
- Ter valor: Quanto custa o que você quer? Faça as contas, mesmo que seja estimado.

Quando você define isso, você transforma um desejo etéreo em projeto real.

Se a meta é comprar um carro, ela não pode ser vaga, "Quero trocar de carro", ela precisa ser clara *"Quero comprar um carro seminovo de $ 40 mil em até 2 anos, pagando $ 20 mil à vista e financiando o restante em até 24 vezes."*

Com isso, você já sabe:

- Quanto precisa guardar: $ 20 mil
- Em quanto tempo: 24 meses
- Quanto guardar por mês: $ 833
- Qual o tipo de investimento ideal: Renda fixa de médio prazo

A diferença entre sonhar e planejar está no detalhe. E se não souber o que quer ainda, está tudo bem. Nem todo mundo tem total clareza. Mas há uma saída: comece pelas metas mais básicas, como:

- Montar uma reserva de emergência
- Quitar dívidas
- Fazer sua primeira viagem paga à vista
- Juntar para um curso, especialização ou troca de carreira

Ao alcançar as metas pequenas, você ganha clareza para as

grandes. E, o mais importante, ganha autoconfiança.

Se o dinheiro é seu esforço materializado, a meta é o sentido desse esforço. Ter metas não é ser rígido. É ser intencional. É parar de viver no improviso. É dizer: "Eu sei o que quero. E estou indo em direção a isso."

Vamos falar agora sobre como dividir suas metas em curto, médio e longo prazo, as três estações da jornada financeira, e como conectar cada uma a decisões práticas do dia a dia. Pois ao contrário do que dizem, o futuro não é um mistério, ele é um reflexo das escolhas que você começa a fazer hoje.

Uma vida financeira bem estruturada se parece com um mapa de viagem. E todo mapa precisa de marcos, de pontos de parada, de clareza sobre o destino e o caminho.

Assim também são as metas: você precisa saber o que é urgente, o que é importante, e o que é fundamental. E aí entram três tipos de metas:

- Curto prazo: até 1 ano
- Médio prazo: de 1 a 5 anos
- Longo prazo: acima de 5 anos

Vamos entender cada uma e como elas moldam o seu comportamento diário.

Curto Prazo – Metas da sua rotina e da sua paz

São aquelas metas mais imediatas, palpáveis. Elas têm data marcada, custo conhecido e impacto direto no seu dia a dia.

Exemplos:

- Quitar uma dívida
- Montar uma reserva de emergência
- Comprar um celular novo à vista
- Pagar uma viagem planejada

O objetivo aqui é tirar o peso das urgências. É resolver o que está mais perto dos seus olhos e da sua conta bancária.

E como já falamos sobre modelos de investimento, fazendo um link, metas de curto prazo exige investimentos de altíssima liquidez e zero risco. Use Tesouro Selic, CDB com liquidez diária ou até poupança, se for por poucos meses.

Médio Prazo – Metas de estrutura e conforto

São metas que exigem mais disciplina e estratégia. Elas geralmente envolvem projetos de vida e crescimento pessoal.

Exemplos:

- Entrada de um imóvel
- Troca de carro
- Especialização profissional
- Expansão de um negócio
- Viagem internacional com a família

Aqui, o mais importante é ter constância. É a fase onde o planejamento começa a se tornar visível, onde o "sacrifício" vira satisfação.

Nesse caso use investimentos com prazos um pouco maiores, como Tesouro IPCA+, CDBs de 2 a 4 anos, ou Fundos de Renda Fixa. Avalie Fundos Imobiliários com cautela.

Longo Prazo – Metas que mudam sua vida

Essas são as metas que definem o seu legado, seu estilo de vida futuro, sua liberdade.

São mais distantes, mas também mais poderosas. E quanto mais cedo começarem, mais fáceis de alcançar se tornam.

Exemplos:

- Aposentadoria com tranquilidade
- Independência financeira
- Comprar a casa dos sonhos
- Criar um fundo de educação para os filhos

- Viajar o mundo depois dos 60

Essas metas precisam de visão de futuro. Você não sente os resultados agora, mas saber que está plantando hoje transforma a sua relação com o presente.

Aqui entram como investimentos, ações, ETFs, previdência privada de longo prazo, e fundos multimercado. O foco é rentabilidade superior à inflação.

É de vital importância, saber equilibrar os três prazos. O grande erro de quem começa a se organizar é ignorar um desses prazos.

Focar só no curto prazo gera ansiedade e sensação de estagnação.

Focar só no médio gera frustração com os imprevistos.

Focar só no longo dá a sensação de que tudo está "muito longe".

O equilíbrio te dá estabilidade hoje, progresso amanhã e liberdade depois.

Distribua bem suas metas, aqui vai uma sugestão inicial de distribuição dos seus investimentos, dedique 30% para curto prazo, 40% para médio e os demais 30% para longo prazo .

Claro, isso varia conforme seu momento de vida.

Alguém que está começando, por exemplo, pode investir 70% só em curto prazo até formar a reserva. Ajuste com inteligência. O importante é não esquecer de nenhuma "estação do tempo."

Metas de tempo trazem senso de direção. Saber que você tem uma meta para daqui a 6 meses muda seu mês. Saber que há um projeto de 5 anos muda seu estilo de consumo. E saber que está plantando para 30 anos muda seu caráter financeiro. O tempo bem usado não é inimigo, é aliado.

A constância no presente é o preço da liberdade no futuro.

E vale cada centavo, cada esforço, cada decisão pensada.

Ter metas financeiras em três prazos é como ter uma bússola com três agulhas, uma que aponta onde você pisa, outra que mostra onde você caminha, e a última que te lembra onde quer chegar.

Use ferramentas simples e acessíveis para monitorar metas e finanças, sem complicação, sem Excel complicado, e com total clareza, porque meta boa não é só aquela que você sonha, é aquela que você acompanha e ajusta com o tempo. Não precisa ser um expert em Excel nem contratar um consultor financeiro para ter controle real sobre seus sonhos.

O que você precisa é de sistema e constância. Não de sistemas caros, mas de um jeito que funcione para você, com sua rotina, seu tempo e seu jeito de pensar.

As melhores ferramentas são as simples, gratuitas e eficazes, e que acima de tudo são acessíveis para acompanhar suas metas financeiras. Antes de falar de apps, planilhas ou cadernos, é importante reforçar que a melhor ferramenta é a que você usa.

Não adianta ter o melhor aplicativo instalado, se você só lembra de abrir uma vez por ano.

O verdadeiro poder está em:

- Atualizar periodicamente
- Ver onde está errando
- Ajustar e seguir

Controle não é prisão. É liberdade com consciência.

- **Ferramenta 1 – Caderno ou agenda de papel**

Pode parecer antiquado, mas é um método poderoso para quem gosta de escrever à mão.

Use assim:

- Divida uma página por mês
- Crie colunas: renda, despesas, metas, valores investidos
- Marque evolução mensal das metas

Vantagens:

- Sensação tátil de compromisso
- Clareza visual
- Desconexão do digital

Uma dica que considero de ouro é o uso de canetas coloridas para diferenciar os prazos das metas (curto, médio e longo).

- **Ferramenta 2 – Aplicativos de controle financeiro**

Hoje há diversos apps gratuitos e intuitivos que facilitam a vida. Aqui vão três ótimas opções:

- Mobills – Permite controlar receitas, despesas e metas financeiras. Visual amigável.
- Minhas Economias – Gratuito e completo. Tem área só para controle de metas.
- Guiabolso – Sincroniza com contas bancárias e gera gráficos automáticos.

Use o app que mais combinar com você. O importante é acompanhar regularmente.

- **Ferramenta 3 – Planilha no Google Sheets ou Excel**

Ideal para quem quer algo mais personalizado.
Veja um modelo simples:

Meta	Prazo	Valor Total	Valor Acumulado	% Atingida	Valor Mensal
Viagem internacional	12 meses	$12.000	$ 3.000	25%	$1.000
Reserva de emergência	8 meses	$8.000	$ 4.000	50%	$1.000

Você pode ver sua evolução, ajustar prazos, redistribuir recursos. Use gráficos! Acompanhar visualmente o progresso é altamente motivador.

Mas nada substitui a regra dos 10 minutos por semana. Não importa o método escolhido, separe 10 minutos por semana para revisar seu plano.

- Atualize o que guardou
- Veja se alcançou alguma etapa
- Corrija desvios
- Relembre o "porquê" da meta

Esse pequeno hábito muda tudo. Em vez de viver "apagando incêndios", você vive com propósito.

Ferramenta emocional: quadro de visão

Além das ferramentas numéricas, existe um recurso poderoso chamado quadro de visão (ou "vision board").

- Funciona assim:
- Pegue uma folha ou cartolina
- Recorte imagens ou escreva frases que representem suas metas
- Cole em um lugar visível
- Reforce diariamente o motivo pelo qual está economizando e investindo

O cérebro trabalha melhor com imagens. Ver sua meta materializada no papel lhe ajuda a tomar decisões melhores no dia a dia.

O planejamento mensal pode ser considerado a base de tudo. Crie o hábito de, todo início de mês, responder três perguntas simples:

- Qual foi o meu progresso nas metas?
- O que dificultou minha constância?
- O que posso ajustar no mês seguinte?

Essas três perguntas valem mais do que qualquer planilha elaborada.

Elas lhe mantêm no caminho, com humildade e foco.

Você pode optar ainda por montar seu próprio sistema. Você pode misturar ferramentas!

Um exemplo funcional pode ser:

- Usa app para registrar despesas diárias
- Planilha mensal para metas
- Quadro de visão na parede
- 10 minutos por semana de revisão
- Análise geral no 1º dia do mês

Seu controle não precisa ser perfeito, precisa ser verdadeiro e útil. A maior ilusão sobre finanças é achar que se trata apenas de números. Mas, no fim das contas, é sobre clareza, propósito e pequenas decisões perenes e duradouras.

Não é sobre planilhas de outro mundo.

É sobre ter uma ponte entre o hoje e os seus sonhos.

E essa ponte se constrói com ferramentas simples e o poder de um coração comprometido.

Um dos grandes desafios de um planejamento financeiro e econômico de vida está em como lidar com frustrações, reavaliar metas e saber a hora certa de mudar o plano, sem desistir dos seus sonhos. Porque meta boa é aquela que evolui com você.

Muitas vezes é preciso reavaliar as metas, mas ajustar o plano não significa perder foco, ao contrário. Se existe algo inevitável na jornada financeira — e na vida — é o imprevisto. Mudanças acontecem. Prioridades mudam. Nossos desejos evoluem. E com eles, nossas metas também precisam mudar.

Mudar a meta não é fracassar, é amadurecer. Quantas vezes você definiu algo com convicção, mas depois percebeu que não fazia mais sentido? Ou então, que o plano era bom, mas o momento da vida não ajudava? Isso não é sinal de fraqueza. É sinal de que você está presente e atento. As metas existem para lhe guiar, não para lhe aprisionar. Elas não devem ser inquestionáveis, devem ser revisadas, ajustadas e realinhadas quando necessário.

Os 5 sinais

Conheça os 5 sinais de que é hora de revisar suas metas financeiras:

- Mudança no contexto de vida: casamento, filhos, nova cidade, mudança de emprego... tudo isso impacta prioridades.
- Queda ou aumento da renda: sua capacidade de poupar

pode ter mudado. A meta precisa acompanhar isso.

- A meta perdeu o sentido: você queria aquele carro, mas agora quer viajar. Está tudo bem mudar.
- A meta ficou fácil demais ou difícil demais: talvez você subestimou ou superestimou o desafio.
- Falta de motivação real: se você só está economizando "porque tem que", é hora de repensar o "**porquê**".

Meta boa é aquela que lhe move. Ajuste a rota sem perder o rumo. Quando for revisar suas metas, siga este processo simples:

- Reavalie o objetivo: ainda faz sentido? É relevante?
- Recalcule o valor necessário: os custos mudaram? Há formas mais baratas ou eficazes?
- Redefina o prazo: dá para estender sem prejuízo? Ou encurtar com mais foco?
- Revise o método de investimento: está adequado ao novo prazo e risco?
- Reacenda o propósito: por que essa meta ainda importa?

Você não está começando do zero, está recomeçando com experiência.

Imagine que sua meta original era comprar um apartamento de $ 300 mil em 5 anos; Sua situação atual mudou, sua renda diminuiu, ou o aluguel atual está bom, ou até mesmo surgiu desejo de empreender.

Sua nova decisão poderá ser postergar a compra para 8 anos, usar parte da poupança como capital inicial de um pequeno negócio, e manter aporte mensal menor no fundo para moradia.

Isso é maturidade financeira. É entender que não existe só um caminho. Ajustar não é abandonar. Muita gente, ao perceber que não vai atingir a meta no prazo, simplesmente abandona. Isso é como dizer: *"Já que não consigo correr 10km, não corro nenhum."*

O progresso está no ajuste. Se você não pode guardar $ 500, guarde $ 100.

Se não dá pra viajar este ano, planeje para o próximo. O importante é não desistir da direção.

A **Flexibilidade** deve sempre existir mas precisa ser praticada com firmeza. Você precisa ser flexível no como vai chegar lá, mas firme no porquê quer chegar.

É como um navegador de GPS, se a estrada está bloqueada, ele recalcula, mas o destino segue o mesmo. A vida financeira precisa desse mesmo equilíbrio, foco no propósito, mas abertura para mudar a rota.

Uma boa prática mensal é estabelecer uma conversa com suas metas. Todo mês, tire um momento para conversar com suas metas como se fossem parceiras de caminhada.

Pergunte-se:

- O que avançou?
- O que empacou?
- O que ainda me inspira nessa meta?
- Preciso ajustar valor, prazo ou foco?
- O que posso fazer diferente este mês?

Essa conversa evita frustrações acumuladas e decisões impulsivas. Metas são como espelhos do que você valoriza. Mas espelhos também podem embaçar e precisam ser limpos de vez em quando. O segredo não é rigidez, é comprometimento real. Não com números, mas com aquilo que te move. Quem tem clareza, tem direção. E quem tem direção, não se perde nos atalhos.

Que tal um exercício prático poderoso para construir ou revisar suas metas em três horizontes: curto, médio e longo prazo. O objetivo aqui é sair do campo das ideias e colocar no papel uma visão concreta e pessoal de futuro, passo a passo. Um plano de 1, 3 e 10 Anos

O que era Conceito, vai virar Caminho.

Neste exercício prático, você vai construir seu próprio plano de metas financeiras, dividido em três fases:

- Curto prazo: 1 ano
- Médio prazo: 3 anos
- Longo prazo: 10 anos

São marcos de vida. Estações do seu crescimento. E cada um carrega consigo decisões, prioridades e pequenos passos diários.

Então vamos lá mas use o auxilio de um caderno ou bloco de notas, seja físico ou digital, não aconselho escrever no livro, pois você pode ter mudanças ou ainda compartilhar o livro e seus planos de vida e formatos são seus!

- **Parte 1 – Revisite sua realidade atua**l

Antes de olhar para frente, precisamos firmar os pés no presente.

Responda mais uma vez com sinceridade:

- Qual é sua renda líquida média mensal?
- Quais são suas despesas fixas e variáveis?
- Você tem alguma dívida pendente?
- Tem reserva de emergência?
- Quanto consegue investir por mês, realisticamente?

Como já sabe não existe resposta certa. Existe resposta honesta.

- **Parte 2 – Metas de 1 ano (curto prazo)**

Agora pense o que você gostaria de realizar nos próximos 12 meses. Algo que melhore sua vida, traga paz ou tire um peso das costas.

Exemplos:

- Quitar uma dívida
- Guardar $ 6 mil para um curso
- Comprar um notebook novo
- Juntar $ 3 mil para viajar no final do ano
- Construir uma reserva de emergência

Agora escreva:
Meta de curto prazo nº 1: ____________________
Valor necessário: _______
Prazo: ______ meses
Quanto precisa guardar por mês: _______
Meta nº 2: ____________________
Valor necessário: _______
Prazo: ______ meses
Quanto guardar por mês: _______

Não escreva com medo de errar. Escreva com vontade de começar.

- **Parte 3 – Metas de 3 anos (médio prazo)**

Pense agora em conquistas maiores, que exigem planejamento, consistência e visão.

Exemplos:

- Dar entrada em um imóvel
- Trocar de carro
- Montar um negócio próprio
- Investir em uma especialização profissional
- Criar um fundo de reserva para os filhos

Agora preencha:
Meta de médio prazo nº 1: ____________________
Valor estimado: _______
Prazo: 36 meses
Aporte mensal necessário: _______
Meta nº 2: ____________________
Valor estimado: _______
Prazo: ______
Aporte mensal necessário: _______

Aqui, você precisa unir ambição com realismo.

- **Parte 4 – Metas de 10 anos (longo prazo)**

Agora vá além.
Pense grande.
O que você quer conquistar até lá?
Exemplos:

- Aposentadoria precoce
- Independência financeira
- Morar fora do país
- Comprar a casa dos sonhos
- Criar uma renda passiva significativa
- Garantir a faculdade dos filhos

Agora escreva:
Meta de longo prazo nº 1: ____________________
Valor aproximado: _______
Prazo: 10 anos
Valor a ser investido/mês (estimado): _______
Meta nº 2: ____________________
Valor aproximado: _______
Prazo: 10 anos
Valor/mês: _______
Lembre-se: quem começa cedo, corre menos.

- **Parte 5 – Construa seu plano mensal**

Agora consolide tudo em um planejamento simples:

Tipo de Meta	Valor Total	Prazo	Aporte Mensal	Instrumento sugerido
Curto prazo	$ 3.000	6 meses	$ 500	Tesouro Selic / CDB
Médio prazo	$ 18.000	36 meses	$ 500	Tesouro IPCA / FII
Longo prazo	$ 120.000	10 anos	$ 1.000	Ações / ETFs / Previdência

Adapte para sua realidade.
Esse é o esqueleto da sua liberdade futura.

- **Parte 6 – Declaração de comprometimento**

Por fim, escreva uma frase que vai lhe lembrar do seu propósito.

Eu me comprometo com meu futuro.
Não por obrigação, mas por escolha.
Porque minha liberdade financeira começa
nas decisões que faço hoje.
E cada centavo guardado com propósito é um passo
a menos no caminho da insegurança."
Assine com seu nome e a data.
Guarde com carinho.

Você acaba de criar o seu plano de metas.

Você não precisa de um grande salário para mudar sua vida financeira, precisa de clareza, constância e coragem. Você traçou um plano real. Agora, cada real guardado não é mais sacrifício, é investimento na sua paz, seus sonhos e sua liberdade.

No próximo capítulo, vamos dar um passo além, entender como a realidade econômica do país e do mundo afeta suas metas pessoais e como você pode navegar com mais segurança mesmo em tempos turbulentos.

Mas antes lhe convido a parar por alguns minutos ou até algumas horas até o próximo dia e fazer uma reflexão sobre sua relação emocional e racional com o dinheiro, sobre tudo que aprendeu até aqui e antes de entender variáveis que interferem na sua vida economica, perceber como esta em suas mãos o poder de criar os objetivos e ajustar de acordo com todos os cenários a seu redor.

Observe também quais as contribuições que estão existindo do seu ecossistema familiar e profissional e que reflexos você está causando nas pessoas do seu microcosmo.

Construir uma educação financeira é muito mais do que entender de finanças, é entender o quanto as finanças são importantes para a construção de uma vida sólida, de paz, com boa saúde, com satisfações pessoais e sonhos sendo projetados, alcançados e festejados.

Por isso, as pessoas que integram sua vida devem sim evoluir em conjunto ou em paralelo com seu crescimento, pois só assim dentre os objetivos alcançados estará o da felicidade, aquela sensação de que suas conquistas estão além da sua conta corrente ou de suas portas.

Existe uma história que o sapo disse ao porco que o filho da dona da fazenda iria se casar e que estava preocupado com um possível abate de animal para a festa. Ele pediu que avisasse ao boi para que ficasse alerta e talvez não fossem para o pasto, pois aquele que estivesse fora do alcance da visão da fazendeira poderia não ser escolhido. O porco optou por não compartilhar a ideia e resguardar somente a si próprio.

No dia seguinte pelo amanhecer a Dona da fazenda observou que o boi estava caminhando no pasto lentamente e era grande demais para uma festa pequena, pediu então a seu administrador que fosse até o celeiro e pegasse o porco que estava quieto demais o que significava que estava pesado suficiente para pastar mas pronto para atender a um farto banquete na medida certa.

Muitas vezes compartilhar o conhecimento gera um fluxo de êxitos que se espalham, e trazem resultados não só diretos, mas indiretos. Não deixe de envolver as pessoas próximas: a você em especial, seus familiares e companheiros de vida. O seu sucesso está conectado ao sucesso de todos ao seu redor e vice versa.

CAPÍTULO 16

A realidade econômica e você.

Porque o Mundo Importa para o Seu Bolso

Quando ouvimos falar de "inflação", "juros", "cotação do dólar", "mercado global", muitas vezes parece que esses conceitos pertencem a um universo distante reservado a economistas, bancos e investidores grandes.

Mas a verdade é diferente: esse universo está ligado diretamente à sua vida. Cada vez que você paga mais caro pela comida, ou que o financiamento sobe, ou que o emprego se torna instável, tudo isso tem raízes econômicas que você pode entender para agir.

"Quando a maré baixa, vemos quem estava nadando nu." – Warren Buffett

Essa frase revela um princípio: quando a economia aperta, ficam visíveis os que não estavam preparados.

É preciso conhecer e entender a economia nacional, a economia global e o que isso muda ou interfere para você, seus planos, metas e objetivos de vida. Apesar de o mundo parecer grande demais pra entrar na sua rotina, existem três canais básicos pelos quais a economia global impacta suas finanças:

Comércio internacional e câmbio: quando o dólar sobe, importados ficam mais caros, peças, tecnologia, mesmo alimentos, o que pressiona o nosso consumo.

Juros e política monetária – os bancos centrais ajustam a taxa de juros para controlar inflação; juros altos encarecem crédito, financiamento e reduzem consumo.

Ciclo econômico e emprego – crescimento fraco ou recessão causam menos contratações, salários estagnados, insegurança no mercado de trabalho.

Quando você entende esses canais, as manchetes deixam de ser alarmes e passam a ser sinais de alerta inteligente.

A realidade que afeta seu dia a dia está presente em vários fenômenos e é quase um censo comum independente do país que você viva. Esses fenômenos econômicos têm impacto direto em nossas vidas:

A inflação, que corrói o valor do seu salário e dos seus investimentos.

A taxa básica de juros, que afeta o custo do crédito e o rendimento de investimentos.

O câmbio, que influencia desde o seu telefone novo até a cesta básica de produtos importados.

O mercado de trabalho informal, que torna muita gente vulnerável a mudanças de cenário.

Se você recebe $ 3.000 por mês e a inflação for de 6% ao ano, em 10 anos o poder de compra desse salário será equivalente ao de cerca de $ 6.000 hoje ou seja, sem correção ou renda crescente, você perderá metade do que consegue hoje.

Entender isso não é pessimismo. É preparação, e essa é a ferramenta ideal para não sofrer a economia mas usá-la a seu favor.

Esse é o ponto central, não basta saber os conceitos, é preciso agir em função deles.

Algumas atitudes práticas:

- Mantenha parte dos investimentos protegidos da inflação (exemplo: Tesouro IPCA, imóveis, ativos reais).
- Evite se endividar com juros altos quando o ciclo de juros está subindo.

- Tenha liquidez para reagir em momentos de instabilidade.
- Diversifique suas fontes de renda para não depender de um único emprego ou setor.

A economia aperta? Ótimo, quem está preparado, aproveita as oportunidades. Porque os ativos caem, preços ajustam, e quem tem capital pode comprar melhor.

Você não é refém da economia.

Mas, se não prestar atenção, ela pode e encontrar desarmado.

Saber o que afeta seu dinheiro, e agir em consequência é a diferença entre sobreviver e prosperar.

Inflação, juros e câmbio são os três grandes fatores que impactam seu dinheiro.

Quando falamos de economia, muitas vezes parece que estamos olhando para gráficos complicados, discursos de banqueiros ou manchetes assustadoras.

Mas a verdade é que os efeitos estão no seu café da manhã, na gasolina que você paga, no valor da prestação da casa ou do carro, no preço dos produtos importados — ou mesmo no rendimento que você recebe dos seus investimentos.

É preciso reconhecer os três grandes vetores econômicos que alteram sua vida financeira para que você possa entendê-los e agir sobre eles.

A Inflação conhecida como o ladrão silencioso do poder de compra tem por definição ser o aumento generalizado e sustentado dos preços de bens e serviços ao longo do tempo. Em linguagem simples, ela faz com que seu dinheiro valha menos hoje do que ontem em especial se ele ficar parado.

Por isso, guardar dinheiro sem se proteger da inflação é quase como economizar para perder. Isso aparece no seu dia a dia de várias formas:

O leite, o pão, a carne ficam mais caros — mesmo quando seu salário não sobe ou sobe pouco.

Aquilo que você planejou comprar "mais pra frente" pode exigir agora muito mais dinheiro.

Seus investimentos que rendem "X% ao ano" podem ter rendimento real (descontando a inflação) zerado — ou até negativo.

Quem tem renda fixa ou salário sem correção perde poder de compra. Quem investe com visão de longo prazo e diversificação se protege.

Mas o que fazer para minimizar o impacto da inflação:

- Priorizar investimentos que superem a inflação (por exemplo, Tesouro IPCA+, ativos reais, imóveis bem escolhidos).
- Manter parte da carteira em liquidez para imprevistos porque em crises inflacionárias as oportunidades surgem.
- Revise seus gastos regularmente muitos itens que inflacionam rápido: lazer, viagens, importados, eletrônicos.

A frase "quando a maré baixa, vemos quem estava nadando nu" aplica-se fortemente aqui: quem ignorou a inflação pode se ver fragilizado. A vantagem está de quem sabe onde está e age.

Já os juros. estes podem ser definidos como o custo do dinheiro e a engrenagem que move a economia.

Você já viu o quanto a taxa de juros impacta seu financiamento, seu empréstimo, ou mesmo o rendimento de aplicações? Pois saiba que juros são a alavanca mais visível dos bancos centrais para controlar a economia. E como isso funciona?

Quando os juros sobem, pegar dinheiro emprestado fica mais caro imóvel, carro, crédito pessoal. Isso diminui o consumo como forma de conter a inflação.

Por outro lado, juros mais altos também fazem com que investir em renda fixa renda seja um bom negócio especialmente para quem já tem dinheiro aplicado.

Quando os juros estão baixos, o contrário: crédito barato, incentivo ao consumo, ações sobem, mas os rendimentos conservadores caem. E o que isso tem a ver com você, como isso se manifesta efetivamente na sua vida?

1. Se você tem dívida ligada a juros variáveis ou financiamento que pode subir, o aumento dos juros significa gastar mais por mês.
2. Se você está investindo, taxas mais altas podem significar boas janelas de entrada, mas também times de nervosismo no mercado.
3. Se o seu planejamento financeiro não considera cenários de juros altos, você pode se ver apertado quando as parcelas aumentarem ou os rendimentos diminuírem.

Neste caso se proteger significa:

- Priorizar quitar ou renegociar dívidas com juros altos — elas corroem muito mais que inflação.
- Quando for pegar financiamento, avaliar ou preferir taxas fixas se possível para evitar surpresas.
- No seu plano de investimentos, ter uma parte conservadora que aproveite juros altos e outra que esteja preparada para juros baixos.

Por fim o Câmbio e a globalização, o reflexo internacional no seu bolso:

- O câmbio, isto é, quanto vale a sua moeda frente ao dólar ou outras moedas podem influenciar seus gastos em coisas "de fora" e também os preços de produtos que dependem de importados. E isso impacta tanto o consumo como o investimento.
- Eletrônicos, viagens ao exterior, roupas importadas ficam mais caros se a moeda desvalorizar.
- Produtos industriais e matérias-primas importadas que entram na produção de bens nacionais também sobem de preço.

Para quem investe, empresas exportadoras ou com receitas em moeda estrangeira podem se beneficiar da desvalorização, enquanto importadoras sofrem.

E por que isso importa para o planejamento financeiro:

- Se você quer comprar algo importado, ou fazer curso fora, ou viajar, considere que o câmbio pode alterar o valor pra cima.
- Como investidor, fique atento: diversificação geográfica e moedas ou empresas que geram em dólar podem ser proteção.
- Em países como o Brasil, com histórico de oscilação cambial, ter liquidez e reservas é ainda mais importante para segurar turbulências.

Entender inflação, juros e câmbio deixa de ser tema para economista e vira ferramenta para você decidir melhor onde investir, como poupar, que dívidas assumir, qual risco tomar.

Se o dinheiro trabalhasse sozinho, ótimo. Mas o que faz a diferença é como você coloca o dinheiro para trabalhar, considerando o terreno onde pisa.

Os cenários práticos no país são vetores que afetam diretamente nossa vida financeira. Inflação, juros e câmbio não são apenas palavras de jornal são forças que impactam nossa rotina, nosso bolso e nosso futuro.

Devemos adotar um olhar bem concreto, examinarmos como essas forças econômicas se manifestam, para que possamos antecipar, reagir e tirar vantagem.

Nas últimas décadas, a economia em geral tem enfrentado uma combinação de crescimento relativamente modesto, inflação volátil e taxas de juros altas. A economia cresceu cerca de 3,4 % ao ano, segundo o World Bank. Já a previsão é de desaceleração, para algo em torno de 2,0 % ou menos, segundo a respeitável e credível agência Reuters.

Quando o crescimento diminui, o emprego se torna menos seguro, os salários pressionados e quem depende de renda ativa sofre.

Ao mesmo tempo, para conter a inflação, o Banco Central tem mantido a taxa básica de juros em um nível elevado. Isso significa que tomar empréstimo ou financiamento custa mais caro e guardar dinheiro em aplicações conservadoras rende mais, mas ainda assim pode não superar a inflação.

Veja como isso aparece no seu dia a dia:

- **Financiamentos mais caros**

Se você considera comprar um imóvel, trocar de carro ou fazer um financiamento de qualquer tipo, lembre: taxa de juros alta = parcela mais alta, prazo mais longo = custo maior.

Se a renda sofre impacto por conta da desaceleração, você pode sentir o "peso" desse parcelamento.

- **Inflação que corrói seu salário**

Mesmo que seu salário aumente, se a inflação for maior do que o reajuste ou do que seus investimentos rendem, seu poder de compra cai. Por exemplo: se os preços sobem 6 % ao ano e seu salário sobe 3 %, você perdeu poder de compra.

- **Câmbio e importados**

Quando a moeda se desvaloriza frente ao dólar, produtos importados, eletrônicos, componentes e viagens ficam mais caros. Além disso, muitos bens de consumo dependem de importados ou matérias-primas cotadas em dólar, e isso se reflete no preço final.

Se, por exemplo, seu objetivo é comprar algo importado ou viajar, a desvalorização pode pesar no seu planejamento.

- **Oportunidades para quem investe ou diversifica**

Em cenário de juros altos e câmbio desfavorável, quem está preparado pode ter vantagens, aplicações conservadoras rendem mais, ativos que exportam se valorizam, moedas fortes dentro da carteira podem funcionar como hedge.

O segredo está em estar pronto, não só reagir.

E o que você pode e deve fazer diante deste cenário:

- Simule os custos futuros: se está pensando em financiamento, calcule o "e se" — e se a taxa subir 2 pontes percentuais? E se a inflação for 7% no ano?
- Proteja parte da sua carteira da inflação: invista em ativos que tenham correção pela inflação, ou em negócios/ atividades que ganhem com preços maiores ou exportações.
- Cuide da liquidez: em ambiente de incerteza, a capacidade de ter acesso rápido ao dinheiro pode ser decisiva. Reserve sua emergência.
- Diversifique renda e risco: não dependa exclusivamente da renda ativa ou de um único setor. A economia brasileira pode surpreender — para o bom ou para o mau.
- Use o câmbio ao seu favor: se possível, tenha ativos ou renda que se beneficiem de dólar ou moeda forte. Não é obrigatório, mas ajuda.
- Planeje-se para essa realidade. Quando você cria metas e investimentos, inclua no plano um "cenário econômico" ou seja, "se a inflação for 6%, se a Selic estiver em 15%, se o câmbio subir 10%... como isso afetará seus aportes, seus prazos, seus sonhos?" Essa prática transforma o plano de algo estático em algo vivo e adaptável. Porque não é sobre acertar o futuro é sobre estar preparado para ele.

A economia não é só para os economistas, ela é para quem vive e paga contas. Quando você entende como o cenário impacta a sua vida, você deixa de ser refém e se torna agente.

Para entender melhor essa influência econômica na nossa vida é preciso saber que existem alguns tipos de cenários econômicos, "otimista", "moderado" e "desafiador" e precisamos ajustar nosso plano financeiro de acordo com cada um deles.

Porque o mundo muda. O plano precisa mudar também.

E quem muda no tempo certo vive com mais tranquilidade, mais liberdade e menos surpresa.

Na jornada financeira, saber que a economia muda é tão importante quanto saber que você pode mudar junto com ela.

Para ajudar, vamos explorar os três cenários econômicos possíveis — otimismo, moderação e desafio — e ver como seu plano financeiro pode reagir. Isso não é previsão, é preparação.

- **1. Cenário A: Otimista**

Neste cenário:

- A inflação reduz para ~3% ao ano
- A taxa de juros cai para ~8% ao ano
- O câmbio se estabiliza ou se valoriza levemente
- O emprego cresce, e a renda média melhora

Como isso impacta suas finanças:

- Financiar ou investir torna se mais acessível
- Investimentos conservadores rendem menos, o que exige buscar alternativas para crescimento
- O consumo tende a crescer — mas isso pode comprometer evitar dívidas

Ajustes no seu plano:

- Considere aumentar aportes para investimentos de médio/longo prazo
- Pode ser um bom momento de avaliar o financiamento de imóveis ou negócios
- Mesmo com cenário bom, mantenha reserva de emergência — porque "otimismo" não significa "nenhum risco"

- **2. Cenário B: Moderado**

Uma situação esperada na maioria das vezes:

- Inflação em ~5%

- Juros em ~12% ao ano
- Câmbio volátil, com quedas e subidas
- Crescimento econômico lento (~2 3%)

Impactos:

- Crédito caro, mas ainda viável
- Investimentos conservadores rendem razoavelmente
- O desemprego ou a renda podem sofrer oscilações

Ajustes:

- Priorize quitar dívidas de alta taxa ou congelar novos créditos
- Mantenha ou aumente a parte de investimentos que protejam da inflação (por exemplo Tesouro IPCA+)
- Evite comprometer mais de 30 40% da renda com moradia e crédito
- Revisite suas metas de médio prazo — talvez precisarão de timeline maior

- **3. Cenário C: Desafiador**

O pior caso que precisamos considerar:

- Inflação acima de 8% ao ano
- Juros muito altos, ~15 20% ou mais
- Câmbio fraco, real desvalorizado
- Crescimento econômico zero ou negativo

Impactos diretos:

- Financiamentos tornam-se pouco viáveis
- Investimentos conservadores podem render abaixo da inflação
- Gastos com importados ou matérias primas disparam
- Renda ativa sofre com cortes, reduzida estabilidade

Ajustes de sobrevivência e estratégia:

- Priorize a liquidez: mantenha fundo de emergência robusto
- Diversifique ainda mais renda ativa + renda passiva
- Avalie ampliar aportes em ativos reais ou exportadores que se beneficiem do câmbio

- Reduza gastos variáveis com rigor, priorize o que importa
- Reavalie e talvez postergue metas de compra de imóveis ou grandes financiamentos

E como reconhecer e aplicar isso no presente?

- Escolha o cenário que parece mais provável para o seu contexto ou mantenha todos em mente
- Revise seu plano financeiro com base nesse cenário, ajuste valores, prazos, instrumentos
- Use cada revisão mensal para verificar: "Esse cenário está se confirmando? Estou preparado para o outro?"

Lembre se: preparação não é pessimismo, é prudência.

Você não está no controle de tudo. Mas está no controle de como reage ao que inevitavelmente vai mudar. A economia sempre vai girar e quem tiver olhos, atenção e postura de adaptação vai surfar, não naufragar.

Ë importante que você esteja sempre alinhado com as informações econômicas e políticas do país. Decisões e medidas políticas também afetam os índices e interferem direto nos custos e taxas de rentabilidade e monetização.

Pode até não parecer, mas até aquilo que está distante do seu dia a dia, por efeito cascata pode interferir em suas metas, seja pelo custo final ou pela interferência do prazo.

Estar atento é sempre uma forma de sair a frente das intercorrências e conhecer os efeitos antes da causa chegar fortalece seu planejamento.

Agora que você já compreendeu como inflação, juros e câmbio afetam suas finanças — e como diferentes cenários econômicos podem mudar seus planos — é hora de agir.

Pegue seu caderno, planilha ou app de notas e siga os passos abaixo:

- **Etapa 1 – Escolha seu cenário "preferido" e seu cenário "precavido"**

- Cenário A (Otimista)
- Cenário B (Moderado)
- Cenário C (Desafiador)

Marque qual parece mais provável para seu contexto e vida atual — e qual você vai usar como “plano de contingência”.

- **Etapa 2 – Revise suas metas sob o cenário escolhido**

Para cada meta financeira que você definiu (curto, meio, longo prazo), responda:

Essa meta está suportada por esse cenário?

- Se a inflação subir para 5 % ou mais, meu plano ainda é realista?
- Se os juros subirem para 15 % ou mais, consigo manter o aporte mensal sem comprometer o orçamento?
- Se o câmbio disparar, esse objetivo ou produto ficará muito mais caro do que pensei?

Anote cada meta com esse checklist e faça os ajustes necessários: prazos maiores, aporte menor, instrumento mais conservador.

- **Etapa 3 – Ajuste sua carteira ou planejamento de investimento**

Com base no cenário:

- No cenário A: pode-se ousar um pouco mais, subir aportes, diversificar para instrumentos com maior retorno.
- No cenário B: mantenha equilíbrio, priorize proteção e algum crescimento moderado.
- No cenário C: concentre-se em liquidez, reservas, redução de risco, e posicione-se para aproveitar quando a maré virar.

Anote:

- Quanto vai aplicar por mês agora?
- Quais instrumentos vai priorizar (Tesouro, CDB, FII, etc.)?
- Em quanto tempo você vai revisar esse plano? (sugestão: a cada 3 meses)

- **Etapa 4 – Determine "gatilhos de revisão"**

Para não deixar o plano "esquecer" por falta de acompanhamento, defina gatilhos que te façam revisar:

- Quando a Selic subir ou cair mais do que + 2 pp (pontos percentuais)
- Quando o dólar subir ou cair mais do que + 10 % em seis meses
- Quando a inflação anual fechar acima de 7 %
- Ou simplesmente a cada 6 meses (ou 12 meses) faça revisão geral

Coloque isso no seu calendário, como lembrete de que plano financeiro é vivo.

- **Etapa 5 – Sua afirmação de comprometimento**
-

Escreva para si mesmo:
Eu assumo o controle da minha vida financeira, entendendo que o cenário econômico ao redor me afeta mas não me domina.
Eu preparo, ajusto e prospero.
Meu plano financeiro não depende de sorte, depende de escolhas."
Assine e date. Guarde em local visível.

Você agora tem não só o conhecimento, mas o mapa para reagir. A economia vai se mover e quando ela se mover, as pessoas que já estão preparadas são as que menos sofrem e mais se beneficiam.

Fazer o dinheiro trabalhar por você não é só investir bem.

É ter estratégia, sistema, adaptabilidade — e agir com poder.

CAPÍTULO 17

Reserva de emergência: o pára-choque

Este capítulo é sobre uma preparação e proteção financeira real, sobre desenvolver sua consciência sobre a importância de se blindar contra os imprevistos.

Quando Tudo Falha, O Que lhe Segura?

Imagine saltar de um avião sem paraquedas.

Parece absurdo, não é?

Mas é exatamente isso que a maioria das pessoas faz ao viver sem uma reserva financeira mínima.

E o problema não está em cair. Cair, todos caem.

O problema está em não ter como amortecer o impacto.

Considero que este capítulo é urgente para qualquer pessoa e em diversos momentos da vida, mesmo aqueles que já tem um bom conhecimento e entendimento de finanças ou até mesmo já leram este livro, a revisita é sempre bem vinda quando alguma situação surge.

Muitos leitores que chegaram até aqui buscando organizar, investir, crescer financeiramente — e isso é excelente, ainda desconhecem a necessidade de um plano de vida, um planejamento financeiro e econômico.

Mas nenhum plano resiste sem base.

A reserva de emergência é essa base.

- Ela é a primeira camada da sua segurança financeira.
- É o que permite que você respire quando perde o emprego.
- Que mantenha a dignidade se for acometido por uma doença.
- Que não se endivide se o carro quebrar ou a geladeira pifar.
- É o que evita que um imprevisto vire uma tragédia financeira.

Quando decidi usar o termo paraquedas foi para fazer uma conexão que é simples e visualmente fácil de conectar. A imagem do paraquedas é simbólica. Ele não impede a queda. Mas impede que ela destrua você.

- Você pode cair, sim, mas pousa com segurança.
- Você pode errar, sim, mas tem tempo de se recuperar.
- Você pode parar de trabalhar por um tempo, e continuar vivendo com dignidade.

E, como o paraquedas, a reserva de emergência precisa ser preparada antes da queda. Depois que o avião já caiu, não há o que fazer.

De fato, uma reserva de emergência é um valor acumulado — geralmente de 3 a 12 meses do seu custo de vida — guardado em um lugar seguro, líquido, e de fácil acesso, com baixo risco e retorno modesto, mas estabilidade garantida.

Ela não é investimento para enriquecer. Ela é o colchão que protege você da imprevisibilidade da vida.

Ironicamente, muitas pessoas começam tentando investir em ações, criptos ou fundos sofisticados sem antes ter essa base.

O resultado é que, qualquer emergência real, as obriga a resgatar investimentos ruins, aceitar perdas, se endividar ou vender patrimônio às pressas.

Deixe-me exemplificar o que podemos caracterizar como Situações que exigem reserva de emergência

- Perda ou redução súbita de renda (demissão, corte de clientes)
- Problemas de saúde que demandam gastos não planejados
- Despesas médicas ou com pessoas próximas
- Acidentes, roubo, conserto de carro ou imóvel
- Mudanças familiares (divórcio, nascimento de filho)
- Necessidade de relocação ou reinício de vida em outra cidade

Se você nunca passou por nenhuma dessas situações... ótimo. Mas é só questão de tempo. A vida não pergunta se você está pronto — ela acontece.

Veja Casos reais:

- Maria, 39 anos, auxiliar de enfermagem: perdeu o emprego na pandemia. Levou 5 meses para recolocação. A reserva de $ 9.000 que havia construído permitiu pagar aluguel, alimentação e manter o filho na escola sem atraso.
- Rafael, 27 anos, autônomo: sofreu acidente de moto e ficou 3 meses afastado do trabalho. A reserva construída com disciplina cobriu as contas e ele voltou sem dívidas.
- João, 53 anos, gerente: nunca se preocupou com reserva. Foi demitido após 20 anos de empresa. Para se manter, usou o cartão de crédito, pegou empréstimos e entrou no cheque especial. Quando conseguiu novo trabalho, já devia $ 47 mil — e sua nova renda não dava conta dos juros.

Os três passaram por algo difícil. Mas só dois estavam de paraquedas.

Uma reserva de emergência não é luxo, é escudo.

É como o cinto de segurança: você não o usa esperando um acidente — mas agradece por tê-lo se ele acontecer.

Comece agora.

Mesmo com pouco. Mesmo sem saber tudo.

Porque a tranquilidade que ela traz. vale mais do que qualquer lucro.

Agora que você já compreendeu a importância da reserva de emergência como o paraquedas que protege sua vida financeira, a pergunta natural é: quanto devo guardar?

E mais: como fazer isso na prática, especialmente quando a renda é apertada?

A boa notícia é que essa parte da jornada é absolutamente viável, mesmo para quem acha que mal consegue fechar o mês.

- Para saber o valor ideal da sua reserva a recomendação geral é o que falamos nos capítulos anteriores sobre sugestão da reserva.
- Para quem tem renda fixa (CLT): guardar entre 3 e 6 meses do custo mensal de vida
- Para quem tem renda variável (autônomos, freelancers, empresários): guardar entre 6 e 12 meses

Mas atenção, o valor a ser guardado não é com base na sua renda, e sim nas suas despesas mensais essenciais.

Para calcular o quanto é isso no seu caso criei um cenário de exemplo.

Imagine que seus gastos fixos e essenciais por mês sejam:

- Aluguel: $ 1.200
- Alimentação: $ 1.000
- Contas básicas: $ 600
- Transporte: $ 400
- Plano de saúde: $ 300
- Total: $ 3.500

Se você for CLT, uma reserva de 6 meses = $ 21.000

Se for autônomo, uma reserva de 12 meses = $ 42.000

Parece muito? Pode assustar no começo. Mas a ideia não é guardar tudo de uma vez.

É construir, mês após mês, como se fosse um compromisso com sua liberdade.

Se você está começando do zero, siga este plano de 4 etapas:

1. **Defina um valor mínimo inicial mensal**

Mesmo que seja $ 50, $ 100 ou $ 200 — o importante é dar o primeiro passo, como já fizemos algumas vezes, comece com pouco mas comece já.

2. **Abra uma conta separada, de fácil acesso e com rentabilidade decente (pós-fixada)**

Use uma conta digital que ofereça rendimento automático (tipo 100% do CDI), ou um Tesouro Selic.

Não deixe na conta corrente.

Mas também não aplique em algo que leve dias para sacar ou que oscile demais.

3. **Automatize os depósitos**

Se puder programar o valor para sair assim que receber, melhor.

Isso evita o "gasto antes de guardar".

É o famoso: pague-se primeiro.

4.**Estabeleça metas por degrau**

Ao invés de focar nos $ 21 mil de uma vez, comemore os marcos:

- Primeiros $ 1.000
- Metade da reserva
- Reserva completa

Cada etapa é uma vitória concreta rumo à sua paz financeira.

Sua reserva deve ser como um compromisso mental

Não é só uma conta — é uma decisão interna.

É quando você olha pra sua vida e diz:

"Eu me respeito o suficiente para me preparar para o inesperado."

"Eu prefiro a tranquilidade da segurança à ansiedade da incerteza."

"Eu escolho dormir tranquilo mesmo se tudo desandar."

Esse tipo de atitude muda o jogo. Porque cria mentalidade de estabilidade.

E com base nessa mentalidade você entende O que NÃO fazer com a reserva

1. **Não invista em renda variável com ela**

Bolsa, criptos, fundos imobiliários — tudo isso pode e deve ter espaço no seu plano de crescimento, mas não na sua reserva.

2.**Não a deixe parada sem render nada**

Se possível, evite deixá-la parada na poupança tradicional, que rende muito pouco.

Busque uma aplicação líquida, confiável, que acompanhe o CDI.

3.**Não use para compras não emergenciais**

Ela não é para trocar de celular, viajar, ou aproveitar promoção de Black Friday. É o SEU cinto de segurança emocional e financeiro.

As vezes até algumas emergências devem tentar serem resolvidas sem lançar mão na reserva, como quando seu carro está condenado e você precisa trocar. Nesse caso. a reserva será quase toda consumida. então talvez faça sentido alguns reparos mesmo que apenas para procrastinar a decisão de troca ou substituição por algo melhor ou mais novo .

Crie uma planilha ou bloco de anotações com:

- Objetivo final da reserva
- Valor atual acumulado
- Valor do próximo aporte
- Prazo para conclusão da meta

Atualize todo mês. E celebre cada conquista — com responsabilidade, claro. Isso lhe conecta emocionalmente com o progresso e gera motivação.

Você não precisa ser rico para ter uma reserva de emergência. Você precisa ser disciplinado, paciente e consciente.

E ao começar hoje — com $ 50, $ 100, ou o que for possível — você já está mil vezes melhor do que quem adia indefinidamente. Somente começando você irá chegar a algum lugar, mas vai aqui uma dica importante:

Sua reserva começou a ser juntada em cima de sua avaliação de custos mensais pessoais, lembra? X vezes esse custo de acordo com o modelo escolhido. Então o valor de reserva, esse fator X deve ser encontrado periodicamente, sugiro a cada 6 meses, revisitado para ver se será necessário ou se é conveniente a apresentação dos demais filmes desta trilogia que são sua estabilidade, a paz emocional de estarmos prontos para os desafios que possam surgir.

Quando focamos no impacto emocional e psicológico de ter uma reserva sólida, um dos pontos mais negligenciados da educação financeira, e justamente um dos mais transformadores, é justamente a paz de saber que está tudo bem, tudo sob controle.

Ter dinheiro guardado muda a forma como você pensa, sente, decide e dorme.

Literalmente.

Porque a reserva de emergência não é só uma conta no banco é um escudo emocional.

O dinheiro é como um tranquilizante silencioso

Você já sentiu aquele frio no estômago ao ver um boleto inesperado?

Ou aquele aperto no peito ao descobrir que o carro vai precisar de um conserto de $ 2.000?

Ou ainda aquele nó na garganta ao receber a notícia de que a empresa vai cortar pessoal?

Quando você tem uma reserva de emergência, o susto continua existindo — mas não vira pânico.

Você respira. Pensa. Avalia. Decide.

Em vez de reagir com desespero, você responde com lucidez.

E essa diferença muda tudo.

Ele interfere diretamente nas decisões que irá tomar, no próximo passo, está diretamente ligado ao impacto na sua saúde mental. Estudos mostram que a preocupação constante com dinheiro está entre os principais gatilhos de ansiedade, depressão e insônia.

E mais: problemas financeiros são uma das causas mais frequentes de separações, brigas familiares e até doenças psicossomáticas.

Ter uma reserva não elimina os problemas — mas diminui o medo de enfrentá-los. Como falamos anteriormente a pessoa com reserva:

- Não se sente "presa" ao emprego ou chefe tóxico
- Tem mais clareza para dizer "não" a propostas ruins
- Evita decisões financeiras impulsivas
- Reduz a autossabotagem por desespero

Liberdade não é luxo é resultado de preparo

Você já ouviu alguém dizer:

"Eu só continuo nesse trabalho porque não tenho como parar agora"?

"Queria muito sair de casa, mas se eu me mudar agora, não me viro"?

"Meu sonho é empreender, mas tenho medo de não conseguir pagar as contas"?

Todas essas falas partem do mesmo lugar: falta de base.

A reserva de emergência cria essa base. E, com base, você constrói escolhas reais, não só sobrevivência.

- A liberdade de poder parar por um mês.
- De dizer "não agora".
- De pensar com calma.

Tudo isso vale mais do que uma viagem parcelada em 10x.

A reserva é como uma blindagem contra chantagens emocionais

O que quero dizer é que, infelizmente, em muitos relacionamentos pessoais, familiares ou até profissionais o dinheiro é usado como ferramenta de controle.

Pessoas sem reserva se veem presas em situações que não escolhem, apenas toleram. Porque não têm para onde ir.

Não têm como bancar uma saída.

Não têm como sobreviver por conta própria.

Já quem tem reserva tem também opção.

E opção é sinônimo de poder.

A reserva funciona como calmante em tempos turbulentos

- Lembra da pandemia?
- Imagine uma demissão inesperada.
- Imagine a perda de um ente querido que exigirá sua presença e seu tempo.
- Imagine uma cirurgia emergencial.
- Imagine um divórcio.

Tudo isso já aconteceu com alguém e pode acontecer com qualquer um. Mas quem estava preparado teve a chance de sofrer menos no caos. Porque a dor emocional não foi agravada por um desespero financeiro.

É por isso que a reserva é chamada de "paraquedas".

Porque é silenciosa.

Discreta.

Mas quando você mais precisa ela salva.

Jamais subestime o poder de dormir tranquilo.

De ter um plano.

De ter um escudo.

De ter opções.

Uma reserva de emergência é o maior gesto de amor que você pode dar a si mesmo, e à sua família.

Assim como imprevistos que lhe fazem lançar mão da reserva criada, e para isso você as criou, existem algumas situações que nos fazem pensar em usar esses recursos.

Precisamos aprender a realmente identificar o que cabe ser razão para este uso, precisamos aprender como proteger essa reserva contra armadilhas inclusive nossas próprias tentações. Porque manter o paraquedas intacto é tão importante quanto tê-lo.

Aprender a Não Tocar no Paraquedas Antes da Queda!

Construir uma reserva de emergência exige disciplina.

Mas mantê-la exige ainda mais. Porque, uma vez que você começa a ver aquele valor crescendo, começa também a surgir a tentação de usar.

E nem sempre por necessidade real.

Às vezes é por cansaço, impulso, vaidade ou medo de perder alguma oportunidade.

Você precisa proteger a sua reserva , inclusive de você mesmo, porque a primeira armadilha é a autojustificação

Você já se pegou dizendo:

"Ah, trabalhei tanto esse mês... mereço esse presente."

"Mas essa promoção só vai até amanhã..."

"Não é emergência, mas é uma oportunidade única."

"Depois eu reponho."

"É só um pouquinho..."

Essas frases são comuns e perigosas.

Elas fazem parecer razoável o que, na prática, é um desvio de rota. E pior, uma vez que você quebra a regra, fica mais fácil quebrar de novo.

A reserva de emergência não é para conforto. É para segurança. Se você puder evitar o gasto, evite.

Na mesma linha de auto sabotagem está a armadilha do gasto emocional

Você teve um dia difícil.

Está ansioso.

Alguém lhe magoou.

O trabalho está estressante.

E então, sem pensar muito, você decide: vou me dar um presente.

O "auto mimo" pode ser legítimo, desde que não seja financiado pela sua proteção financeira.

A reserva não é seu escape emocional.

Ela é sua estrutura de sustentação.

Se você quiser se presentear planeje um valor para isso.

Crie uma conta separada, um "fundo do mimo", mas não toque no paraquedas.

A terceira armadilha

A terceira armadilha que muitos de nós caímos é "ajudar" os outros com seu escudo. Essa é uma das mais difíceis de administrar

- Um amigo pede um empréstimo "só até o mês que vem"
- Um parente está em apuros
- Alguém quer montar um negócio e precisa de um "investimento de confiança"

Você quer ajudar.

E ajudar é nobre.

Mas se você comprometer sua reserva, você se torna o próximo a precisar de ajuda.

Nunca ajude os outros com o dinheiro que lhe protege.

Ajude com tempo, com escuta, com orientação.

E, se tiver margem real — aí sim, ajude financeiramente.

Mas nunca abra mão do que lhe dá fôlego.

Ajuda com culpa vira dívida emocional e o prejuízo é duplo.

A quarta armadilha

Outra armadilha está em misturar a conta de reserva com outras contas. Deixar a reserva na mesma conta em que você recebe, paga boletos e movimenta o cartão é receita para confusão.

Um dia o saldo baixa.

Outro dia sobe.

Você não sabe mais o que é o quê e, quando vê, a reserva evaporou.

A melhor solução é criar e manter uma conta separada. Aplicação separada. Que só você acessa. Que tem nome, RESERVA.

- Isso cria distância emocional e psicológica.
- Você não pensa nela como "saldo disponível".
- Você pensa nela como "última linha de defesa".

São muitas as armadilhas e uma perigosa é aquela que você acredita estar monetizando sua reserva para crescer mais rápido aí investe errado ou de forma impropria, esquecendo os conceitos de investimentos e risco.

Você ouve um vídeo dizendo que a poupança rende pouco.

Ou um amigo diz que "Tesouro Direto é devagar demais".

E então você decide colocar a reserva em ações, criptos, fundos de risco...

Acontece algo na economia.

Você precisa sacar.

E o dinheiro está menor do que o valor aplicado.

A reserva de emergência não é sobre rendimento.

É sobre proteção e liquidez.

É Preferível ganhar menos e ter segurança, do que buscar ganhos maiores e ficar desprotegido quando mais precisa.

Mas, como se blindar dessas e tantas outras armadilhas?

- 1. Dê nome ao dinheiro: chame de RESERVA em toda anotação ou conta. Isso reforça o compromisso.
- 2. Crie regras pessoais: por exemplo: "Só uso a reserva se

perder minha fonte de renda ou tiver emergência médica."

- 3. Tenha outras metas paralelas: uma conta para "mimos", outra para "viagens", outra para "sonhos".
- 4. Reveja seu plano todo mês: isso te mantém conectado ao propósito da reserva.
- 5. Conte a alguém de confiança: às vezes, compartilhar com alguém (cônjuge, mentor) ajuda a manter o autocontrole.

Ter a reserva é um ato de amor próprio.

Proteger a reserva é um ato de maturidade.

Seu futuro agradece pelo que você decide agora.

Não sabote o paraquedas que você mesmo costurou com esforço.

Uma reflexão poderosa e um exercício prático para lhe ajudar a respeitar seu esforço e sua reserva é se perguntar :

Quantos meses você conseguiria viver hoje sem renda — com dignidade e tranquilidade?

E o que pode fazer para melhorar isso, a partir de agora?

E se já começou nesse processo de criar sua base de tranquilidade, quantos **meses de paz você pode dizer que já construiu?**

Depois de tudo o que falamos, chega o momento mais importante:

Transformar entendimento em ação.
Porque conhecimento sem prática é ilusão.
E dinheiro sem propósito é distração.

O verdadeiro significado da reserva é: **ter uma reserva de emergência vai muito além de ter um valor guardado.**

Significa ter:

- Autonomia para tomar decisões com calma

- Liberdade de sair de situações insustentáveis
- Paz para enfrentar imprevistos com dignidade
- Estrutura para cuidar de quem você ama
- Tempo para respirar, planejar, se reorganizar

É a diferença entre viver em alerta e viver em equilíbrio.

É a transição de uma vida de sobrevivência para uma vida de preparo e escolha.

Faça Sua Conta Hoje

Mais uma vez lhe convido ao famoso Pegue papel e caneta, ou abra seu app de anotações.

1 **Liste suas despesas mensais essenciais:**

- Moradia (aluguel, condomínio, IPTU)
- Alimentação básica
- Contas fixas (energia, internet, água, celular)
- Transporte
- Saúde (plano, remédios)
- Educação (se aplicável)
- Outros compromissos fixos indispensáveis

2.**Some esses valores e anote o custo total da sua vida mensal com o mínimo necessário para viver com dignidade.**

Exemplo:

Total de despesas essenciais = $ 3.200

3.**Calcule sua reserva mínima e ideal:**

- Mínimo (3 meses): $ 9.600
- Ideal (6 meses): $ 19.200
- Avançado (12 meses): $ 38.400

4.**Agora anote: quanto você tem hoje guardado como reserva real?** (Lembre-se: só vale o que está separado, líquido e disponível para emergência.)

5.**Calcule quantos meses sua vida está protegida hoje.**

Exemplo:

Se tem $ 4.800 guardado e gasta $ 3.200/mês sua reserva cobre 1,5 mês.

E agora, qual é o seu plano?

Anote:

- Quanto pode guardar por mês, de forma realista?
- Qual será sua meta nos próximos 3 meses?
- Qual será seu objetivo até o fim deste ano?

Trace um plano. Escreva. Visualize.

Quem vê caminho, tem mais chance de seguir.

E a pergunta que muda tudo é: *"Quantos meses de paz você ja tem hoje?"*

E, mais importante: *"Quantos meses de paz você gostaria de ter — e está disposto a construir?"*

Essa pergunta precisa ecoar na mente de quem quer assumir o controle da própria vida.

Estabeleça um compromisso consigo mesmo

Feche os olhos por um instante.

Pense em você passando por um momento difícil: desemprego, doença, divórcio, acidente, perda.

Agora pense em você enfrentando isso com uma reserva de segurança.

Qual cenário você prefere viver? Então repita, escrevendo se possível:

**Hoje eu começo, ou continuo , a construir
a minha paz financeira.
Eu sou responsável por mim. Eu mereço tranquilidade.
Eu não espero o problema chegar.
Eu me preparo.
A minha reserva é meu voto de respeito à minha vida."**

"A melhor hora para construir o abrigo é antes da tempestade." — provérbio americano

"Dinheiro é como oxigênio em crise: você só sente falta quando ele acaba.

"A tranquilidade de quem se preparou vale mais que o sono de quem se distraiu."

"Você pode não controlar o mundo, mas pode controlar o seu paraquedas."

A reserva de emergência é o pilar silencioso que sustenta os voos mais altos.

Sem ela, qualquer turbulência vira queda livre.

Com ela, até a queda vira pouso suave

Comece onde estiver, com o que tiver, mas comece.

CAPÍTULO 18

A psicologia do dinheiro.

Diz-se sobre o conceito de dinheiro que ele começa na cabeça, não no bolso. Você já se perguntou por que pessoas com o mesmo salário vivem realidades financeiras completamente diferentes?

Ou por que, mesmo ganhando mais, algumas pessoas continuam endividadas, ansiosas ou sem reservas?

A resposta raramente está na planilha.

Ela está na mente. Dinheiro é emocional muito mais do que racional. Nossas decisões financeiras não são tomadas com a calculadora. São tomadas com o coração.

Com o medo.

Com a culpa.

Com a carência.

Com o impulso.

Com aquilo que ouvimos na infância.

Com aquilo que vivemos no passado.

Dinheiro é uma extensão do nosso psicológico.

É por isso que não adianta saber investir se você se sabota emocionalmente.

Tudo começa na infância. Pense por um momento:

O que seus pais lhe diziam sobre dinheiro?

Qual era o clima em casa quando o assunto era conta, salário, dívida?

Você ouvia mais frases como "isso não é pra gente" ou "dinheiro não dá em árvore"?

Ou via seus pais se desentendendo por causa de dinheiro?

Essas experiências formam nossas crenças inconscientes.

Elas nos acompanham, mesmo quando esquecemos.

Se você cresceu ouvindo que "dinheiro é sujo", talvez inconscientemente evitará ter muito.

Se aprendeu que "quem enriquece é desonesto", talvez sabote oportunidades legítimas.

O ciclo da autossabotagem financeira, começa quando a ilegitimação do dinheiro é fomentada como desculpa pela ausência dele em nossas vidas.

Muita gente ganha bem — mas gasta tudo.

Outros conseguem poupar — mas não investem.

Alguns crescem — e depois perdem tudo.

Isso acontece porque o que determina sua realidade financeira não é só o quanto você ganha, mas o que você acredita que merece e pode sustentar.

Há quem ache, lá no fundo:

"Não sou bom o suficiente pra ter muito."

"Se eu ficar rico, vão me pedir dinheiro."

"Rico vive sozinho."

"Dinheiro vai me tornar uma pessoa pior."

"Com dinheiro, vou perder minha essência."

Sem perceber, você cria barreiras internas para prosperar. não estou me referindo a nada sobrenatural, holístico ou sensorial, apenas quero lhe mostrar como emoções podem dominar sua carteira

Cada emoção distorce a forma como lidamos com dinheiro:

- **Medo:** trava investimentos, paralisa decisões, faz acumular sem propósito

- **Ansiedade:** leva ao consumo impulsivo para compensar o vazio.
- **Culpa**: faz com que a pessoa dê dinheiro para todos, mesmo se prejudicando
- **Raiva**: pode provocar decisões drásticas e destrutivas ("já que não consigo, vou torrar tudo")
- **Carência**: busca no consumo o amor que não recebeu

O cartão vira muleta.

O crédito vira consolo.

A fatura vira punição.

Então surge o perfil psicológico do seu bolso. Você já parou para se observar? Veja qual desses perfis mais se aproxima de você:

- O Acumulador Ansioso: guarda compulsivamente, mas nunca se sente seguro.
- O Gastador Emocional: compra para preencher vazios e se arrepende depois.
- O Salvador Financeiro: vive resgatando os outros, mas não se cuida.
- O Otimista Desprevenido: acha que tudo vai dar certo, mesmo sem plano.
- O Controlador Rígido: tem tudo planilhado, mas sofre para viver.
- O Fugitivo Financeiro: evita olhar extratos, adia decisões, ignora dívidas.

Todos temos traços desses perfis.

O segredo está em reconhecer e equilibrar.

A psicologia do dinheiro é a base invisível da sua realidade financeira.

Não adianta mudar de emprego, abrir empresa, investir bem, se dentro de você ainda vivem as mesmas crenças que te mantêm estagnado.

É hora de olhar para dentro.

Porque seu bolso só muda de verdade quando sua mente muda

primeiro. Precisamos aprender como reprogramar essas crenças e criar uma mentalidade de prosperidade limpa, consciente e livre de culpa.

Sim, o dinheiro pode e deve ser seu aliado. Se suas decisões financeiras são reflexo das suas emoções, memórias e crenças, então há uma verdade poderosa:

Você pode mudar essa história.

Você pode reprogramar sua relação com o dinheiro.

E não importa sua idade, origem, formação ou passado.

O que importa é o que você está disposto a fazer a partir de agora.

As crenças limitantes nascem como "verdades absolutas" que você absorveu como realidade. Mas muitas delas não são suas. Foram herdadas. Repetidas. Impostas. Nunca questionadas.

Frases como:

"Dinheiro não traz felicidade"

"Quem nasce pobre, morre pobre"

"Quem tem muito dinheiro é ganancioso"

"É feio querer enriquecer"

"Isso não é pra gente"

"Dinheiro some rápido mesmo..."

Essas ideias, repetidas desde a infância, viram filtros mentais. E, com o tempo, você passa a agir para confirmar essas "verdades" — mesmo sem perceber.

A boa notícia? Toda crença pode ser reescrita.

Mas, como qualquer reeducação, exige consciência, prática e tempo.

A primeira ação que você precisa começar a exercer **é identificar suas frases internas.** Olha ele aí de novo, materializando o abstrato. Pegue um papel. Anote a primeira frase que vem à sua mente quando você pensa em:

- Riqueza
- Pessoas ricas

- Ter muito dinheiro
- Gastar com você mesmo
- Ficar sem dinheiro
- Cobrar por seu trabalho
- Investir alto

Não filtre. Seja honesto.

Você vai se surpreender com o que sair.

Essas frases revelam como sua mente está programada.

A segunda ação: confronte com a realidade.

Agora, para cada frase limitante, escreva uma contraposição real e mais saudável.

Exemplos:

- "Dinheiro não traz felicidade."

"Dinheiro não compra felicidade, mas compra segurança, tempo e oportunidades que me fazem mais feliz."

- "Quem tem muito dinheiro é ganancioso."

"Existem pessoas boas e más em todas as classes. Dinheiro revela, não transforma."

- "Quem nasce pobre, morre pobre."

"Conheço histórias de pessoas que mudaram sua realidade com esforço, estudo e boas decisões."

Substitua o julgamento por curiosidade; O medo por consciência; A escassez por construção.

Agora, reescreva sua narrativa financeira e repita para si mesmo frases como:

"Eu mereço viver com tranquilidade financeira."
"Ter dinheiro me permite cuidar melhor de mim e de quem amo."
"Eu posso crescer sem culpa."
"Prosperidade é natural, quando há consciência."
"Eu confio em mim para administrar mais e melhor."

"O dinheiro é meu aliado — não meu inimigo."

Não subestime esse exercício.
A repetição cria novo padrão interno.
E padrão interno gera comportamento externo diferente.
Transforme seu comportamento com base em novas crenças
Mudar o que se pensa não é mágico, mas muda o que se faz.
Veja como uma mentalidade renovada se traduz em ação:

Crença antiga : *Não sou bom com números.*
Nova mentalidade: *Posso aprender finanças aos poucos.*
Nova atitude : *Começa a anotar gastos e usar apps simples*

Crença antiga : *Nunca sobra dinheiro.*
Nova mentalidade: *Posso ajustar meus hábitos*
Nova atitude : *Cria metas de corte de despesas semanais*

Crença antiga : *Não sei investir.*
Nova mentalidade: *Posso aprender o básico.*
Nova atitude : *Abre conta em corretora e estuda Tesouro*

Crença antiga : *Não tenho controle..*
Nova mentalidade: *Posso ter controle em etapas.*
Nova atitude : *Estabelece limite por categoria no mês*

A ação começa pequena, mas a transformação é gigante. Dê um passo por vez, do trauma ao protagonismo

Se você já sofreu com dinheiro, humilhações, dívidas, falências, falta, é natural sentir medo, resistência ou até vergonha. Mas seu passado não precisa ser seu destino. Seu histórico explica você, mas não define quem você pode se tornar. E, passo a passo, você pode sair da culpa e da paralisia para o comando consciente da sua vida financeira.

Você não precisa ser outra pessoa para mudar sua relação com o dinheiro.

Você precisa ser a melhor versão de você mesmo: mais desperto, mais consciente, mais livre.

A mudança começa na mente mas transforma o bolso.

É indispensável entender como nossas emoções cotidianas — alegria, tristeza, raiva, carência — estão moldando cada compra que fazemos, e como poderemos tomar o controle desse processo emocional, e desenvolver autoconsciência para tomar decisões com mais equilíbrio e clareza.

Quando suas emoções forem decidir por você, pare e pense em sua última compra não planejada. Talvez aquele delivery num dia estressante. Ou uma peça de roupa nova para se sentir melhor. Ou um presente exagerado para alguém — só para agradar. Agora pergunte-se: o que eu estava sentindo naquele momento?

A resposta, quase sempre, está nas emoções. O cartão passou, mas quem decidiu foi o coração.

A neurociência por trás do consumo emocional entendeu que o cérebro humano tem dois sistemas:

- O Sistema Racional (neocórtex), que analisa, compara e decide com lógica
- O Sistema Emocional (sistema límbico), que reage por impulso, medo, prazer, dor

Na maior parte do tempo, é o sistema emocional que toma a frente.

Especialmente quando estamos:

- Cansados
- Tristes
- Eufóricos
- Ansiosos
- Frustrados
- Carentes

Ou seja: quando estamos mais vulneráveis, estamos mais

suscetíveis a decisões ruins com dinheiro.

Vamos entender como cada emoção específica distorce sua relação com o dinheiro e quais são seus impactos financeiros:

1. **Tristeza**

Tende a aumentar a busca por prazer imediato.

Exemplo: "Estou triste, então mereço algo gostoso/agora."

Resultado: gastos com comida, compras online, "mimos".

2. **Raiva**

Gera impulsividade e desejo de compensação.

Exemplo: "Já que me irritaram, vou fazer o que eu quero!"

Resultado: decisões drásticas, investimentos ruins, "vingança financeira".

3. **Carência**

Leva a gastos para ser aceito ou reconhecido.

Exemplo: "Preciso impressionar, agradar, mostrar valor."

Resultado: presentes excessivos, roupas de marca, vida acima do orçamento.

4. **Ansiedade**

Causa antecipação de recompensas.

Exemplo: "Não sei o dia de amanhã. Então vou aproveitar hoje."

Resultado: compras parceladas, falta de reserva, desorganização.

5. **Euforia**

Dá a falsa sensação de invencibilidade.

Exemplo: "Agora vai dar tudo certo! Posso gastar."

Resultado: expansão sem planejamento, promessas maiores que a realidade.

Todas essas emoções são humanas. Mas se você não as reconhece, elas passam a controlar sua carteira.

A importância da auto-observação para mudar nosso comportamento financeiro está presente antes de cada decisão, então comece a se perguntar:

"O que estou sentindo agora?"

"Essa compra é necessidade ou emoção?"

"Se eu esperar 24 horas, ainda vou querer isso?"
"Estou tentando preencher um vazio que o dinheiro não resolve?"
Perguntas criam consciência.
Consciência cria clareza.
Clareza gera liberdade.
Veja as 5 estratégias práticas que criei para te ajudar e ensinar a lidar com emoções e dinheiro

- **Regra das 24 horas:**

Vai fazer uma compra que não estava nos planos? Espere 1 dia. Se ainda fizer sentido, reavalie com calma.

- **Crie um "Diário Financeiro Emocional":**

Anote compras feitas por impulso e o que sentia no momento.
Ao fim de um mês, os padrões vão saltar aos olhos.

- **Estabeleça um "Fundo do Alívio":**

Uma pequena reserva ($ 100, $ 200) só para aliviar momentos emocionais — sem prejudicar o orçamento.

- **Pratique "compras conscientes":**

Pergunte: *Isso me aproxima dos meus objetivos?*
Isso representa quem eu quero ser?

- **Use o tempo a seu favor:**

A maioria das emoções passa.
Esperar 15 minutos já muda seu impulso.
Esperar 1 dia transforma sua perspectiva.

O diálogo interno e a nova narrativa devem funcionar como se fossem seu melhor amigo:
"Eu sei que hoje foi difícil, mas me sabotar não vai ajudar."
"Eu mereço algo bom — mas dentro do que me faz bem de verdade."

"Hoje é um dia. Minha vida vale mais que um momento."

"Eu não preciso provar nada para ninguém com o meu dinheiro."

Esse tipo de diálogo reprograma sua resposta emocional.

Você começa a sentir orgulho — não arrependimento — depois de cada escolha.

O dinheiro que você perde no impulso é menor que o poder que você perde sobre si mesmo.

Mas isso pode mudar — se você começar a se escutar.

E respeitar suas emoções sem deixar que elas dirijam sua vida financeira.

Crenças familiares, culturais e sociais moldam silenciosamente nosso comportamento financeiro, portanto identificar, compreender e transformar essas influências é um passo importante para dominar essas vozes que falam dentro da sua cabeça.

Você pensa que toma decisões financeiras sozinho, mas, na verdade, há muitas vozes falando dentro de você.

Vozes de infância. Vozes dos pais. Vozes da sociedade. Vozes das redes sociais. Vozes de uma cultura inteira. E enquanto você não reconhecer essas influências, elas continuarão decidindo por você.

A herança invisível dos pais e cuidadores nunca tendo ensinado sobre finanças diretamente pode ser muitas vezes a grande culpada do desajuste com dinheiro, mas muitas vezes o silêncio também educa.

Pense:

- Seus pais tinham medo de falar sobre dinheiro?
- O clima da casa mudava perto do dia de pagar contas?
- Quando ganhavam dinheiro, celebravam ou escondiam?
- Havia fartura, escassez, ostentação, controle excessivo?

Esses comportamentos plantam sementes:

- Quem cresceu em escassez pode virar acumulador ou gastador compulsivo

- Quem via brigas por dinheiro pode ter fobia de fazer contas
- Quem foi privado pode se tornar indulgente
- Quem foi mimado pode nunca aprender a planejar

Não é sobre o quanto você aprendeu — é sobre o quanto você absorveu sem perceber."

Entretanto, essa herança não é uma sentença, muitas pessoas aprendem com estes padrões e criam sua gestão oposta, quebrando todos os paradigmas e edificando uma construção financeira digna de especialistas, até porque ainda que a semente seja a família, precisamos aprender a lidar e superar todas as adversidades ao longo de nossas vidas.

As crenças culturais e de classe social além da família, também deixam suas marcas.

Frases como:

"Dinheiro muda as pessoas"

"Fulano ficou metido depois que enriqueceu"

"O rico humilha, o pobre é gente boa"

"Quem trabalha demais é explorado, quem ganha demais é suspeito"

Essas frases criam uma cultura de culpa em relação à prosperidade.

Como se crescer financeiramente fosse trair suas origens.

Resultado: muita gente cresce com vergonha de prosperar.

Começa a se esconder. A disfarçar. A perder oportunidades por medo de ser julgado.

A pressão das redes sociais completam esse quadro de opressores e instigadores. Essa nova camada de influência é ainda mais poderosa pois vem sendo pensada e desenvolvida criando algoritmos para lhe distrair, manipular e induzir a ações que em geral culminam em gastos desnecessários ou perdas, que vão interferir diretamente na sua educação e gestão financeira.

Você abre o Instagram e vê:

- Pessoas com carros que você não tem
- Casas que você não pode pagar

- Roupas que não são da sua realidade
- Estilos de vida inalcançáveis (ou forjados)

E então, sem perceber, surge o pensamento:

"Eu estou atrasado."

"Todo mundo tem, menos eu."

"Preciso me mostrar também."

"Se eu não acompanhar, estou fracassando."

Mas o que você vê é o recorte mais bonito do caos alheio.

Comparar seu bastidor com o palco dos outros é a fórmula da frustração. Não menos desafiadoras são as expectativas silenciosas da família

Muitas pessoas crescem com encargos invisíveis:

- Ser o provedor da casa
- Sustentar pais ou irmãos
- Realizar o sonho que os pais não conseguiram
- Manter o padrão da família, mesmo sem ter condições
- Ser bem-sucedido "pra dar orgulho"

Essas pressões geram:

- Culpa por dizer não
- Vergonha de pedir ajuda
- Medo de errar financeiramente
- Compromissos maiores que a própria renda

E aí, a pessoa se endivida não por irresponsabilidade — mas por obrigação emocional.

É preciso identificar o que é seu e o que foi imposto.

Faça este exercício:

- Escreva sua opinião sobre: ganhar dinheiro, gastar, investir, ajudar, acumular, ostentar.
- Pergunte: isso é algo que eu realmente acredito — ou que me disseram que era certo?
- Avalie: essa crença me aproxima ou me afasta da vida que eu quero ter?

Toda crença deve passar pelo crivo da utilidade.

Se não serve mais, precisa ser ressignificada.

E muitas vezes essa mudança começa em reescrever a narrativa familiar.

Você pode honrar sua origem sem repetir seus padrões, internalizando frase como:

"Meus pais fizeram o melhor que puderam — e agora eu posso fazer diferente."

"Posso amar minha família sem carregar seus medos financeiros."

"Crescer financeiramente não me torna menos humilde."

"Não preciso me sabotar para manter laços — posso construir novos caminhos."

"Não preciso provar nada para ninguém além de mim."

Você não é traidor por prosperar. Você é ponte de evolução.

A psicologia do dinheiro passa por reconhecer de onde vêm as suas ideias. Quem colocou os tijolos do seu pensamento financeiro?

E quais você escolhe manter — ou substituir — a partir de agora? Você deve aprender como buscar ajuda emocional ou financeira — com dignidade, consciência e leveza. Porque ninguém cresce sozinho. E pedir ajuda é sinal de força, não de fracasso.

Quantas vezes você já fingiu que estava tudo bem financeiramente — quando, por dentro, estava no limite?

Quantas vezes você quis pedir ajuda, mas o orgulho, o medo do julgamento ou a vergonha foram maiores?

Crescemos ouvindo que dinheiro é assunto íntimo.

Que "não se fala de valores".

Que "quem se vira, se garante".

Mas a verdade é que todo mundo precisa de ajuda, em algum momento.

Especialmente quando o tema é dinheiro que envolve números e emoções ao mesmo tempo.

O isolamento é um inimigo invisível. A maioria das pessoas com problemas financeiros:

- Sente vergonha de falar

- Esconde dos amigos e da família
- Mantém aparências
- Vai "empurrando com a barriga"
- Sofre em silêncio

Esse silêncio transforma a dificuldade em culpa.

E a culpa paralisa.

Paralisado, o problema cresce.

E aí o ciclo se repete.

"Se eu tivesse falado antes..." — é uma frase que ouvimos muito de quem quebrou.

A hora de pedir ajuda surge com alguns sinais de que chegou a hora de dividir o peso:

- Você sente ansiedade só de pensar em abrir o extrato
- Vive fazendo contas mentais para saber se vai sobrar no mês
- Evita atender o telefone por medo de cobrança
- Não consegue guardar nem $ 50 por mês
- Tem vergonha de dizer que está sem dinheiro

Já pensou em "resolver" com empréstimos caros

Se você se identificou com 2 ou mais desses pontos, é hora de pedir ajuda.

Antes que vire um buraco mais fundo.

Este livro certamente está lhe ajudando e cada vez que você reler vai te ajudar ainda mas, porém algumas vezes precisamos de apoios externos, como:

1. Consultores financeiros

Profissionais especializados em planejamento financeiro pessoal e familiar, capazes de te ajudar a:

- Organizar dívidas
- Criar orçamento realista
- Montar plano de reserva e investimento
- Traçar metas viáveis

2. Terapia financeira

Ajuda quando a questão não é só técnica, mas emocional.

Para quem sofre com:

- Culpa ao gastar ou poupar
- Relações familiares tóxicas ligadas ao dinheiro
- Autossabotagem ao crescer
- Medo de prosperar
- Ansiedade crônica por conta de dívidas

Um terapeuta ajuda a desatar nós invisíveis que sabotam sua prosperidade.

3. Mentores ou amigos confiáveis

Nem sempre é preciso um especialista.

Às vezes, um amigo mais experiente, um parente equilibrado, alguém que você admira pode ser o apoio inicial para clarear ideias e traçar um plano.

Pedir ajuda é ato de coragem, não de fraqueza

Imagine um barco furado.

Você pode ficar tentando tapar o buraco com as mãos.

Mas, se não pedir ajuda, a água vai subir.

E, eventualmente, afundar.

Pedir ajuda é jogar boia.

É buscar ar.

É se dar o direito de voltar a respirar.

Você não precisa ter todas as respostas.

Você só precisa dar o primeiro passo.

Esse primeiro passo muitas vezes é o maior desafio por isso quero lhe mostrar como iniciar essa conversa. Você procura a pessoa, amigo, familiar ou profissional, se despe de seu medo e diz:

"Ei, estou passando por um momento delicado nas finanças.

Não é fácil falar sobre isso, mas admiro seu equilíbrio e queria saber se podemos conversar.

Não estou pedindo dinheiro, só clareza e talvez um direcionamento."

Ou:

"Tenho tentado organizar minha vida financeira, mas estou me sentindo travado.

Você conhece alguém de confiança que possa me orientar com seriedade?"

Seja claro. Seja honesto. Seja humilde.

Quem é verdadeiro costuma encontrar portas abertas.

O maior erro financeiro não é errar.

É não pedir ajuda enquanto ainda dá tempo.

Não se isole. Não se envergonhe.

Você é humano — e humanos precisam uns dos outros.

Mas como transformar sua relação com o dinheiro em algo saudável, duradouro e que te liberta, não que te aprisiona.

Você pode ter chegado até aqui com medo, dúvidas, traumas ou arrependimentos.

Mas o que importa, a partir de agora, é o caminho que você decide trilhar.

A relação com o dinheiro não precisa ser um campo de batalha.

Ela pode, e deve, ser uma parceria de crescimento, equilíbrio e paz.

O dinheiro não é o vilão da sua história

Muita gente cresceu acreditando que dinheiro era um problema. Outros, que ele era a solução mágica para todos os males.

Ambos os extremos estão errados.

Dinheiro não é vilão, nem salvador.

Dinheiro é ferramenta.

Dinheiro é reflexo.

Dinheiro é linguagem — da sua autoestima, dos seus limites, das suas decisões.

E, como toda ferramenta poderosa, depende de quem o maneja.

Curar sua relação com o dinheiro é um processo. Essa cura vem em etapas:

- Consciência: perceber que há algo errado, um padrão repetitivo, uma dor não curada
- Aceitação: parar de se culpar e olhar com compaixão para sua

própria jornada

- Ação: buscar informação, ajuda, práticas e hábitos novos
- Persistência: continuar mesmo quando parecer difícil, estranho ou lento
- Transformação: quando o novo padrão se instala e vira estilo de vida

É como reeducar o paladar.

No começo, parece que falta algo.

Depois, você se sente livre da dependência.

Por fim, você escolhe com consciência — e sente prazer na leveza.

Ter uma relação saudável com o dinheiro significa:

Saber exatamente quanto você ganha e gasta, sem medo de olhar

Ter clareza de prioridades

Poder dizer "sim" com alegria e "não" com segurança

Sentir orgulho ao guardar e investir

Gastar com propósito, não com culpa

Sentir que o dinheiro está a seu favor, não contra você

Uma boa relação com o dinheiro não é ter muito.

É ter domínio emocional sobre o que você já tem — e construir, passo a passo, o que deseja alcançar.

Quero compartilhar frases especiais para você levar consigo para toda a vida

"Quem não domina as emoções, não domina o bolso."
"Você é mais forte que sua última dívida."
"A conta bancária pode mudar.
Mas sua mente precisa mudar primeiro."
"Crescer com leveza é possível."
"Ter paz com o dinheiro é mais poderoso
do que ter milhões sem direção."
"Você merece viver tranquilo — sem medo da fatura."

A psicologia do dinheiro não é um mistério.

É uma jornada de reencontro.

De reeducação.

De coragem.

E de reconciliação.

Porque o dinheiro é parte da sua vida.

E como tudo o que importa, merece ser tratado com atenção, consciência e carinho.

Seja leve. Seja firme.

E siga em frente — de cabeça erguida e bolso em paz.

CAPÍTULO 19

Pequenas decisões, grandes destinos.

Você já ouviu que decisões aparentemente simples e cotidianas moldam, silenciosamente, o futuro financeiro, e como um pequeno hábito pode desencadear uma transformação profunda, quero lhe falar sobre o Café que Custa um Carro,

Sabe aquele cafezinho na padaria?

Ou aquela assinatura mensal que você nem usa mais?

Ou a tentação de pedir delivery numa quarta-feira qualquer, mesmo tendo comida em casa?

Talvez pareça exagero dizer que essas pequenas decisões moldam o seu destino financeiro.

Mas a verdade é que moldam.

E não apenas seu destino financeiro — moldam sua mentalidade, sua disciplina e seu futuro.

O sucesso financeiro, na maioria das vezes, não vem de um grande evento, mas da soma de pequenas escolhas diárias.

O efeito do café diário é uma matemática invisível, mas façamos uma conta simples:

- Um café por dia: $ 8
- Cinco dias por semana: $ 40
- Em um mês: $ 160
- Em um ano: $ 1.920

Se, ao invés de gastar esse valor, você colocasse os mesmos $ 160 por mês num investimento básico, com rendimento de 0,6% ao mês (muito comum para renda fixa hoje), em 20 anos você teria mais de $ 75.000. Sim setenta e cinco mil reais de café!

Pense quantas outras pequenas decisões você repete sem pensar, e por favor nada de deixar de tomar o maravilhoso cafezinho por isso, o segredo está em identificar as pequenas coisas "desnecessárias" ou que você nem se deu conta de estar pagando, e entender que somente controlando pequenos gastos você poderá manter o prazer de tomar seu cafezinho de forma tranquila por toda a vida.

O poder da repetição silenciosa, é que toda ação repetida vira hábito. E hábito vira destino. Você não fica endividado por uma compra, mas pelo acúmulo de pequenos excessos. Assim como você não ficará rico por uma economia mas pela repetição da disciplina.

Ou, como diz a famosa frase atribuída a Aristóteles:

"Nós somos aquilo que fazemos repetidamente. A excelência, portanto, não é um ato, mas um hábito."

E o mesmo vale para a desorganização, onde moram as pequenas decisões que drenam seu dinheiro e você nem percebe.

Veja algumas decisões que parecem inocentes, mas somadas ao longo do tempo te afastam da tranquilidade financeira:

- Assinaturas de streaming, apps e clubes que você nem usa
- Roupas "baratinhas" que se acumulam e nem são usadas
- Almoços fora de casa todos os dias sem controle
- Taxas bancárias que poderiam ser evitadas
- Compras por impulso no supermercado
- Festas e jantares pagos para agradar os outros

Nenhuma dessas coisas é errada por si só.

O problema está na repetição inconsciente e sem propósito.

Consciência é o primeiro passo para virar o jogo

Você não precisa parar de viver, cortar tudo ou virar um monge financeiro. Mas precisa começar a enxergar.

Olhar, de verdade, para onde seu dinheiro está indo.

Experimente isso por uma semana, anotar cada gasto, por menor que seja. Ao final, agrupe por tipo: comida, transporte, lazer, compras por impulso, etc., veja quanto você gastou com "não planejado" ou "desnecessário"

Esse simples exercício vai lhe mostrar onde estão os vazamentos invisíveis. E, mais do que isso, vai lhe mostrar o que você está escolhendo repetir.

O ciclo da consistência deve ser seu novo melhor amigo

A maior dificuldade das pessoas com relação ao dinheiro não é saber o que fazer.

É manter o que começou.

Você já deve ter tentado:

- Começar a guardar dinheiro
- Baixar um aplicativo de finanças
- Anotar os gastos
- Estudar investimentos
- Cortar cartões de crédito
- Parar de comprar por impulso

E, depois de alguns dias ou semanas, voltou ao velho padrão.

Isso não aconteceu por falta de capacidade.

Aconteceu por falta de consistência.

E consistência se constrói com decisões pequenas e sustentáveis, feitas todos os dias.

Sabe o exemplo da escada, um degrau por vez, pois imagine uma escada com 100 degraus. Você não precisa subir correndo. Não precisa pular três de uma vez. Nem precisa alcançar o último agora. Só precisa subir um degrau por dia.

Um real guardado.

Uma assinatura cancelada.

Uma refeição preparada em casa.

Uma fatura analisada com calma.

Uma conversa com quem você ama sobre orçamento.

Um erro corrigido, sem culpa.

Tudo isso parece pequeno. Mas quando somado, transforma sua vida.

Você não muda sua vida financeira com uma mega-decisão.

Você muda com centenas de microdecisões conscientes, feitas com intenção e persistência.

O segredo do sucesso não está no extraordinário, está no ordinário feito com atenção.

O efeito avalanche das boas decisões é como um pequeno hábito positivo que cria uma onda de mudanças em várias áreas da sua vida financeira, emocional, física e até espiritual.

Por falar em efeitos, você já reparou como uma pequena decisão pode desencadear uma sequência de eventos inesperados?

Pense assim:

Você acorda, faz sua cama.

A sensação de dever cumprido te motiva a tomar um bom café.

Esse café bem feito te dá energia para sair no horário.

Você chega mais cedo no trabalho, e isso rende um elogio do chefe.

O elogio lhe anima a terminar um relatório pendente.

No fim do dia, você se sente tão produtivo que decide não pedir delivery e cozinha algo leve em casa.

E ao dormir, sente que teve um grande dia — tudo porque decidiu fazer a cama.

Esse é o chamado efeito avalanche, ou efeito dominó.

Uma pequena atitude gera uma cadeia de mudanças, em várias áreas da vida.

E no mundo financeiro, isso é ainda mais visível, uma boa decisão financeira contagia todo o resto

Veja esse exemplo:

Você decide cancelar uma assinatura de $ 49,90 que não usa.

Com esse dinheiro, faz uma compra mais racional no mercado.

Sente orgulho disso.

Resolve anotar esse gasto no seu caderno de finanças.

Depois, decide revisar o extrato bancário da semana.

Encontra mais dois gastos inúteis.

Economiza $120.

Com esse valor, começa sua primeira reserva de emergência.

Pela primeira vez, sente que está no controle.

A decisão inicial parecia irrelevante.

Mas ativou um processo de clareza, motivação e empoderamento. Psicologicamente, sua mente busca coerência

Nosso cérebro busca manter coerência com nossas ações.

- Se você começa o dia economizando, fica mais inclinado a continuar economizando.
- Se começa o mês pagando todas as contas em dia, evita descontrole no meio do mês.
- Se começa a semana almoçando em casa, vai resistir melhor às tentações de gastar fora.

Isso se chama consistência cognitiva.

E é uma aliada fortíssima da sua saúde financeira.

Mas cuidado: o contrário também é verdadeiro e perigoso. O efeito avalanche também funciona para o lado negativo.

Você ignora uma fatura pequena.

Acha que $ 80 não farão diferença.

Gasta mais $ 30 em algo desnecessário.

No fim da semana, soma $ 400 de desperdícios.

Entra no cheque especial para cobrir.

No mês seguinte, precisa pagar juros.

E assim nasce uma bola de neve que parece impossível de parar. Por isso, a primeira decisão errada é a mais perigosa.

Porque ela dá permissão interna para errar de novo.

Quero lhe apresentar agora um poderoso e simples plano que desenvolvi, O desafio dos 7 dias

Proponho um desafio prático:

Durante 7 dias, tome uma pequena decisão financeira positiva por dia.

Exemplos:

- Não comprar algo que você compraria sem pensar
- Cancelar um gasto inútil
- Anotar todos os seus gastos do dia
- Comer em casa em vez de sair
- Guardar $ 10 reais
- Evitar um "gatilho" emocional (como navegar em apps de compras)
- Fazer uma pequena venda (algo parado que pode virar dinheiro)

Ao final da semana, observe:

- Como você se sente?
- Quanto economizou?
- Quais outras áreas da sua vida também melhoraram?

Garanto, vai se surpreender! Pequenas vitórias fortalecem a identidade. Cada pequena escolha certa reforça sua identidade de pessoa disciplinada. E, com o tempo, sua mente para de dizer "sou desorganizado com dinheiro" e começa a dizer:

"Estou aprendendo."

"Tenho controle."

"Posso melhorar."

"Faço boas escolhas."

"Estou no comando da minha vida financeira."

Quando a identidade muda, o comportamento segue naturalmente.

Não subestime o poder de uma escolha pequena.

Ela pode ser o primeiro tijolo da casa que você sonha em construir.

O primeiro passo da reserva que vai lhe dar segurança.

A primeira vitória que vai mudar como você se vê.

Pequenas escolhas do presente podem te fazer ganhar — ou perder — décadas no futuro.

E o tempo se torna seu maior aliado, se você decidir começar hoje, ou seu maior inimigo se você decidir não cuidar da sua vida financeira.

Imagine que hoje você decida guardar $ 200 por mês.

Pode parecer pouco. Quase nada.

Menos de uma pizza por semana com refrigerante.

Talvez você pense: "isso não vai mudar minha vida."

Mas e se eu lhe dissesse que, ao final de 20 anos, investindo esse valor com rendimento médio de 0,6% ao mês, você teria mais de $ 96.000 acumulados?

Agora reflita se tivesse começado 5 anos atrás?

Se você considerar o tempo o seu recurso mais valioso, você irá lamentar e evitar qualquer desperdício. Concordamos que dinheiro recuperamos, o tempo não!

Toda vez que você adiar uma decisão inteligente, você está perdendo anos que poderiam estar jogando a seu favor.

Pessoas que entendem isso cedo conseguem:

Sair do aluguel antes dos 35

Ter uma aposentadoria confortável aos 55

Pagar a faculdade dos filhos sem se endividar

Trabalhar por prazer — e não por desespero

Ter reservas para enfrentar doenças, crises, imprevistos

Não é magia. É decisão + tempo. Mas essa equação simples não funciona na conta de quem espera para "quando sobrar".

Muita gente diz: *"Quando eu ganhar mais, começo a poupar."*

"Quando sobrar, eu invisto."

"Quando terminar de pagar isso, aí sim eu organizo tudo."

O problema é que raramente sobra.

E quanto mais tempo se espera, mais difícil fica.

Veja este exemplo real de matemática do tempo:

- Pessoa A começa aos 25 anos a investir $ 300 por mês. Faz isso por 10 anos e para.
- Pessoa B começa aos 35 anos, também com $ 300 por mês. Investe até os 65.

Resultado:

Pessoa A, mesmo parando, terá mais dinheiro acumulado.

Por quê? Porque o tempo multiplica.

Quanto mais cedo você planta, maior será a colheita. A semente ignorada nunca vira árvore

Não é sobre guardar milhares por mês.

É sobre não desprezar o valor dos $ 50, $ 100, $ 150 iniciais.

Essas sementes, se plantadas com boas estratégias e paciência, viram raízes.

E raízes viram árvores.

E árvores te protegem da tempestade.

É preciso entender a diferença entre quem prospera e quem vive apagando incêndios

Você já deve ter visto:

- Pessoas com renda alta que vivem endividadas
- Gente simples que tem imóveis, aplicações, paz
- Casais que vivem no limite apesar de dois bons salários
- Aposentados tranquilos que nunca ganharam mais de 3 salários mínimos

A diferença não está em quanto se ganha.

É quanto se repete.

É quanto se respeita o tempo.

É quanto se planta com intenção.

Aqui vai mais um caso real com nomes fictícios.

Eu chamo de Dona Neide e o salão simples.

Dona Neide era cabeleireira no subúrbio. Nunca ganhava mais que dois salários mínimos. Mas todo mês, ao final do expediente, separava $ 100 e colocava na caderneta.

Quando surgiram os fundos de investimento, migrou para algo simples, mas mais rentável. Ela fez isso por 25 anos.

Nunca deixou de viver, de viajar de ônibus, de ajudar os filhos. Mas não gastava por impulso. Não vivia para "parecer".

Quando completou 60 anos, tinha uma casa quitada, uma

poupança robusta e uma paz que muitos executivos não tinham. Tudo começou com uma decisão simples e repetida com projeção e respeito ao tempo.

As grandes conquistas são feitas de pequenas sementes plantadas com paciência.

O tempo é o seu maior sócio — desde que você decida agir a favor dele, ou seja, hoje.

Quero falar agora com você sobre aquela pressão social que todos nós nos deparamos em vários e diferentes momentos de nossas vidas. Não se iluda, a comparação com os outros pode te desviar do foco. É necessário cultivar nossa própria trajetória sem se perder nessas armadilhas sociais.

O desejo de acompanhar padrões de consumo alheios pode desvirtuar planos sólidos, e para cultivar uma mentalidade financeira independente e saudável é necessário foco, compreensão e metas.

Se você já sentiu vergonha por ter um carro mais simples, já hesitou em recusar um convite caro só para não parecer "pão-duro" ou comprou algo que nem queria tanto, mas que todo mundo estava comprando, não se espante se eu te disser que você é como 99% das pessoas.

A comparação é um dos venenos mais sutis e perigosos para a saúde financeira.

A necessidade de acompanhar os outros transforma boas decisões em más escolhas.

E a comparação com a vida alheia é o atalho mais rápido para o desequilíbrio.

Vivemos numa sociedade que recompensa aparências As redes sociais intensificaram isso. Ali, todo mundo parece bem vestido, viajando, jantando fora, comprando coisas novas.

Mas o que você não vê:

Os boletos vencidos fora do enquadramento

Os empréstimos para sustentar o padrão

A ansiedade por não conseguir parar

As discussões por causa de dinheiro. Ou seja, você está se comparando com uma vitrine alheia, mas não conhece os bastidores daquela vida, é o famoso custo de parecer rico

Quantas pessoas você conhece que:

- Parcelam telefones em 24 vezes
- Compram roupas "da moda" e não conseguem guardar $ 100
- Gastam tudo no fim de semana e vivem estressadas o resto do mês
- Têm medo de abrir a fatura, mas não abrem mão de ostentar

Essas pessoas estão comprando status com o próprio futuro.

Estão trocando segurança por validação temporária.

E isso é um péssimo negócio, é como ignorar o valor da autenticidade financeira

Você não precisa se provar.

Não precisa justificar suas escolhas.

Não precisa competir com ninguém.

Você precisa:

Ter paz ao dormir

Ter clareza sobre onde está indo

Saber que, passo a passo, está construindo algo real

E lembrar: quem ri por último, ri com liberdade, e rir com liberdade isso sim, é rir melhor.

Quem planta com consciência não precisa colher aplausos — só precisa colher frutos.

Para blindar-se dessa comparação, existem algumas estratégias simples e poderosas:

1. Tenha metas financeiras pessoais

Quando você tem objetivos claros (ex: comprar uma casa, montar uma reserva, fazer uma viagem paga à vista), fica mais fácil dizer "não" para gastos inúteis.

2. Evite seguir perfis que ativam gatilhos

Se aquele influenciador te faz sentir "menos" por não ter o que ele mostra, silencie. Proteja sua mente.

3. Celebre suas pequenas vitórias

Guardou $ 200? Quitou uma dívida? Cozinhou em casa ao invés de pedir? Comemore! Você está criando a sua liberdade.

4. Converse com pessoas que pensam como você

Ter uma rede de apoio com mentalidade saudável fortalece sua constância.

Lembre-se: não é sobre o que você mostra, é sobre o que você constrói.

A grama do vizinho pode até parecer mais verde, mas talvez esteja sendo regada com lágrimas, cartões de crédito estourados e noites sem sono.

Cuide do seu jardim, pode levar tempo, mas a colheita será só sua.

O seu destino financeiro está sendo construído hoje — escolha plantar o que você quer colher. Defina agora escrever o seu amanhã.

Você pode não ter nascido em berço de ouro.

Pode ter cometido erros financeiros.

Pode ter se desorganizado, perdido oportunidades, se endividado.

Mas nada disso define onde você vai chegar.

Porque o seu destino não está nos grandes eventos do passado: ele está sendo moldado agora, nas pequenas escolhas do presente.

Hoje você escolhe:

- Economizar ou gastar?
- Pagar à vista ou parcelar?
- Planejar ou improvisar?
- Desistir ou recomeçar?

O minuto mais valioso é este

O tempo não lhe cobra juros hoje.

Ele lhe oferece oportunidade.

Mas ele cobra juros impiedosos de quem adia decisões importantes.

Cada real que você investe com consciência hoje, vale dez, vinte, trinta reais no futuro.

Mas cada real desperdiçado retarda seu sonho por meses, até anos.

Pense no futuro como uma estrada.

Cada escolha sua constrói ou quebra um pedaço do asfalto, definindo como você quer andar, com segurança ou tropeçando nos buracos que cavou.

O mundo real exige preparo, e recompensa a disciplina. A economia pode e irá oscilar. O emprego pode acabar. A saúde pode falhar. O amor pode mudar.

O inesperado vai bater à sua porta, e a única forma de estar pronto para a vida é assumir o comando das suas finanças. E esse comando não começa com um salário maior. Começa com uma decisão menor de agir diferente hoje.

Você estará construindo algo que, ainda que não veja, uma boa alimentação não mostra resultado no primeiro prato. Um treino na academia não transforma o corpo na primeira semana.

Guardar dinheiro um único mês não muda a conta. Mas repita isso por um ano. Dois. Dez.

E você vai ver que aquela pequena escolha que parecia insignificante se tornou uma nova identidade.

Você não estará só economizando, estará construindo segurança, dignidade e independência. Estará ensinando seus filhos, honrando sua história e fazendo as pazes com o seu futuro.

O sucesso não está no que você faz de vez em quando, mas no que você faz sempre.

Pequenas decisões feitas com constância constroem grandes destinos.

Dinheiro bem cuidado é como água boa, dá vida, traz calma e sustenta raízes.

Quem vive de impulso acaba vivendo no susto.

Seu futuro financeiro está em jogo. Você já está jogando, só precisa decidir qual lado vai vencer.

Agora vamos prolongar aquele desafio de 7 dias para um compromisso de 30 dias.

Comece escrevendo com sua própria letra, a seguinte frase:

"Durante os próximos 30 dias, vou tomar, pelo menos, uma decisão financeira consciente por dia."

Pode ser pequena, mas será feita com propósito."

Cole esse papel no espelho.

No computador.

Na geladeira.

Na carteira.

Deixe-o lhe lembrar que seu destino está nas suas mãos.

Você não precisa mudar tudo, precisa mudar o hoje.

O que parece pequeno agora será, um dia, o maior motivo do seu orgulho.

Porque no silêncio da constância, a liberdade financeira é construída.

Seja firme e continue firme.

Você está plantando grandeza, mesmo que ela ainda não tenha brotado aos olhos.

Ela está nascendo por dentro, e quando florescer, o mundo vai ver o que você construiu em silêncio.

CAPÍTULO 20

Dinheiro em casamento, família e herança.

Para começar, vamos entender os riscos dos silêncios caros, o preço altíssimo de não falarmos de dinheiro com quem amamos. Falar de dinheiro em família deveria ser como falar de planos de viagem, do futuro dos filhos ou do almoço de domingo.

Mas, em boa parte dos lares, é como se fosse um tabu.

Um campo minado.

Uma conversa que se evita, como se discutir finanças significasse falta de amor.

E esse silêncio custa caro.

Muito mais caro do que qualquer gasto com cartão ou conta em atraso.

Ele mina relações, destrói confiança e impede o crescimento coletivo.

É fato, evitamos falar sobre dinheiro com quem amamos, em geral por medo.

Medo de parecer ganancioso

Medo de parecer controlador

Medo de julgar ou ser julgado

Medo de abrir vulnerabilidades (dívidas, fracassos, desorganização)

Medo de tocar em feridas emocionais

E, muitas vezes, não sabemos nem como começar.

O que deveria ser uma conversa natural vira uma guerra fria silenciosa. E a ausência de diálogo cria um monstro imaginário, muito pior do que a realidade.

Mas amor não paga boleto e amor sem diálogo custa caro. É duro dizer isso, mas amor não basta.

Um casal pode se amar profundamente... e se destruir financeiramente.

Pais podem querer o melhor para os filhos... e deixá-los perdidos sem orientação.

Filhos podem querer honrar os pais... e se ver afogados em heranças mal resolvidas.

Amor sem diálogo, sem planejamento e sem transparência não protege ninguém.

O dinheiro não é o problema — é o que ele representa

Para um, dinheiro pode significar segurança.

Para o outro, liberdade.

Para outro, controle.

Para outro, prazer.

Para outro, dor.

Sem entender o que o dinheiro representa para cada membro da família, não há como criar harmonia.

A esposa que quer guardar tudo pode parecer "mesquinha" ao marido que vê no gasto um símbolo de afeto.

O pai que trabalha sem parar pode parecer ausente ao filho que só queria tempo.

O filho que quer independência pode parecer ingrato ao pai que se sacrificou.

Para iniciar essa conversa sem parecer cobrança, quero te ensinar algumas frases simples, mas poderosas, para abrir esse diálogo:

"Queria entender melhor como a gente vê o dinheiro, quero te ouvir sobre isso."

"Se a gente tivesse um plano financeiro juntos, o que seria prioridade para você?"

"Tem algo sobre grana que você evita me contar por medo da minha reação?"

"Se a gente for construir algo grande, precisamos falar do que sentimos sobre dinheiro."

"O que você aprendeu sobre finanças na infância? O que quer ensinar para nossos filhos?"

O segredo é ouvir mais do que falar.

Ajudar o outro a se expressar. Validar sentimentos. Construir segurança emocional, antes de querer impor regras.

Comece com acordos simples. Não tente resolver tudo de uma vez. Comece com acordos básicos:

- Vamos dividir as contas assim: X e Y
- Toda compra acima de $ X, a gente combina antes
- Vamos revisar as finanças juntos uma vez por mês
- Queremos guardar juntos $ X por mês para o nosso sonho
- Vamos decidir um valor de "dinheiro livre" para cada um gastar como quiser, sem culpa

Esses acordos trazem clareza e evitam desgastes desnecessários.

Eles dão liberdade com responsabilidade.

Casais podem estar juntos a muito ou pouco tempo de convívio mas estar em fases diferentes. Às vezes, um dos dois já está estudando finanças, querendo mudar, evoluir e o outro está indiferente, resistente, até debochado.

É doloroso, mas não se vence esse desafio com imposição.

Se vence com exemplo.

Com paciência.

Com perguntas, e não acusações.

Com pequenos convites, como assistir juntos a um vídeo, ler um trecho de um livro, montar juntos o orçamento de uma viagem.

Aos poucos, o desinteresse vira curiosidade.

A curiosidade vira conversa.

E a conversa vira construção.

Você ama sua família.

Você quer o bem de quem caminha ao seu lado.

Mas sem coragem para conversar sobre o que importa, até o amor mais sincero se torna frágil.

Falar de dinheiro com quem se ama é um gesto de respeito, maturidade e afeto.

Não é cobrança — é cuidado.

Não é controle — é confiança.

Vamos explorar, então, como organizar as finanças a dois, sem disputa, com clareza e parceria, e entender por que o dinheiro pode unir, ou afastar, um casal. É possível alinhar sonhos, planejar juntos e transformar o dinheiro em ponte ao invés de muro.

Finanças a dois é um ato de amor que não dispensa planilha

Casamento é, antes de tudo, uma sociedade.

Uma parceria que envolve afeto, cuidado, sonhos — mas também boletos, responsabilidades, decisões e riscos.

Se vocês dividem a vida, devem dividir também a consciência financeira.

E isso não significa dividir tudo de forma igual, matemática ou fria. Significa combinar papéis, criar metas em conjunto, alinhar expectativas. Porque onde não há clareza, sobra ressentimento.

Definir quem paga o quê não é um problema e muitas vezes derruba a origem de muitos conflitos.

"Se eu pago o aluguel, ela paga a escola."

"Ele paga as contas, eu compro as coisas da casa."

"Cada um cuida do seu dinheiro."

"Tudo junto, tudo misturado."

Nenhum modelo está certo ou errado.

O que importa é que ambos se sintam seguros e respeitados.

O problema não é a forma.

É o peso emocional escondido na forma.

Quando um sente que dá mais do que o outro,
quando o outro sente que perdeu autonomia,
quando as decisões são tomadas unilateralmente,

ou quando se evita o assunto até virar briga...

É aí que o dinheiro vira um inimigo dentro da casa.

Vamos analisar três modelos que funcionam quando há diálogo:

1. Tudo junto, tudo combinado

- Entradas e saídas unificadas.
- Ideal para casais com estabilidade, projetos comuns e plena confiança.
- Requer total transparência e maturidade.

2. Cada um com sua conta + conta conjunta para metas

- Mantém autonomia e promove parceria.
- Recomenda-se um percentual do salário para uma conta comum (ex: 30% de cada um).
- O restante é individual — sem cobranças.

3. Divisão proporcional à renda

- Um ganha $ 3 mil, o outro $ 6 mil.
- Dividem despesas em proporção de 1/3 e 2/3, por exemplo.
- Evita a desigualdade emocional e financeira.

O mais importante em comum, é conversar sobre o modelo e revisar periodicamente.

As fases mudam. A renda muda. O casal evolui.

A organização financeira deve evoluir junto.

Erros muito comuns que atrapalham a saúde financeira do casal são:

- Esconder dívidas ou gastos
- A famosa "infidelidade financeira". Corrói a confiança.
- Achar que o outro "cuida de tudo"
- Mesmo que um seja mais organizado, ambos devem saber o básico.
- Deixar o orçamento à deriva
- Não planejar é o mesmo que esperar o caos.
- Comparar com outros casais

- Cada relação tem uma realidade. Copiar modelos alheios pode trazer frustração.
- Fingir que está tudo bem para evitar brigas
- Silenciar hoje pode custar a harmonia de amanhã.

Ao contrário, está o planejamento de sonhos em conjunto. Casais bem-sucedidos financeiramente não são os que têm mais dinheiro, são os que sabem onde querem chegar juntos.

Façam um "encontro de metas" mensal:

- Quais são nossos objetivos de curto, médio e longo prazo?
- O que cada um está disposto a fazer para alcançá-los?
- O que vamos deixar de lado, juntos, por um bem maior?
- Quanto queremos guardar por mês?
- Qual será nossa recompensa quando atingirmos a meta?
- Quando um casal tem metas claras e visíveis, até o sacrifício se torna leve.
- Use a tecnologia a favor do relacionamento

Hoje existem dezenas de aplicativos que ajudam:

- Controlar entradas e saídas
- Compartilhar metas de forma visual
- Alertar sobre vencimentos
- Simular investimentos

Usem a tecnologia também como ponte de diálogo, e não como ponto de tensão.

Mas e os filhos, onde entram nessa conversa?

Mesmo que ainda sejam pequenos, os filhos percebem quando há tensão ou harmonia no ambiente.

E vão aprender sobre dinheiro muito mais pelos exemplos do que pelos discursos.

Um casal que planeja junto ensina que amor e responsabilidade andam lado a lado.

Ensina que liberdade vem com esforço.

Ensina que parceria se constrói.

Organizar as finanças a dois não é perder o romance é garantir que ele dure.

Quando o dinheiro é bem cuidado, o casal ganha tempo, ganha paz, ganha foco.

E tem liberdade para viver o que importa: o amor, a família, os sonhos.

Entramos agora em um tema delicado e inevitável, como lidar com herança, sucessão e legado sem conflitos, com diálogo e sabedoria.

Herança, legado e transparência, devem ser algo que transmitimos além do patrimônio

Quando falamos de "herança", muitas vezes o primeiro ícone que aparece na mente é o imóvel, o dinheiro na conta, ou o bem valioso que vai de pai para filho. Mas a verdade mais profunda é que a herança é também um legado de valores, decisões, histórias e escolhas — e, sem diálogo e estrutura, esse legado pode virar conflito, dor ou arrependimento.

Neste capítulo, quero caminhar com você sobre como pensar em herança de forma consciente, como preparar a próxima geração, como organizar o que fica — e o que você quer que ela transmita.

Porque, no fim das contas, o que deixamos de legado é tão importante quanto o que deixamos de patrimônio.

Primeiro, quero clarear o que chamo de herança visível e herança invisível.

A herança tem duas camadas:

Herança visível: bens, imóveis, investimentos, dinheiro.

- Quem vai receber?
- Como vai receber?
- Em que prazo?
- Como estão documentados esses bens?

Herança invisível: atitudes, crenças, valores, hábitos, traumas.

- Que relação sua família tem com dinheiro, trabalho e responsabilidade?

- Que hábitos seus filhos estão repetindo ou rejeitando?
- Que parte da história familiar financeira está sendo transmitida — consciente ou inconscientemente?

Sem abordar ambas as camadas, a herança pode gerar expectativas frustradas, brigas entre irmãos e até a repetição de erros que você levou anos para entender e querer mudar.

O diálogo evita surpresas!

Um dos maiores erros que observo com famílias e casais é não conversarem sobre herança enquanto ainda é possível fazê-lo com leveza.

E isso gera dois grandes riscos:

- Primeiro, que os herdeiros não saibam o que esperar, o que gera ansiedade, mágoas, frustrações.
- Segundo, que o patrimônio seja deixado em situação de vulnerabilidade — por falta de testamento, documentação, clareza — e acabe sendo dilacerado por impostos, disputas ou custos desnecessários.

Fontes sérias de planejamento patrimonial recomendam: "comece conversas sobre herança cedo, de forma gradual, adaptando à realidade da família".

Esse tipo de conversa — mesmo que simples — transforma o que poderia ser "mistério" em "legado com propósito".

E como estruturar um legado com ordem

Aqui está um passo a passo prático que desenhei após analisar e interagir com inúmeros casos, para que você comece a organizar seu legado hoje, antes de emergências:

Passo 1 — Documentação clara

- Atualize testamento ou declaração de última vontade.
- Defina quem será o gestor (ou executor) desse patrimônio.
- Verifique que todos os bens, contas, seguros, investimentos têm beneficiários atualizados.
- Se houver imóvel, negócio ou bem complexo, explique para os envolvidos a estrutura e futuros passos.

Passo 2 — Transparência com a família

- Reúna se com cônjuge, filhos ou responsáveis e apresente um "mapa patrimonial": o que existe, o que está previsto, o que pode mudar.
- Conversem sobre valores importantes: "o que queremos que esse patrimônio transmita?"
- Façam reuniões periódicas — tão simples como "almoço de legado" anual.

Passo 3 — Preparação dos herdeiros

- Ensine sobre finanças, responsabilidade, valores. Um estudo apontou que preparar a próxima geração com educação financeira reduz riscos de disputas e perdas de patrimônio.
- Inclua a próxima geração em decisões relevantes — isso gera consciência, não privilégio.
- Estabeleça cláusulas ou condições, se achar necessário: "ao tornar se adulto", "após completar curso", "após um tempo de trabalho".

Passo 4 — Revisão periódica

- A vida muda e o patrimônio também.
- Mudança de país, negócio, situação familiar, política fiscal — tudo isso exige atualização.
- Revise testamento, seguros, documentos a cada 2 3 anos ou após mudança significativa.

É sobre mais do que dinheiro, é sobre confiança e legado

Você pode pensar: *"Estou pensando em herança, mas ainda não consigo nem garantir meu dinheiro trabalhando".*

E esse pensamento é correto e sensato.

Mas o mais importante não é o quanto você tem agora — é o como você está conduzindo essa jornada.

Um legado saudável transmite: trabalho, esforço, humildade,

cooperação, visão de longo prazo.

Um legado mal cuidado transmite: culpa, disputa, silêncio, arrependimento, dívida emocional.

Quando você organiza seu patrimônio e conversa com quem ama sobre o que realmente importa — você está deixando algo maior do que imóveis.

Está deixando história, referência, dignidade.

Faça imediatamente um exercício de legado consciente, como um gesto de amor, para si mesmo e para quem virá depois.

Pergunte a si mesmo e como sempre, anote para análise e acompanhamento:

- Quais os três valores quero que meus filhos ou herdeiros carreguem?
- Qual patrimônio quero deixar — visível ou invisível?
- O que preciso organizar de documentos, seguros, testamento, lista de bens) para garantir que essa vontade será respeitada?
- Quem vai me ajudar nisso (advogado, contador, membro da família)?
- Em que prazo vou revisar isso (ex: "Até 31 de dezembro deste ano farei reunião familiar")?

Herança não é *"coisa de velho"*.

Legado não é *"trocar para depois"*.

Tudo isso é construção contínua.

Se você começar hoje — mesmo que com documentos simples ou uma conversa ainda tímida — estará plantando clareza. Porque o que não se fala, vira lenda, disputa e dor.

E você merece que sua história, seu patrimônio e seu amor sejam passados adiante com honra e leveza, sem causar diferenças financeiras dentro da própria família.

Para tal, devemos encarar e explorar os desafios, conflitos silenciosos e estratégias para lidar com essas disparidades com sabedoria, sem que o dinheiro rompa os laços que deveriam ser eternos.

Toda família é um mosaico.

Tem o irmão que prosperou rápido, a irmã que ainda busca estabilidade.

O pai que vive com pouco, o tio que fez fortuna.

O cunhado que gasta sem pensar, a sobrinha que guarda cada centavo.

Essas diferenças são normais. Mas quando não são compreendidas ou gerenciadas com maturidade, viram fonte de tensão, ciúmes, mágoas e até afastamentos irreversíveis.

A primeira verdade é que cada um tem sua jornada

É injusto comparar trajetórias.

Um teve oportunidade de estudar, o outro teve que trabalhar desde cedo.

Um casou e teve filhos cedo, o outro esperou para construir uma carreira.

Um herdou, o outro construiu do zero.

O dinheiro nunca caminha sozinho, ele carrega contexto, história, decisões e até sortes diferentes.

E comparar só o resultado final é ignorar o caminho percorrido, como frases que começam guerras silenciosas

"Fulano só conseguiu isso porque papai ajudou."

"Sicrana finge que é rica, mas vive endividada."

"Ele podia ajudar mais, mas só pensa nele."

"Ela devia ser mais humilde, não precisa ostentar."

"Por que só eu sou cobrado para contribuir com a casa?"

Essas frases não ditas são o início de rachaduras emocionais.

E, em vez de gerar diálogo, criam muros de ressentimento.

É aí que mora o problema!

O calar vem junto com o julgamento e se manifesta em sentimentos como:

- Expectativas diferentes
- Esperar que todos contribuam igualmente, mesmo com realidades distintas.

- Falta de conversa clara sobre divisão de gastos familiares
- Quem paga o quê em festas, emergências, apoio aos pais?
- Sensação de injustiça ou favoritismo
- Quando um irmão recebe ajuda e o outro, não. Quando heranças são mal divididas.
- Orgulho ou vergonha financeira
- Uns têm vergonha de pedir. Outros têm vergonha de dizer que não podem ajudar.
- Ausência de limites claros
- O que é ajuda? O que é dependência? O que é obrigação moral?

E como lidar com essas diferenças sem gerar conflitos?

1. **Não presuma. Pergunte. Converse.**

"Quero entender como você vê essa situação. Podemos falar com respeito?" Evite julgamentos. Busque escuta ativa.

2. **Estabeleça limites financeiros**

Você pode ajudar, mas não deve se anular para suprir expectativas irreais.

Dizer "não posso" ou "não é possível neste momento" não é egoísmo — é maturidade.

3. **Respeite o tempo e o processo de cada um**

Seu irmão pode estar vivendo um ciclo de dificuldade. Sua sobrinha pode ainda estar aprendendo.

O dinheiro pode ser um apoio, mas o olhar de respeito é o que realmente cura feridas.

4. **Não trate ajuda como poder**

Se você ajuda alguém da família, não use isso como instrumento de controle. Não cobre afeto, obediência ou reconhecimento em troca.

5. **Seja transparente nas decisões familiares com impacto financeiro**

Vai dividir herança? Vai vender imóvel da família? Vai investir em algo coletivo? Tudo deve ser dito claramente, por todos os envolvidos, sem segredos.

Veja exemplos reais e soluções simples

Três irmãos, pais idosos. Um cuidava dos pais e queria compensação na herança.

- Solução: acordo entre os três sobre percentual e reconhecimento do esforço com tempo.

Família onde um filho prosperou e os outros vivem com dificuldade.

- Solução: o que ajuda financeiramente faz isso como presente, não como obrigação. E os demais reconhecem, mas não cobram padrão.

Cunhados com realidades muito diferentes: um quer fazer festa cara, o outro não pode.

- Solução: falar abertamente. "Esse valor ultrapassa meu limite, prefiro contribuir de outra forma."

A Frase de ouro para esses casos é:

**"Amor sem honestidade é frágil.
Dinheiro sem clareza, destrói até laços de sangue."**

Você não precisa ter a mesma condição dos outros membros da família.

Você precisa apenas ter clareza de quem você é, do que pode fazer e de onde está indo.

E se você tiver coragem de conversar, de entender e de colocar limites com amor, o dinheiro será ponte de maturidade, não muro de silêncio. Mas se a herança material merece atenção, um dos temas mais ignorados e urgentes é como preparar seus filhos (ou sobrinhos, netos, afilhados) para lidar com dinheiro de forma saudável, mesmo sem deixar bens, trazendo luz ao papel fundamental que temos na educação financeira da próxima geração mesmo que não deixemos uma grande ou nenhuma herança material.

Precisamos focar em como formar mentes independentes, emocionalmente seguras e financeiramente conscientes, com base em exemplos práticos, valores e pequenos rituais familiares que deixam marcas para a vida inteira.

Quando penso no futuro, imagino você ou seus filhos, sobrinhos, netos olhando para trás e dizendo: "Sou grato(a) pelo que recebi, e pela forma que me foi dado."

Mas esse "ser grato" nem sempre vem acompanhado de preparo.

E preparar não é só acumular. É transmitir sabedoria, valores, hábitos — e liberdade com responsabilidade.

Ensinar sobre dinheiro não é privilégio de famílias ricas. É necessidade universal.

Desde cedo, as crianças absorvem o que veem, ouvem e vivem. E quando o assunto é finanças, isso vale ainda mais:

Ver você anotando gastos, planejando ou guardando já dá a elas referência. Ouvir você reclamar de dívidas ou evitar falar sobre dinheiro cria padrão também.

Estudos mostram que preparar os filhos para herança ou para entender finanças familiares reduz o risco de conflitos futuros ou de desperdício de patrimônio.

O maior presente que você pode dar não é dinheiro. É capacidade de gerir bem o que vier — seja muito ou pouco. Ensinar valor ao invés de bens. Mesmo sem entregar "grande herança material", você pode e deve preparar quem vem depois com atitudes como:

- Compartilhar o porquê dos seus atos. Quando você guarda, quando você decide não comprar, quando você investe — explique: "Estou fazendo isso para termos mais liberdade. Para podermos escolher. Para que você tenha também essas escolhas."
- Dividir responsabilidades. Dê tarefas reais: orçamento de férias, cálculo de compras, decisão sobre destino de

economias. Essa vivência gera respeito, autonomia e segurança.

- Estabelecer o hábito de poupar/guardar. Mesmo que seja pouco, o ato já ensina:

"Dinheiro serve para algo".

"Guardar não é abrir mão da vida, é garantir futuro."

"Investir não é só para empresários, é para quem quer liberdade."

- Conversar sobre patrimônio invisível. Fale sobre valores como honestidade, trabalho, generosidade, equilíbrio. Porque o que muitos herdam — e perdem — não é só o dinheiro, mas a mentalidade que o sustenta.

Aqui vão algumas preciosas atividades práticas para você e sua família começarem hoje:

- "Semana do Dinheiro em Família": Um dia por semana, reservem 30 minutos para revisar juntos gastos, decisões e metas.
- "Desafio 30 dias – Um real por dia": Crianças e adultos juntos guardam $ 1 por dia — depois revisam juntos o que aconteceu, quantos reais se tornaram ao final, o que sentiram.
- "Histórias de valor": Conte para os filhos uma situação sua de erro financeiro, o que aprendeu e como agiu. Faça com que o erro vire lição.
- "Missão de legado": Pergunte a seus filhos ou sobrinhos: "Se você pudesse deixar um legado para a próxima geração, o que seria?"
- Escrevam juntos uma ou duas frases — e guardem em um envelope.
- Prepare seus sucessores e herdeiros para o que vier — inclusive a herança, mesmo que hoje o patrimônio seja modesto, a forma como você conduz esse relacionamento com o dinheiro define o futuro.

- Revele valores antes de bens. Converse quando for apropriado — a idade, o momento, importam. Estruture pequenas responsabilidades — para que, no dia em que algo maior vier, não seja choque e sim continuidade.

Lembre se: 70% das fortunas familiares são perdidas na segunda geração, 90% na terceira — justamente por falta de preparo.

Se o legado for apenas "o dinheiro", o risco é grande.

Se for "os valores + a gestão", a chance de continuidade cresce.

Você merece ver a próxima geração caminhar com convicção — não com peso.

Você merece que seus filhos ou sobrinhos digam: *"Sim, recebi. E sei o que fazer com o que recebi."*

E mais ainda: *"Sei cuidar do que recebi, e posso também construir algo junto."*

Sem querer ser repetitivo, acredite, o legado material pode não ser o mais importante, mas sim o legado de consciência, dos valores e do preparo, esses são o verdadeiro patrimônio que você deixará e o que fará com que o que construir se mantenha íntegro e passando de geração em geração.

Ao chegarmos ao fechamento deste capítulo, quero que você respire fundo, imagine sua família reunida, seu legado sendo passado de geração em geração, não apenas em bens, mas em valores, clareza e amor. Porque o que fica para trás não é só o que se deixa, mas como se deixa.

Construir uma cultura familiar de finanças saudáveis é uma parte essencial de deixar um legado.

Não é somente o que você transmite materialmente é a cultura que você cria e implementa enquanto está vivo.

Cultura de conversa, de respeito, de preparo, de responsabilidade.

Se na sua casa se fala de dinheiro com vergonha, se as decisões ficam escondidas, se os filhos ou cônjuge são excluídos dos planos a herança vem, mas o trauma também.

E as estatísticas não mentem: muitas fortunas não se perpetuam pela falha em transmitir a mentalidade certa.

A equação é simples: valores + planejamento + diálogo = legado que dura.

A regra de ouro para sua família está em perguntar tantas vezes quantas for necessário se caso você sumisse amanhã, sua família saberia o que fazer com o seu patrimônio?

Essa pergunta define a diferença entre herança consciente e herança problemática.

Se a sua resposta tem hesitação — se há "segredos", "coisas que não conto", "não sei" — então ainda há trabalho a fazer.

Deixe-me lhe inspirar com alguns exemplos que me deparei ao longo de meu trabalho de consultoria:

Um pai que compartilhou com os filhos a planilha do financiamento e falou: "vocês vão construir comigo ou sozinhos" — não deixou só dinheiro, deixou parceria.

Uma mãe que toda semana fazia mini reuniões familiares sobre orçamento, sonhos, e envolvia os filhos de 10 anos — ensinando que dinheiro se constrói juntos.

Um casal que, antes de se separar, fez um acordo patrimonial em reunião aberta, explicando ao filho adolescente: "isso é o que fizemos até agora, decidimos juntos o que vai ficar para cada um" — não foi sobre controle, foi sobre respeito.

Essas atitudes pequenas geram frutos gigantes no futuro.

Por isso alguns passos precisam ser implementados o quanto antes:

- Marque uma reunião familiar — mesmo que informal — para falar sobre finanças, herança, sonhos.
- Liste o patrimônio (mesmo que modesto) e os valores que você quer que sejam passados adiante.
- Crie "o momento do legado" — pode ser jantar, reunião, passeio — onde se fala sobre história, valores, futuro financeiro.
- Revise a cada ano — porque pessoas mudam, economias mudam, famílias mudam.

- Celebre o progresso — cada passo de diálogo, de clareza, de responsabilidade é motivo para comemoração.

Não espere para "quando tiver mais". Comece com o que tem. Mesmo que o patrimônio seja pequeno. Mesmo que pareça simples. Porque o valor está no hábito, não no montante.

Você está construindo mais que contas e bens.

Está construindo confiança, entendimento, liberdade para quem você ama.

E lembre se: "**O que passa de geração em geração não é só aquilo que deixamos — é aquilo que ensinamos a honrar.**"

A partir de agora, faça da sua família uma história de parceria financeira, não de dívidas silenciosas.

Faça do seu patrimônio um instrumento de valor — não uma fonte de culpa.

E faça de seus valores uma herança — que não se mede em reais, mas em dignidade.

CAPÍTULO 21

A falácia do status: comprar o que não precisa.

Você já sentiu aquela vontade quase irresistível de comprar algo, não porque precisava, mas porque imaginou como seria visto ao usar aquilo?

Talvez tenha sido um celular novo, uma roupa de grife, um carro mais caro do que o planejado. Ou, mais sutilmente, um jantar mais caro só para postar a taça.

Se sim, bem-vindo à sociedade do status. E à sua falácia mais bem disfarçada: a de que parecer é mais importante do que ter ou ser. Este é o preço invisível da aparência

A mentira bem contada se torna status como sinônimo de sucesso. Vivemos numa era onde imagem vale mais do que verdade.

E nessa lógica distorcida, pessoas felizes são as que "viajam mais", "vestem melhor", "têm mais coisas".

O problema é que, quando o ter supera o ser, o vazio financeiro se instala.

Pior, a ansiedade cresce, porque o que foi comprado não preenche o que se tenta disfarçar, dando luz ao palco digital e o consumo performático

Nunca foi tão fácil se comparar e se sentir menor como nos tempos atuais, em especial pelas redes sociais e pela pressão emocional que representa a imagem e as postagens.

Basta abrir o Instagram ou TikTok:

Amigos em restaurantes caros, ainda que parcelados.

"Influencers" ostentando um estilo de vida financiado por públicos ou dívidas.

Vidas que parecem perfeitas, mas são só recortes escolhidos.

Tudo isso gera um efeito colateral cruel: o desejo de "não ficar para trás".

E então como diria Will Rogers, ator e humorista norte-americano, do início do século XX, "Você compra coisas que não precisa com dinheiro que não tem para impressionar pessoas que não conhece."

A armadilha da validação comprada se faz presente quando o consumo vira um atalho para autoestima, e o risco é alto, altíssimo.

Porque ao invés de construir valor interno, você passa a comprar símbolos externos.

Só que o símbolo nunca sustenta o valor por muito tempo.

O tênis perde a graça em 3 semanas.

O carro novo se torna rotina em 2 meses.

A viagem dos sonhos vira dívida parcelada em 12 vezes, e ansiedade.

E quando a fatura chega, junto vem a frustração:

"Por que eu fiz isso?"

"Por que achei que isso ia me fazer sentir melhor?"

"Por que eu coloquei minha segurança em risco por uma foto?"

É preciso saber identificar a diferença entre conforto e ostentação

Vamos deixar algo claro: não há nada de errado em gostar do bom e do bonito.

O problema começa quando o desejo de parecer ultrapassa a responsabilidade de ser.

Conforto é comprar algo que cabe no seu orçamento, tem utilidade e traz satisfação real.

Ostentação é quando o foco está na validação externa, não no valor interno.

O desafio é saber:

- Estou comprando isso porque eu quero ou porque quero que os outros vejam?
- Eu compraria isso se ninguém fosse ver?
- Eu realmente preciso ou quero parecer alguém com isso?
- Isso cabe no meu planejamento ou é só impulso?
- Vai me trazer conforto real, ou só admiração passageira?

Essas perguntas simples têm o poder de salvar seu bolso e sua paz. Mas essa é só a primeira camada da falácia do status.

Eu lhe convido a explorarmos como sair dessa armadilha, curar a autoestima financeira e construir um estilo de vida sustentável, autêntico e, principalmente, livre. Porque liberdade não tem marca, não tem etiqueta, mas tem propósito.

O Que Está Por Trás da Vitrine é só Desejo, Carência e Comparação

Você já parou para se perguntar por que, de fato, compramos? Por que há algo que queremos?

Por que precisamos daquilo? Ou por que, lá no fundo, temos medo de não sermos suficientes como somos?

Muitas vezes, a resposta mora nessa última camada.

O consumo, nesses casos, é só a pontinha do iceberg, o que está por baixo é insegurança, comparação e desejo de aceitação.

Posso lhe garantir que a comparação silenciosa pesa mais que o boleto. A maioria das pessoas não compra por necessidade.

Compra porque está se comparando, com um irmão, com um colega, com um amigo, e em muitos casos com um influenciador digital.

"Se ele pode, por que eu não posso?"

"Ela tem 30 e já comprou um apartamento. O que estou fazendo da minha vida?"

"Meu amigo chegou com um carro novo. Preciso trocar o meu."

"Todo mundo foi viajar nas férias, só eu fiquei em casa..."

A comparação é o combustível de uma corrida que nunca termina. Porque sempre haverá alguém que tem mais, ou parece ter. E quanto mais você tenta acompanhar, mais você se afasta de si mesmo.

O cérebro

Nosso cérebro é programado para sentir prazer com novidade, conquista, recompensa, é o prazer do consumo. Comprar algo novo ativa áreas de satisfação instantânea como dopamina.

É por isso que tanta gente "faz compras para se sentir melhor".

Mas o problema está no ciclo.

Compra por impulso -> Satisfação momentânea ->Vazio volta -> Nova compra -> Endividamento -> Culpa, ansiedade, vergonha.

É como tomar açúcar para fugir da tristeza, passa rápido e cobra caro depois.

Muitos de nossos hábitos de consumo têm origem na infância, na cultura do "ter para valer"

- Quem cresceu com pouco, pode querer "compensar" depois com exageros.
- Quem teve tudo, pode desenvolver uma dependência da validação pelo que tem.
- Quem ouviu "você só vai ser alguém se tiver isso", carrega a pressão de comprar status.
- Quem nunca foi valorizado pelo que é, busca reconhecimento pelo que ostenta.

Essas crenças viram trilhos emocionais que guiam o consumo sem que a gente perceba. E só conseguimos quebrar esse ciclo quando olhamos para dentro, ao invés de olhar para a vitrine.

Reprogramar o consumo é um caminho de consciência, não de culpa. Não se trata de se privar de tudo. Trata-se de aprender a comprar com intenção, e não com insegurança.

Você pode gostar do bom, desde que seja por prazer, não por medo.

Você pode comprar algo caro, desde que tenha planejamento, e não para silenciar sua baixa autoestima.

Compre o que quiser. Mas nunca compre para parecer mais do que você é.

Agora vamos fazer juntos o exercício simples do diário do desejo. Durante uma semana, anote:

- Tudo o que você sentiu vontade de comprar (mesmo que não tenha comprado)
- O que motivou esse desejo (ex: vi alguém usando, me senti mal, queria mudar meu dia)
- Qual foi sua emoção antes e depois

Esse simples exercício revela como e por que você consome.

E, com essa clareza, você começa a recuperar o poder de escolha.

Consumir é parte da vida. Mas o consumo por aparência, esse é o que corrói silenciosamente.

Quando você começa a perceber de onde vêm seus desejos, você deixa de ser marionete do status e se torna protagonista do seu dinheiro, do seu tempo e da sua liberdade.

Este capítulo é sobre como construir um estilo de vida financeiramente saudável, com conforto e propósito sem precisar provar nada. Como construir uma ponte entre a consciência recém-adquirida e a construção de um estilo de vida financeiramente autêntico, confortável e sustentável, livre da necessidade de mostrar algo a alguém, e esse estilo de vida autêntico está em ter conforto com consciência

Quando você pensa no seu "estilo de vida ideal", o que vem à sua mente? Uma casa grande? Um carro importado? Roupa de marca? Viagem para lugares exóticos toda temporada?

Essas imagens não são erradas em si. O problema é quando se tornam metas impostas – não por você –, mas pela sociedade, pelas redes sociais, ou pelo "o que todo mundo parece ter".

Você precisa aprender e vou te ensinar a diferenciar o que você quer de o que disseram que você deveria querer. Vou te mostrar como construir um estilo de vida que represente você, com leveza, liberdade e, fundamentalmente, sem sobrecarga financeira.

Para começar pense o que significa "autêntico" no seu contexto

Autenticidade financeira não é sinônimo de privação.

É sinônimo de **coerência.**

Vou explicar:

- Coerência entre o que você valoriza (tempo, família, trabalho, lazer) e o que gasta.
- Coerência entre seu momento de vida (renda, responsabilidades, sonhos) e seu padrão de consumo.
- Coerência entre o que exibe e o que sustenta emocionalmente.

Quando falta essa coerência, o custo aparece: culpa, arrependimento, ansiedade, e por fim o resultado, a dívida.

Por isso, antes de adotar "o padrão", pergunte-se: "Esse padrão reflete quem eu sou, ou quem disseram que eu devia ser?"

O **conforto** não pode ser confundido com ostentação e ambos são importantes, mas é preciso equilíbrio?

Vamos colocar de outro ângulo.

Conforto:

- Você mora num apartamento adequado para sua família.
- Tem um carro confiável.
- Viaja de vez em quando.
- Gasta com o que traz alegria e não apenas visibilidade.

Ostentação:

- Você compra para "mostrar".
- Mantém algo caro para "parecer".
- Vive com tensão para cobrir o custo da aparência.
- A diferença é que no conforto, você dorme tranquilo.
- Na ostentação, você acorda preocupado.

Existem 3 perfis de Estilos de vida que funcionam.

1. O Estilo de Vida "Foco no Valor"

Você escolhe gastar em algo caro — por exemplo, uma festa memorável, um instrumento musical — porque aquilo traz valor à sua vida. Poucas vezes, mas bem escolhidas. E isso cabe no seu orçamento.

2. O Estilo de Vida "Minimalista com Propósito"

Menos bens, mais liberdade.

Menos dívida, mais opções.

Sobrando energia, tempo, paz para o que importa.

3. O Estilo de Vida "Crescimento Consciente"

Você foge do "já" imediato, pensa no "amanhã".

Investe em educação, em negócios, caminhos de independência. Gastos existem sim, mas dentro de um plano.

Esses estilos não são exclusivos. Você pode misturá-los. A questão é identificar qual estilo ou soma de estilos combina com você? Aí é só aplicar no seu dia a dia as 4 regras de ouro:

Quatro Regras de ouro

1. Pause antes de comprar

Se o valor for acima de X (defina você), espere 48 horas. Veja se ainda faz sentido.

Isso reduz 70% dos arrependimentos impulsivos.

2. Defina "três níveis de gastos"

- Necessidade
- Desejo consciente
- Aparência/validação
- Toda vez que pensar em gastar, classifique em qual nível você está.

3.Crie "o fundo da vida leve"

Um valor mensal ou anual que você destina para experiências que tragam alegria e não mostra para ninguém. Simples, pequena, seu.

4.Revise seus "gastos espelho"

Gastei para mim ou para "receber espelho dos outros"?

Se for para "espelho", reflita: qual sensação real teve depois?

Essas ações práticas transformam o discurso em comportamento e comportamento em identidade. Só assim você vai entender o impacto de longo prazo.

Quando você vive com coerência, suas decisões reverberam:

- Você acumula menos preocupações e mais liberdade.
- Você não precisa trabalhar tanto apenas para "pagar o estilo".
- Você tem mais recursos para o que realmente importa: saúde, família, projeto pessoal.

E, o mais bonito: seus filhos aprendem mais pelo exemplo do que pelas palavras.

Um estilo de vida autêntico é o presente que você dá a si mesmo e àqueles que te veem como referência.

Você está convidado a deixar de correr atrás do padrão e começar a definir o seu padrão.

Porque o tempo passa. A vida exige escolhas. E o seu dinheiro merece representar quem você é e quem quer se tornar.

Você precisa defender seu dinheiro das armadilhas da validação social, redes sociais, comparações, marketing agressivo e como sentir-se livre da pressão de "ter para parecer".

Você acorda, pega o celular, rola o feed.

Alguém viajou. Outro trocou de carro. Mais um post sobre "liberdade financeira" com taça de vinho e praia ao fundo.

E então, sem perceber, nasce aquela faísca:

"Estou ficando para trás?"

"Será que eu precisava fazer mais?"

"Será que mereço isso também?"

Bem-vindo à era do *marketing da insuficiência* — onde todos parecem mais felizes, bem-sucedidos e realizados. E você, por contraste, se sente menor. As redes sociais moldam o consumo sem você perceber. Porém redes sociais são vitrines mas não da realidade.

São vitrines de curadoria. De recortes. E quem está do outro lado sabe muito bem como capturar seu desejo:

Posta viagens em momentos de crise, para parecer "inalcançável".

Exibe conquistas sem mostrar o esforço, para vender facilidade.

Usa gatilhos mentais de urgência, exclusividade, escassez.

O resultado é fazer você sentir que precisa ter o que eles têm mesmo sem saber se precisa, pode ou quer.

O marketing lhe conhece melhor do que você, a versão moderna do marketing moderno não vende mais só produto, vende identidade.

Você não compra um carro, você compra o "homem de sucesso" que dirige aquele carro.

Você não compra uma bolsa, você compra o "estilo de vida elegante" daquela marca.

Você não compra uma viagem, você compra a "liberdade que você ainda não tem".

A indústria do consumo aprendeu a falar diretamente com o seu ego e suas dores emocionais.

E enquanto você achar que comprar resolve essas dores, continuará gastando.

Mas afinal o objetivo deste livro é lhe ensinar, certo? Então deixa eu lhe ajudar a se blindar das armadilhas da validação. Não estou falando para "sair das redes" e sim para acessar com consciência.

Aqui vão algumas estratégias simples:

1. Curadoria reversa

Siga perfis que inspiram, não que pressionam.
Desative ou silencie quem te faz sentir menor ou consumista.

2. Regra dos 3 cliques
Antes de comprar algo visto online, faça três perguntas:
Isso serve para mim?
Eu teria pensado nisso se não tivesse visto esse post?
Estou comprando por desejo ou influência?

3. Protocolo da pausa
Toda vez que se sentir "pressionado" por um anúncio, pare por 24h. Se ainda quiser depois, com clareza tudo bem, mas 90% das vezes, você verá que foi só impulso.

4. Reforce sua identidade real
Liste conquistas que não envolvem consumo:

- Um curso que fez.
- Uma dificuldade que venceu.
- Uma amizade verdadeira.
- Um valor que mantém firme.

Isso reconecta você com quem é, e não com o que tem.

Liberdade não está em "ter tudo" está em "não precisar de tudo", Você já percebeu como as pessoas mais tranquilas com o próprio dinheiro não precisam exibir nada?

São aquelas que:

- Podem comprar, mas escolhem não gastar.
- Preferem conforto à competição.
- Sabem que sucesso é viver no seu ritmo, não correr no ritmo dos outros.

A verdadeira liberdade financeira não é medida em cifra, é medida em paz.

E paz é o que sobra quando você para de competir com quem nem está olhando para você.

Você tem o direito de comprar, sim.

Mas tem um direito ainda maior: viver em paz com suas escolhas.

Não se deixe moldar pela pressão do digital.

Lembre-se: ninguém posta a fatura, só o champagne.

Ninguém compartilha a insônia, só a foto na poltrona executiva.

O equilíbrio do consumo tem sua base no alinhamento da vida financeira com os reais valores, permitindo-se viver com orgulho de cada escolha que faz, e de colocar o dinheiro a serviço da essência, alinhando consumo com valores.

Você já parou para pensar se seu dinheiro tem servido à sua vida ou apenas ao seu ego ferido? Porque não é sobre quanto se ganha, mas sobre como se gasta.

E, mais ainda, por que se gasta.

Quando o dinheiro obedece à vaidade, ele vira prisão.

Mas quando ele responde aos seus valores mais profundos, ele vira ponte para chegar a seus objetivos e sonhos.

Por isso lhe pergunto: *O que você valoriza de verdade?*

Reflita agora.

Feche os olhos, respire fundo e se pergunte:

- O que faz meus olhos brilharem?
- O que é inegociável para mim?
- O que me dá orgulho, mesmo que ninguém veja?
- Talvez seja ter tempo com os filhos.
- Talvez seja construir uma casa própria.
- Talvez seja viajar com leveza.
- Ou cuidar da saúde, da mente, ou um projeto social.

O problema é que, sem atenção, gastamos com tudo, menos com o que realmente queremos. Isso acontece quando o consumo trai os valores.

Veja se isso lhe soa familiar:

Você se considera alguém discreto, mas compra roupas chamativas para se "encaixar".

Valoriza a liberdade, mas entra em dívidas por coisas que não precisa.

Diz que quer mais tempo, mas vive preso a jornadas duplas por manter um estilo de vida que já não lhe representa.

Isso gera desconexão. E desconexão gera tristeza.

Gastar contra seus valores é como nadar contra sua alma, você até avança, mas se cansa. E não chega.

É preciso que você alinhe consumo e propósito. Aqui vão três passos simples e poderosos:

1. Liste seus 5 valores principais

Família? Tranquilidade? Fé? Crescimento? Liberdade?

Coloque no papel.

2. Olhe seu extrato do último mês

Compare os gastos com seus valores.

Você está investindo no que importa ou só mantendo aparência?

3. Crie um plano de reorientação

Redirecione parte dos seus recursos para ações que refletem o que você acredita. Mesmo que pareça pouco no início, a sensação de coerência é libertadora.

Como por exemplo:

- Se valoriza aprendizado reduza gastos supérfluos e invista em cursos.
- Se valoriza saúde corte excessos e invista em alimentação ou academia.
- Se valoriza tempo livre reveja padrões que te escravizam.

Faça com que o consumo vire expressão da sua alma.

Imagine comprar algo que não lhe envergonha, não lhe desequilibra, não lhe aprisiona.

Algo que faz sentido, traz leveza e propósito.

É isso que acontece quando o consumo está alinhado ao ser.

- Você compra menos, mas melhor.
- Você investe mais, mas sem culpa.
- Você vive com liberdade e não com fachada.

O resultado é que você anda de cabeça erguida, com paz no coração e o extrato bancário como reflexo da sua verdade.

- Você não é obrigado a seguir o script dos outros.
- Você pode, e deve, construir o seu.

E seu dinheiro é só um reflexo da história que você quer contar.

Mergulhe nas águas cristalinas da autenticidade radical, adquira o poder de dizer "não preciso disso para ser feliz" e viva uma vida que faz sentido mesmo quando ninguém está olhando.

Tudo começa quando você experimenta dizer não a algo que todo mundo quer e sentir alívio, não culpa.

- Quando você consegue dizer: *"Isso é bonito, mas não é pra mim agora."*
- Quando aprende a ter coragem de viver no seu tempo, no seu passo, com sua verdade.
- Quando você prova do gosto mais raro e nobre da liberdade, o de não precisar provar nada.

Muitas vezes nossa ações precisam ser como molas, que para jogar para cima precisam ser pressionadas, é o que chamo de a contração antes da expansão.

Muitas vezes, antes de mudar, vem o desconforto.

A vergonha de dizer: *"Não vou comprar agora."*

A sensação de ficar de fora de um passeio caro.

O incômodo de não ter "a mesma roupa" ou "o mesmo celular". Mas depois de alguns meses, algo começa a florescer. O saldo que sobra. A tranquilidade de dormir sem boleto escondido. O orgulho de ter prioridades e sustentá-las. E a maior de todas, a paz de viver com sua alma em ordem.

Em um mundo onde todos competem para parecer, ser verdadeiro é revolucionário.

Se você aceita seu carro usado, mas quitado; curte um celular mais antigo, mas sem dívida; prefere um jantar caseiro, mas cheio de afeto; ou valoriza a experiência mais do que a aparência

Você não está "ficando para trás".

Você está, na verdade, chegando antes.

Antes na liberdade.

Antes na consciência.

Antes na sabedoria que só os livres de ego conseguem alcançar.

Lembre-se sempre do ditado das nossas gerações anteriores: ***"Quem guarda tem" – e quem vive com clareza, vive com mais***

Nunca este ditado foi tão verdadeiro.

Mas, mais do que guardar dinheiro, guarde algo mais precioso, o discernimento sobre o que merece ou não ocupar espaço no seu orçamento e na sua vida.

Você não precisa do último modelo.

Você não precisa da roupa da moda.

Você não precisa do lugar badalado.

Você precisa de propósito.

Você precisa de paz.

Você precisa de respeito por si mesmo.

E esses três não têm preço, mas custam escolhas.

O mundo vai continuar gritando para você comprar.

Mas agora, você pode ouvir em silêncio e responder:

"Obrigado. Mas não preciso disso para me sentir completo."

Porque você entendeu que riqueza de verdade não é o que você exibe é o que você carrega por dentro.

E quando o seu dinheiro passa a servir à sua essência, você para de ser escravo da vitrine e se torna o arquiteto da sua liberdade.

CAPÍTULO 22

Quando é hora de pedir ajuda?

O Silêncio que Afunda, a Palavra que Salva

Você já se pegou deitado, olhos abertos no escuro, repetindo a pergunta que martela: "*Como eu cheguei nesse ponto*?"

A fatura do cartão já passou do limite.

A conta está negativa no banco.

O aluguel venceu.

Os boletos estão se acumulando feito chuva em telhado furado.

E então, surge o medo.

Mas, pior do que o medo, vem o orgulho.

Aquela voz interna que diz:

"Você é inteligente demais para estar nessa situação."

"Você devia dar conta sozinho."

"Vai passar, é só segurar mais um mês."

Esse silêncio é o que mantém milhões de pessoas presas em ciclos de sofrimento — por anos.

E tudo o que precisavam era ter dito: "***Preciso de ajuda.***"

Por que temos tanta dificuldade em pedir ajuda?

A resposta é mais emocional do que financeira.

- Porque confundimos ajuda com fraqueza.
- Porque aprendemos a associar valor pessoal à autossuficiência.

- Porque temos medo de julgamento, rejeição, perda de reputação.
- Porque achamos que “pedir” é se rebaixar — quando, na verdade, é se elevar.

O orgulho é um dos maiores causadores de ruína silenciosa.

É o que impede alguém afogado de gritar por socorro — mesmo vendo a bóia ao alcance da mão.

Um novo conceito: Pedir ajuda é um ato de sabedoria

Pedir ajuda é o oposto de fraqueza.

É ter consciência de seus limites.

É tomar atitude antes que a situação vire tragédia.

É colocar-se em movimento, quando tudo dentro de você queria congelar.

“Quem pede ajuda não está se entregando. Está se levantando.”

- Quantos casamentos poderiam ter sido salvos se o casal tivesse conversado sobre dinheiro antes de explodir?
- Quantos negócios poderiam ter se reerguido se o empreendedor tivesse buscado um consultor antes de falir?
- Quantas pessoas poderiam ter evitado depressão, se não tivessem tentado parecer fortes o tempo todo?

Os sinais que não devem ser ignorados

Aqui estão alguns sintomas de que talvez seja hora de buscar apoio:

- Você sente ansiedade ao abrir o app do banco
- Está sempre devendo um cartão para pagar outro
- Parou de dormir por causa de contas
- Está evitando pessoas por causa de dívidas
- Vive adiando decisões financeiras
- Perdeu o controle dos gastos, mesmo tentando
- Já tentou sozinho várias vezes e nada mudou

Se um ou mais desses sinais estão presentes, esse capítulo é o seu grito de alerta — e também seu ponto de recomeço.

Você pode continuar fingindo que tudo está sob controle.

Ou pode respirar fundo, olhar no espelho e dizer:

"Eu não preciso passar por isso sozinho."

A escolha parece pequena, mas muda tudo.

Porque a ajuda certa, na hora certa, tem o poder de devolver esperança, direção — e até dinheiro.

E Quem Pode Ajudar? Descobrindo Suas Fontes de Apoio

Se você entendeu que chegou a hora de buscar ajuda, o passo seguinte é tão importante quanto:

Saber onde encontrar essa ajuda e escolher a certa. Porque não é qualquer conversa, qualquer conselho ou qualquer planilha que vai resolver. É preciso gente certa, na hora certa, com o cuidado certo.

1. O Consultor ou Educador Financeiro

Esse profissional é ideal para quem:

- Quer organizar suas finanças, mas não sabe por onde começar
- Está endividado e precisa de um plano claro de saída
- Ganha razoavelmente bem, mas vê o dinheiro "sumir" todo mês
- Quer aprender a investir com segurança

O que ele faz:

Te ajuda a montar um orçamento realista, organizar gastos, planejar metas, sugerir produtos financeiros e criar uma estratégia personalizada.

Cuidado:

Evite consultores que só "empurram" produtos bancários. Busque quem te ensina a pensar e decidir, e não quem te faz depender.

Dica prática: verifique se o profissional tem certificações como CFP®, CEA, ou boa reputação online. Pergunte por atendimentos anteriores e peça referências, se necessário.

2. O Terapeuta Financeiro ou Psicólogo

Se o seu maior desafio não é só com números, mas com emoções — esse é o caminho.

É ideal para quem:

- Sente culpa ao gastar
- Tem compulsão de consumo (gasta por impulso)
- Cresceu com crenças limitantes como "dinheiro é sujo" ou "quem tem dinheiro é ruim"
- Se sabota quando está prosperando
- Vive em conflito com o cônjuge por causa de dinheiro

O que ele faz:

Ajuda a identificar e curar raízes emocionais do comportamento financeiro, mudar crenças, trabalhar autoestima e traumas relacionados a dinheiro.

Às vezes, o que você precisa não é mais controle, é mais compreensão de si mesmo.

3. O Contador ou Planejador Patrimonial

Para quem já tem bens, empresas ou rendas variadas, mas quer organizar legalmente tudo isso.

Ideal para:

- Planejar aposentadoria ou independência financeira
- Organizar impostos, investimentos, heranças
- Criar estruturas mais seguras para proteger o patrimônio
- Formalizar divisão de bens em família ou em sociedades

Muitas vezes, evitar um problema jurídico no futuro custa menos do que remediar depois.

4. O Mentor ou Amigo Experiente

Às vezes, não se trata de um profissional pago, mas de alguém com mais estrada que você.

Alguém que:

- Já enfrentou desafios parecidos
- Tem valores semelhantes
- Está disposto a ouvir sem julgar
- Fala verdades com carinho

Um bom mentor não lhe dá um mapa pronto: ele lhe ajuda a construir o seu próprio.

Atenção:

Cuidado para não confundir "conselhos gratuitos" com sabedoria. Evite seguir dicas de quem fala muito, mas vive mal. Nem todo mundo bem intencionado tem preparo para orientar sua vida.

Mas como saber qual ajuda buscar?

Responda com sinceridade:

- O meu problema é técnico ou emocional?
- Preciso de conhecimento ou de cura interior?
- O que está me faltando: educação, direção ou coragem?

Se for difícil responder, comece com quem te escute bem.

Às vezes, o melhor início é uma conversa com alguém que valide sua dor, e lhe ajude a clarear os próximos passos.

- Você não precisa saber tudo.
- Você não precisa dar conta sozinho.
- Mas você precisa dar o primeiro passo.

E o primeiro passo pode ser uma conversa.

Um agendamento.

Um pedido sincero de ajuda.

Uma mensagem que diga: "***Eu estou pronto para mudar. Você pode me ajudar?***"

E, acredite, esse pedido pode abrir portas que você nem imaginava.

Dignidade em Pedir: Desmascarando o Mito do "Tenho que Dar Conta"

Sei que há um peso invisível quando alguém pensa: *"Pedir ajuda significa que falhei"*. Mas, com todo respeito à sua coragem e trajetória, permita-se ver isso de outro ângulo:

Pedir ajuda não é sinal de fraqueza — é sinal de sabedoria.

O mito da autossuficiência

Desde a infância, fomos educados a acreditar que "quem dá conta sozinho" é o bravo, o vencedor.

Que admitir necessidade é "fraquejar".

Que mostrar fragilidade é convidar o fracasso.

E por isso, abrimos mão de buscar auxílio, deixamos as contas acumularem, adiamos diálogos e fingimos estar bem.

Mas essa atitude não protege — essa espera destrói.

Pesquisas apontam que as pessoas evitam pedir ajuda porque temem rejeição, medo de expor incompetência ou de parecer "menos". Mas curiosamente, muitos por volta estão dispostos a ajudar — se formos capazes de pedir.

Reconhecer a vulnerabilidade e honrar a pessoa que você é

Quando você admite que precisa de ajuda, três coisas importantes acontecem:

1. Você reconhece que é humano.

Humano que sente, que erra, que precisa de apoio.

E, humanizando-se, abre caminho para crescimento real.

2. Você valoriza sua dignidade.

A dignidade não está em esconder as falhas.

Está em tratá-las com integridade — ver o que está errado, agir, aprender.

3.Você fortalece sua rede.

Todos nós, em algum momento, dependemos de outros — amigos, família, mentores.

Quando pedimos com honestidade, fortalecemos vínculos — e não os quebramos.

Quando o peso é demais para levar sozinho

Você pode estar em uma fase onde a dificuldade financeira é só técnica: "*Preciso de um plano*".

Ou já pode estar em uma fase onde é emocional: "*Tenho medo, culpa ou vergonha*".

Ambas as situações merecem ajuda.

E a grande sacada é: quanto antes você agir, menor será o dano.

Se você sente:

- Ansiedade ao abrir o extrato;
- Dificuldade em dormir por causa das dívidas;
- Evita conversar sobre dinheiro ou esconde contas;
- Reparou que o orgulho te impediu de convidar ajuda;

Então: o sinal está aceso.

Não espere o alarme explodir.

Dê o primeiro passo.

Etiqueta para pedir ajuda com dignidade

- Seja honesto: "Estou passando por um momento difícil com as finanças e gostaria de conversar/aprender/ter apoio."
- Seja específico: indicar o que você precisa (planejamento, alguém para ouvir, conselho técnico).
- Escolha o momento certo: preparar-se para a conversa evita que ela vire só desespero.

- Comprometa-se: não é só "me ajude". É "vou agir com o que aprender/ter".
- Agradeça e devolva: em algum momento você também ajudará outros — isso fecha o ciclo.
-

Você não está "falhando" por precisar de auxílio.

Você está se capacitando para virar o placar da sua vida financeira. E lembre-se: os mais fortes não são os que fingem não ter feridas. São os que as limpam, aprendem com elas e seguem a caminhada.

Da Reflexão à Ação: Como Começar a Buscar Apoio

Agora que já entendemos que pedir ajuda não é fraqueza, mas força, e já reconhecemos os tipos de apoio possíveis, a pergunta inevitável surge:

Por onde eu começo?

Porque a verdade é que saber que precisa ajuda e buscar essa ajuda são coisas muito diferentes. E entre as duas está o abismo da procrastinação.

O obstáculo silencioso: a paralisia da vergonha

Muita gente sabe o que deve fazer, mas não faz.

Não por falta de inteligência, mas por medo de dar o primeiro passo. Esse medo vem fantasiado de frases como:

- *"Depois eu resolvo."*
- *"Esse mês tá apertado, mês que vem eu vejo."*
- *"Não é tão grave assim, vai melhorar."*
- *"Não tenho tempo agora."*
- *"Não quero incomodar ninguém."*

E assim, dias viram semanas, semanas viram meses.

E o buraco aumenta.

Mas não porque a situação era impossível — porque a inércia venceu.

Plano de ação para quem quer sair da estagnação

1. Assuma o compromisso consigo mesmo

Pegue um papel e escreva:

"Eu me comprometo a buscar ajuda com minhas finanças.
Não mais adiarei minha tranquilidade.
Hoje começa minha virada."

Assinar isso, à mão, tem um peso emocional poderoso.

Você está tornando real algo que até então só estava no campo da intenção.

2. Escolha uma das ajudas que já vimos

Volte à lista:

- Consultor financeiro
- Terapeuta ou psicólogo
- Mentor
- Contador
- Curso gratuito ou pago
- Amigo de confiança

Escolha um. Apenas um.

Não caia na armadilha de querer "entender tudo antes" para depois procurar alguém. O movimento gera clareza — não o contrário.

3. Marque um horário hoje

- Se for profissional: agende a conversa.

- Se for amigo ou mentor: envie uma mensagem dizendo que precisa conversar.
- Se for um curso: matricule-se.
- Se for uma leitura: escolha o material e comece.

Nada de promessas vagas. Agir é compromisso com a mudança.

4. Prepare-se para a conversa

Reúna:

- Seu extrato bancário do último mês
- Lista de dívidas (com valores, juros e vencimentos)
- Receita mensal
- Gastos fixos e variáveis
- Expectativas e objetivos

Isso não só ajuda o outro a lhe entender melhor, como também lhe faz encarar de frente a própria realidade.

5. Anote tudo e execute pelo menos UMA ação imediata

Após a conversa ou atendimento, comprometa-se a aplicar ao menos um ponto aprendido nas próximas 24 horas.

Ação rápida quebra o ciclo da procrastinação e reforça sua força de vontade.

E se a primeira ajuda não funcionar?

Às vezes, você procura um profissional e não se sente acolhido. Ou a conversa com o amigo não flui como esperava. Ou o plano sugerido parece distante da sua realidade.

Não desista.

Troque o caminho, não o objetivo.

Busque outra fonte.

Aprenda com o que não funcionou e siga em frente.

Nenhuma ajuda é inútil se você tiver aprendido algo com ela.

O futuro financeiro não será construído num único salto, mas num passo de cada vez.

E esse passo precisa começar agora.

Você não precisa ter todas as respostas — só precisa começar a fazer as perguntas certas, para as pessoas certas.

Histórias de Virada: O Poder de Pedir e Recomeçar

Talvez você ainda pense que sua situação é vergonhosa demais.

Que pedir ajuda vai lhe expor.

Que ninguém entenderia.

Mas a verdade é que há milhares de pessoas que passaram por caminhos piores e se reergueram.

A seguir, compartilho histórias reais (nomes fictícios), que representam milhares de outras parecidas. Histórias de coragem, dor e vitória. Histórias que provam: "A ajuda certa na hora certa muda o rumo de uma vida."

- Caso 1 – A professora endividada que encontrou alívio com uma planilha e escuta

Helena, 42 anos, professora de escola pública.

Nunca teve orientação sobre finanças, mas sempre trabalhou duro.

Ao longo dos anos, acumulou dívidas pequenas: um empréstimo consignado, cartão parcelado, uma compra aqui, outra ali.

Quando percebeu, metade do salário não chegava mais na conta pois era bloqueado pelos débitos.

Durante meses, ela teve vergonha.

Achava que era "culpa dela" estar naquela situação.

Um dia, em desespero, falou com uma colega de escola.

Essa colega indicou uma educadora financeira popular, com atendimentos sociais.

Na primeira conversa, a consultora disse: "**Você não é a dívida. Você é maior do que isso.**"

Juntas, criaram um plano de 12 meses.

Reorganizaram dívidas, renegociaram juros e recriaram o orçamento.

Hoje, Helena não apenas quitou tudo, como ensina educação financeira aos alunos do fundamental.

Tudo começou com um pedido de ajuda.

- Caso 2 – O pequeno empresário que quase faliu por orgulho

Carlos, 37 anos, dono de uma lanchonete.

Sempre foi orgulhoso de dizer que "sabia fazer as contas".

Mas, quando a pandemia chegou, suas vendas caíram 80%.

Ele insistiu que ia conseguir.

Fez empréstimos, renegociou com fornecedores, usou o limite do cheque.

E nada.

A dívida só crescia.

Foi a esposa quem, vendo tudo, sugeriu: *"Vamos conversar com aquele consultor da associação comercial."*

Carlos recusou três vezes.

Na quarta, foi.

De cabeça baixa. Mas foi.

A conversa foi dura.

O consultor mostrou que o modelo de negócio estava ultrapassado.

Mas também mostrou que, com mudanças no cardápio, no atendimento digital e nos fornecedores, havia chance.

Carlos implementou tudo.

Dois anos depois, sua lanchonete não só sobreviveu — como cresceu 70%.

Hoje ele diz: *"Se eu tivesse pedido ajuda seis meses antes, teria economizado muito dinheiro — e muitas noites sem dormir."*

- Caso 3 – A jovem estagiária e a terapeuta que salvou seu futuro

Rafaela, 24 anos, estagiária de administração.

Recebia pouco, mas gastava muito.

Cartão de crédito sempre estourado, dívidas com amigos, ansiedade constante.

Sabia o que tinha que fazer, mas não conseguia parar de gastar.

Um dia, após mais um ataque de choro, resolveu procurar uma psicóloga. Descobriu que sua relação com o dinheiro vinha da infância — de ver a mãe gastar para compensar abandono afetivo.

A terapeuta indicou um trabalho conjunto com uma educadora financeira. Rafaela começou a montar metas, controle de gastos e, sobretudo, a cuidar da própria autoestima.

Hoje, com 28 anos, já tem uma reserva de emergência de seis meses e acabou de ser promovida.

Ela diz:

"Pedir ajuda foi o maior ato de amor próprio que eu já tive."

E você, que história vai contar?

Se esses exemplos te inspiraram, ótimo.

Mas mais do que isso, que eles te provoquem.

Porque agora a pergunta é:

Qual será a sua história de virada?

Talvez hoje você esteja no fundo do poço.

Talvez ache que está tudo perdido.

Mas isso não é o fim.

Pode ser o começo.

E tudo o que você precisa fazer é dizer:

"Preciso de ajuda."

Você não está sozinho.

E você não é o único.

Mas você pode ser aquele que tem coragem de mudar.

E quando você buscar ajuda com dignidade, firmeza e verdade, o que te espera não é vergonha — é libertação.

A Virada Começa com Uma Palavra

Depois de tudo o que você leu até aqui — as dores, os exemplos, os caminhos, os planos — talvez reste ainda uma dúvida:

"Será que comigo vai funcionar?"

Essa é a pergunta mais honesta que alguém pode se fazer diante de uma reviravolta.

E a resposta, com todo respeito, é simples:

Vai funcionar se você se mover. Vai funcionar se você parar de esperar o momento perfeito. Vai funcionar se você se abrir.

A dor que você sente hoje pode ser o solo do seu novo começo

Imagine por um instante:

Você, daqui a um ano, olhando para trás e dizendo:

"Eu me lembro do dia em que decidi buscar ajuda."

"Foi difícil, doeu, mas foi ali que tudo começou a mudar."

"Hoje eu respiro melhor, durmo melhor, gasto melhor. Não porque fiquei rico. Mas porque tomei as rédeas da minha vida."

Ninguém muda de vida sem enfrentar o desconforto de admitir que precisa mudar.

Ninguém cura uma ferida negando que ela existe.

Dignidade é não desistir de si mesmo

Se você sente vergonha, insegurança ou medo de parecer fraco, lembre-se:

- Fraco é quem finge que está tudo bem até afundar de vez.
- Forte é quem olha nos próprios olhos e diz:

"Chega. Eu mereço mais."

Pedir ajuda é um ato de coragem.

É você dizendo ao mundo — e a si mesmo — que não está disposto a viver uma vida de escassez emocional, financeira e espiritual.

Você vale mais.
Você pode mais.
E você não precisa fazer isso sozinho.
O convite final

Se este capítulo tocou em algo dentro de você, faça algo agora:

- Ligue para alguém que você confia.
- Escreva para aquele profissional que você vem ensaiando falar.
- Compartilhe este capítulo com alguém que também precisa.
- Anote uma ação concreta para esta semana.

Porque a transformação não mora nas ideias.
Ela mora na atitude.
Quero lhe deixar aqui frases para refletir e gravar na alma:

"Você não precisa ser forte o tempo todo.
Só precisa ser verdadeiro."
"Pedir ajuda não te diminui. Te reinicia."
"Até o mais sábio dos homens precisou de mestres.
Até os mais ricos precisaram de mentores."
"Se a vida te colocou de joelhos,
talvez seja para que você ore... e se levante."

O que espero é que esta leitura não tenha sido apenas mais um texto, mas o sinal verde para sua virada.

A permissão que você precisava para reconhecer:

- *"Eu estou passando por algo."*
- *"Eu mereço sair disso."*
- *"Eu vou pedir ajuda."*

E, acima de tudo: ***"Eu não tenho mais vergonha de ser humano."***
A próxima etapa da sua jornada começa agora.
E ela será muito mais leve — porque será compartilhada.

CAPÍTULO 23

O medo do sucesso financeiro.

Quando o Dinheiro Assusta Mais Que a Falta Dele

Você já se pegou fazendo tudo certo, e de repente... parou? Já percebeu que, quando começa a sobrar dinheiro, bate uma inquietação?

Ou que, no instante em que surge a chance de ganhar mais, algo dentro de você freia?

Pois é.

Tem gente que tem medo da pobreza.

Mas tem muita gente — e talvez você se encaixe — que tem medo é do sucesso.

O medo que não se vê, mas se sente

À primeira vista, parece estranho.

Quem não quer ter mais dinheiro, conforto, liberdade?

Mas o medo do sucesso financeiro não grita.

Ele sussurra.

Ele aparece de forma sutil, quase invisível.

Mas está lá.

E se manifesta assim:

- Você começa a guardar dinheiro... e decide "se dar um presente caro" justo quando a reserva começava a crescer.
- Recebe uma promoção... e aumenta o padrão de vida tão rápido que continua devendo.
- Começa a investir... e no primeiro tropeço, saca tudo com

medo de "perder".

- Tem um talento que poderia render mais... mas se sabota, dizendo que "não é pra tanto".

Isso tem nome: autossabotagem financeira. E ela nasce, muitas vezes, do medo inconsciente de prosperar.

As raízes desse medo

Ninguém nasce com medo do sucesso.

Esse medo é aprendido. E geralmente vem de três fontes:

1. Crenças limitantes de infância

Frases como:

- "Dinheiro muda as pessoas."
- "Quem tem dinheiro é arrogante."
- "Rico é tudo aproveitador."
- "Isso não é pra gente como nós."
- "Dinheiro demais dá problema."

Essas frases são sementes.

Se você as ouviu (e absorveu), é possível que, sem perceber, tenha associado riqueza a perigo, solidão ou culpa.

2. Lealdade inconsciente à família

Pode soar estranho, mas é real:

Muitas pessoas têm medo de ganhar mais que seus pais.

Ou de serem os primeiros a conquistar algo.

É como se, ao prosperar, dissessem: *"Estou me afastando do que eu sou. Estou traindo minha origem."*

E para "manter a conexão", inconscientemente, sabota o próprio crescimento.

3. Trauma por perdas anteriores

Quem já ganhou e perdeu, às vezes prefere não ganhar mais — para não sofrer outra perda.

"Se eu tiver muito e perder, vai doer demais. Melhor não ter tanto."

Essa lógica silenciosa aprisiona.

E transforma o sucesso em ameaça.

O ciclo da culpa e da punição

Imagine que você começa a prosperar.
Seu salário melhora.
Você começa a guardar, investir.
Está tudo indo bem.
Mas aí surge aquela voz:

- *"Será que eu mereço tudo isso?"*
- *"E se alguém achar que estou me achando?"*
- *"E se eu perder tudo e passarem a rir de mim?"*
- *"Meus amigos vão me abandonar?"*

Essa voz, se não for confrontada, lhe sabota.
E a forma como ela faz isso é sutil:
Um gasto que "não era necessário"
Uma decisão precipitada
Um projeto abandonado na metade
Uma escolha que anula tudo o que você construiu
E o mais curioso?
Depois que você se sabota, vem a sensação de alívio.
Como se dissesse: "Ufa. Agora voltei ao que é familiar."
Isso é o medo do sucesso em ação.
Te levando de volta à zona de conforto — mesmo que essa zona seja o desconforto.
Reconhecer esse medo é o primeiro passo para vencê-lo.
E não se culpe.
Esse medo é humano.
O sucesso, afinal, carrega responsabilidades, mudanças, julgamentos.
Mas também carrega liberdade.
Carrega paz.
Carrega possibilidades que você merece viver.

Crenças Limitantes:
As Correntes Invisíveis que Impedem Sua Prosperidade

Às vezes, você faz tudo certo — estuda, trabalha duro, economiza — e ainda assim sente que algo trava você.

Pode parecer injusto. Pode parecer que o universo conspirou contra.

Mas na maioria das vezes, o que lhe trava não está lá fora. Está dentro de você.

São crenças que você absorveu à força dos anos, sem perceber — e que agora estão decidindo por você.

Mas afinal o que são crenças limitantes?

São ideias, às vezes sussurradas na infância, ecoadas pela cultura, repetidas pela família, que viraram "verdades" sem serem questionadas.

Como uma programação instalada no inconsciente que diz:

- *"Gente como a minha não prospera."*
- *"Se eu tiver muito dinheiro, vou perder tudo."*
- *"Rico é ganancioso."*
- *"Dinheiro é raiz de todos os males."*

Pesquisas apontam que crenças sobre dinheiro, ricas ou pobres, moldam decisões: quem acredita que "dinheiro não muda" ou "eu nunca serei bem sucedido" tende a agir de forma correspondente — sabotando oportunidades. E enquanto a mente vive no "eu nunca vou", o tempo passa — e você permanece no mesmo lugar.

As crenças mais comuns que bloqueiam o sucesso

Vamos listar algumas que encontro com frequência — e você pode se ver em mais de uma.

1."Eu não mereço prosperar."

A base desse pensamento é culpa ou baixa autoestima.

Você até ganha e investe, mas no fundo se sente "impostor" ou acha "não é para mim".

E assim, inconscientemente, devolve o que está construindo.

2."Se eu tiver, vou perder tudo."

Alguém falou isso na sua infância?

Existe uma crença de proteção: "Melhor não ter do que arriscar perder."

O resultado: você não cresce ou congela o momento.

3."Prosperar vai me afastar das pessoas."

Cresci com uma família ou círculo onde "quem ficava rico esquecia da origem".

Então, você trava para não "não perder quem ama".

Prosperar vira ameaça ao laço familiar ou à identidade.

4."Dinheiro é sujo ou para outros."

"Eu trabalho com as mãos, não com a mente."

"A sorte não tem nada a ver comigo."

A crença limita vocação, investimento, crescimento.

5."Eu vou ganhar mais, mas gasto tudo."

Já imaginou, ao receber aumento ou bônus, aparece um desejo: "Preciso retribuir" ou "agora posso".

Mas de repente, o aumento some —e a dívida volta.

Porque o sucesso foi sabotado.

Estas crenças são silenciosas.

Estão camufladas como "eu só estou sendo realista" ou "não quero me perder". Mas são correntes. E para prosperar, precisamos corta-las.

Como quebrar essas correntes?

A. Tome consciência

Comece prestando atenção aos seus pensamentos:

"Quando recebi algo bom, o que pensei?"

"Quando vi alguém bem financeiramente, que reação tive?"

"Que frases sobre dinheiro eu escutei no meu lar?"

Essa autorreflexão abre a porta para a mudança. Sem consciência, não há liberdade.

B. Questione a crença

Pergunte-se:

"É verdade absoluta que eu não mereço?"

"Existe alguém parecido comigo que prosperou?"

"E se eu pudesse merecer, o que eu faria diferente?"

Estudos recomendam justamente isso: questionar a validade das crenças e substituí-las por verdades que te empoderem.

C. Reprograme com afirmação + ação

Não basta só repetir "eu mereço prosperar".

A ação precisa acompanhar o pensamento.

Exemplo: "Eu mereço prosperar porque trabalho, contribuo e sou fiel aos meus valores. Por isso, agora aplico X % do meu rendimento em algo que constrói minha liberdade."

D. Cerque-se de evidências e exemplos

Busque histórias de pessoas que vieram de onde você está e prosperaram. Veja o padrão: disciplina, crenças saudáveis, hábito de aprender. Isso e dá modelo real, não só inspiração.

O efeito dominó da mudança de crença

Quando você muda uma crença fundamental:

- Sua identidade se altera: de "eu sou aquele que não consegue" para "eu sou capaz".
- Suas decisões mudam: você passa a agir como alguém que merece e pode crescer.
- O tempo começa a trabalhar a seu favor: você investe, acumula, cresce — não só reage.
- A autossabotagem perde força. Você se torna seu aliado, não seu inimigo.

Como as pesquisas mostram: ***"Você não pode simplesmente ganhar mais que suas crenças limitantes permitem."***

Ou seja: pode subir o salário, mas se a mente continuar presa, o sucesso se transforma em tormento.

Você merece libertar-se dessas crenças antigas.

Elas foram úteis num outro momento — mas agora, só te impedem de voar.

Não é só sobre ganhar dinheiro.

É sobre ganhar o direito de ser você mesmo, com poder, com leveza e com propósito

Sabotagem Silenciosa: Como Você Mesmo Pode Estragar o Seu Sucesso

Quando falo de medo do sucesso, não estou apenas falando de não conseguir ganhar ou de não alcançar metas.

Estou falando de algo ainda mais sutil — um movimento interno que sabota o seu próprio caminho justamente quando você está prestes a vencer.

Imagine: você começa a ganhar mais.

- Você começa a economizar.
- Você vê possibilidades reais.

E então... algo muda.

- Você compra algo caro que "merece".

- Aumenta o padrão de vida.
- O investimento parece pequeno demais para o que "deveria" ser.
- Você recua. Você para. Você se distrai.

O plano volta a estagnar.

A vida financeira volta ao "normal" — que já era desconfortável.

Esse ciclo não é coincidência.

É sabotar o futuro porque o presente ficou desconfortavelmente diferente.

Por que isso acontece?

Alguns motivos:

1. Identidade antiga vs nova realidade

Você até quer crescer, mas subconscientemente acredita que merecer algo maior quebra quem você é.

Se "eu era simples", "eu venho de onde venho", "meu lugar é esse" — então prosperar vira traição ou deslocamento.

Você se pergunta: "Quem vou ser nessa nova vida?"

Esse vazio entre identidade e desejo gera parada.

2. O medo das consequências invisíveis

Sucesso traz mudanças: responsabilidade, expectativa, visibilidade, talvez julgamento.

E se algo der errado agora?

Sei de estudo que aponta que o medo do que vem depois do sucesso pode ser maior que o próprio medo das falhas.

Portanto: em vez de subir, a autopreservação manda: "fica onde está".

3. A culpa e o "direito ao vitimismo"

Se a vida toda você se identificou com a luta, a escassez, a dificuldade, o sucesso pode parecer reduzir seu valor de vítima.

E inconscientemente, você se segura: "Se eu ficar bem, quem vai me entender?"

Quem vai me admirar?
Quem vai me ajudar?
Então o sucesso parece isolamento.

Como identificar que você está sabotando seu próprio sucesso

Veja se você reconhece algum desses sinais:

- Quando o dinheiro aumenta, você automaticamente encontra uma "desculpa válida" para gastar mais.
- Você vê o sucesso de outro e pensa "não vou ganhar mais que ele" ou "prefiro que ele ganhe".
- Quando está perto de alcançar algo grande, você metamorfoseia o objetivo em desculpa: "Não era pra mim", "bom demais pra durar", "vai dar problema".
- Você evita planejamentos de longo prazo subitamente, dizendo "vamos viver o agora".
- Quando ganha, você sente desconforto, ansiedade ou culpa — em vez de alegria simples.

Se sim , você pode estar no ciclo de sabotar o próprio sucesso.

Como romper esse ciclo e acolher o sucesso com sabedoria

A. Aceite que o sucesso é natural — não extraordinário
Prosperar não precisa ser "grande demais".
Pode ser simples, sustentável.
Reconhecer isso tira a pressão de "ter que ser incrível para merecer".

B. Crie uma ponte entre quem você era e quem pode se tornar
Não abandone sua história.
Leve-a contigo.

Diga para si mesmo: *"Meu passado me fez, mas não me define."*

"Agora posso usar o que aprendi para mais."

Essa transição emocional é crucial.

C. Estabeleça metas de identidade, não só de valor

Não pense só "quero ganhar X reais".

Pense "quero ser alguém que X reais me permitem ser".

Exemplo: "Quero ser o pai presente que o dinheiro vai me permitir", "quero ser o profissional que abandona o comodismo", "quero ser a pessoa que divide com generosidade".

Assim, o sucesso deixa de ser um número e vira propósito.

D. Crie "provas pequenas" de sucesso

Comece com vitórias modestas: investir X reais por mês, guardar uma reserva, aprender algo novo.

Esses "pequenos sucessos" fortalecem sua confiança e reduzem o medo do grande salto.

E. Tenha um sistema de apoio que legitime sua nova realidade

Converse com pessoas que já passaram por isso.

Leia sobre sucesso sustentável.

E cuide da saúde emocional — porque prosperar envolve mente, coração e carteira.

Seu medo do sucesso não vai desaparecer magicamente.

Mas você pode aprender a andar com ele ao lado, sem deixar que ele dirija.

E aqui vai mais uma frase para gravar:

**"Não abandonamos quem somos ao crescer.
Crescemos para nos permitir ser
quem realmente somos."**

O Sucesso como Missão: Transformando Medos em Legado

Você já parou para pensar no seguinte:

"Se eu tivesse sucesso, o que mudaria na minha vida, na minha família, na minha comunidade?"

Se a resposta gerou ansiedade, desconforto ou até silêncio — isso é um sinal claro de que o medo do sucesso ainda está ativo.

Porque o sucesso, muitas vezes, representa mais do que dinheiro; representa missão, impacto, legado.

E quando você entende isso, percebe que o verdadeiro bloqueio não era o dinheiro — era o que seria exigido de você ao alcançá-lo.

Sucesso exige postura — e a postura assusta

Quando você começa a ter sucesso financeiro:

- A responsabilidade aumenta;
- Os olhos se voltam para você;
- As expectativas mudam;
- O padrão que você aceitava já não cabe mais;
- Você passa a liderar, a inspirar — ou a se esconder.

E se você, no íntimo, não se sentir pronto para ser "aquele que inspira", prefere permanecer onde está — mesmo que não esteja bem.

Pesquisas mostram que o medo do sucesso está ligado à ansiedade com as consequências esperadas do sucesso — não com o sucesso em si.

Ou seja: você não teme tanto "ter" — mas "ser diferente", "estar à altura", "sustentar".

E isso paralisa.

O sucesso que gera impacto — e o impacto que gera autoproteção

Imagine que você alcançou liberdade financeira.

Agora, o que você faz com ela?

- Pode investir em causas, ajudar outros, liderar novos

projetos.

- Pode mudar de ambiente, se desenraizar de onde está.
- Pode enfrentar criticas, invejas, cobranças.
- Pode se sentir "culpado" por estar em outro lugar.

Então algumas pessoas decidem: "Melhor não subir demais. Aqui já me conhecem. Aqui me sinto seguro."

E começam a limitar o próprio sucesso — não por incapacidade — mas por medo do que virá depois.

Está escrito em estudos que muitas pessoas evitam crescimento porque temem o isolamento, o julgamento, ou perder alianças antigas.

E isso faz o progresso estacionar.

Do sucesso pessoal à missão coletiva

Mas aqui vai a grande virada:

Sucesso não precisa ser solitário.

Sucesso ganha sentido quando vira ponte — para outros, para valores, para impacto.

Quando você começa a ver o dinheiro e a prosperidade como ferramenta — e não como troféu — algo muda:

- Os medos que você tem deixam de te controlar;
- Você se sente parte de algo maior;
- Você começa a agir com generosidade, visão, legado;
- E o bloqueio se dissolve, porque o "eu" pequeno dá lugar ao "nós".

Este é o momento em que o seu sucesso liberta, e não aprisiona.

Estratégias para transformar medo em missão

1. Redefina sucesso

Pergunte-se: "Qual é o verdadeiro propósito do meu sucesso?"

Escreva: "Meu sucesso serve para ___".

Isso muda o foco de "quanto" para "para quem".

2.Associe o sucesso à contribuição

Reserve parte dos seus ganhos para algo maior: um projeto social, uma causa, uma ajuda concreta.

Quando o dinheiro é usado para servir outros, o ego se acalma e a missão se fortalece.

3.Amplie sua identidade

A velha versão de você dizia: "*Sou simplesmente...*".

Agora diga: "*Sou aquele que ___*".

Exemplo: "*Sou aquele que cria oportunidades*", "*Sou aquele que deixa legado*".

Identidade expandida, sucesso sustentável.

4.Crie redes de apoio visionárias

Cerque-se de pessoas que veem mais longe, que acreditam, que apoiam sem inveja. O sucesso prospera em ambiente que celebra, não que corta.

5.Celebre os pequenos sucessos conscientemente

Não espere o "grande evento".

Cada renda extra gerenciada, cada hábito mudado, cada plano executado — são vitórias.

E essas vitórias criam confiança para lidar com o sucesso maior.

Se hoje você sente inquietação diante da "possível prosperidade", não se culpe. Esse medo está aí porque você está a um passo da sua versão maior.

E dar o salto exige não só coragem — exige visão.

O Preço de Não Crescer: Quando Parar Sai Caro

Você pode achar que estagnar é "seguro".

Que manter o padrão, mesmo abaixo do ideal, é uma forma de evitar risco. Mas veja bem: o risco maior não está no que você poderia ganhar, e sim no que você deixa de conquistar — no que deixa de se tornar.

A conta que ninguém lhe mostra

Quando você não avança, o tempo não pára — ele simplesmente cobra.

- Você que poderia investir mais cedo e compor patrimônio perde o efeito dos juros compostos.
- Você que se limita por medo do sucesso acaba trabalhando por décadas para pagar o básico.
- Você que evita mudanças deixa passar oportunidades que talvez nunca voltem.
- Você que vive confortável no desconforto evita o salto que traria qualidade de vida.

Estudos mostram que o valor acumulado de uma pequena decisão hoje cresce exponencialmente ao longo dos anos — e o custo de não decidir é uma dívida com você mesmo.

Por exemplo, o fenômeno da Efeito Avalanche das boas decisões financeiras é diretamente relacionado com esse avanço.

E o mesmo acontece com a estagnação: é uma bola de neve de perdas invisíveis.

"Eu prefiro não crescer" — a frase que custa caro

Alguns pensamentos que mantêm pessoas presas:

- *"Se eu subir muito, vou estar sozinho."*
- *"Talvez não mereça tudo isso."*
- *"Se eu tiver potência, vão esperar mais de mim — prefiro manter o padrão."*
- *"Crescer agora pode me afastar das minhas raízes."*

Cada um desses pensamentos, se repetido, se traduz em:

- Rendimentos abaixo do seu potencial.
- Gastos que combinam mais com o medo do que com o plano.
- Oportunidades ignoradas ou proteladas.
- Culpa, ansiedade, e um padrão silencioso de sobrevivência em vez de prosperidade.

A psicologia reconhece esse padrão como parte da Jonah Complex — o medo de realizar o próprio potencial.

A estagnação drena mais que a mudança

Compare dois cenários:

- Cenário A: Você tem renda moderada, decide crescer, investir, aprender.
- Cenário B: Você tem renda semelhante, mas decide manter-se "seguro", sem arriscar.

Depois de 10 ou 15 anos, a diferença entre os dois não será "um pouco". Será substancial. Em patrimônio, opções de vida, saúde, tempo, liberdade.

É como caminhar numa paisagem que muda: quem avança vê novos horizontes. Quem permanece, vê o sol se pôr no mesmo lugar — todos os dias.

E se o "não crescer" vira legado?

Você não vive só para você.

Você influencia quem vem depois.

Quando você limita-se — mesmo sem perceber — transmite:

- *"É melhor esperar do que tentar."*
- *"Crescer pode dar problema."*
- *"A gente fica com o que tem."*
- *"Riqueza não é pra gente como nós."*

E isso molda crianças, sobrinhos, famílias inteiras.

O medo do sucesso se estende por gerações — como uma herança que ninguém escolheu.

Como calcular o custo invisível e decidir agir

- 1.Olhe para seus objetivos de 10-15 anos.
- 2.Pergunte-se: se eu mantiver meu padrão, onde estarei?|
- 3.Quantifique: "Se eu tivesse investido X reais/mês em vez de gastar com Y, onde estaria hoje?"
- 4.Some o custo emocional: paz, tempo com família, saúde, influência.
- 5.Decida: "Vou mudar algo a partir de hoje."

A matemática do crescimento é real — e o valor que você deixa de ganhar por medo é uma dívida consigo mesmo.

O medo de crescer não lhe protege da vida.

Ele lhe mantém preso à possibilidade de vida que você sonhou. Mas agora você pode decidir:

"Prefiro o risco de tentar do que o peso de nunca saber."

Virar o Jogo: Aceitar o Sucesso e Construir com Propósito

Você já caminhou por todas essas páginas, reconhecendo o que te trava, o que te segura, o que te impede de crescer.

Agora, é hora de dar o passo final desta etapa: aceitar que o sucesso financeiro não é só possível — é desejável.

Não para ostentar, mas para viver com liberdade.

Não para competir, mas para servir.

Não para ter, mas para poder fazer.

Quando o sucesso deixa de ser ameaça e vira alavanca

Imagine este cenário:

- Você tem rendimento melhor.
- Sua reserva cresce.
- Seu padrão de vida se eleva — de forma planejada.
- Você ainda dorme tranquilo.
- Você ainda mantém seus valores.
- Você ainda é você — só com mais possibilidades.

Esse não é o "sucesso distante". Essa é a realidade de quem decide não se sabotar mais.

E quem decide levar o próprio crescimento a sério — com humildade, mas com firmeza — acaba descobrindo que prosperar também significa livrar-se de pesos antigos.

O plano de virada: 5 passos práticos

1.Defina "sucesso para mim"

Escreva o que prosperidade significa para você — e não para o outro. Pode ser: *"Ter tempo com meus filhos"*, *"Criar uma empresa que ajuda"*, *"Poder parar de trabalhar quando quiser"*.

2.Crie "pontos-marco" de sucesso sustentável

- Meta 1 (curto prazo): Guardar X reais por mês.
- Meta 2 (médio prazo): Investir Y reais ao ano.
- Meta 3 (longo prazo): Ter liberdade de escolher Z.

Cada conquista reforça a identidade de quem constrói.

3.Celebre, sem compromisso com o ostento

Faça uma festa simples, um almoço em família, um agradecimento. Não precisa publicar.

Precisa sentir.

Precisa marcar.

4.Compartilhe seu sucesso

Conte para quem importa.

Ajude quem pode e deixe espaço para quem vai ajudar você. Generosidade legitima sucesso — e reduz o medo.

5.Revisite esta jornada todo ano

- *O que mudou em mim?*
- *O que pensei que seria difícil e aconteceu?*
- *Qual crença que me limitava e abandonei?*
- *Qual é o próximo desafio que me assusta — mas vou abraçar?*

O sucesso não é ponto final.

É processo.

É construção.

E cada passo reforça que você merece crescer — e pode crescer com leveza.

"Prosperar não é orgulho — é justiça consigo mesmo."

"Quem teme o sucesso está ainda preso à escassez."

"Seu dinheiro não é troféu — é ponte para a versão maior de você."

"Crescer com valores não é deslealdade à origem — é gratidão com o destino."

Sei que percorremos juntos um caminho profundo.

Reconhecemos bloqueios.

Vimos como eles se escondem no nosso pensamento, no nosso histórico, nos nossos medos.

E agora: você está pronto para virar o jogo.

Não mais aquele que observa a vida passar.

Mas aquele que escolhe, decide, age — e cresce.

Cresce com integridade.

Cresce com leveza.

Cresce para viver de forma mais ampla — para você e para quem você ama.

Prepare-se.

Porque o próximo capítulo vai nos levar a um território ainda mais elevado:

Quando o sucesso não bastar mais — qual liberdade financeira realmente importa?

CAPÍTULO 24

O verdadeiro significado da liberdade financeira

Desde cedo ouvimos frases como "quem guarda tem" ou "o dinheiro tem que trabalhar para você". Mas muita gente ignora o que realmente queremos dizer com isso: ter liberdade. Não só ter riqueza.

Porque riqueza pode se tornar prisão — exige manutenção, gera ansiedade, cria obrigações.

Já a liberdade... essa dá asas.

Imagine: ter dinheiro suficiente para pagar suas contas, cuidar de quem ama, viver com dignidade — e ainda escolher o que fazer com seu tempo, sem depender da rotina, sem viver por obrigação.

Isso não é luxo. É possibilidade. É liberdade.

Pesquisas apontam que a "well being financeiro" (bem estar financeiro) — mais do que o montante — envolve capacidade de escolha, redução de estresse com dinheiro, e autonomia para decidir por si mesmo.

Ou seja: não se trata de "ser rico", mas de "ser livre".

A diferença entre rico e livre

Ser rico costuma significar:

- Muitos bens;
- Alto padrão de vida;
- Visibilidade;

- Manutenção de estilo.

Ser livre significa:

- Escolher seu caminho;
- Ter tempo;
- Viver com menos pressão;
- Gozar do que tem sem ter que provar;
- Ser dono dos seus passos.

E aqui vai algo que costumo dizer:

"Você não precisa acumular para ser livre; precisa organizar para poder escolher."

Porque se o dinheiro está dominando você — seja por contas, dívidas ou ansiedade — você não é livre, mesmo que tenha cifra.

E se você ainda não acumulou muito, mas já controla bem o que tem, já está mais livre do que pensa.

Liberdade na prática: o que ela oferece

Quando você alcança liberdade financeira, você ganha:

- Tempo para estar com a família ou para pensar;
- Menos estresse no dia a dia;
- Capacidade de dizer "não" a emprego, gasto ou relacionamento que não agrega;
- Possibilidade de investir seu recurso em algo que importa;
- Um legado de exemplo, não só de bens.

E isso vale para quem ganha muito e para quem ganha pouco. Porque liberdade não é um número, é uma condição.

Hoje, quero que você carregue esta imagem:

Um homem ou mulher que abre a janela de manhã, respira fundo e pensa —"*Hoje, eu escolho. Hoje, o dinheiro serve para mim —* não eu para ele." E se você sentir um frio na barriga ao imaginar isso, tudo bem. Significa que você está diante de algo grande. Algo que ainda não vivia de verdade.

Mas que pode viver.

Os Pilares da Liberdade Financeira: Fundamentos para Viver em Escolha

Quando falamos de liberdade financeira, não basta desejar.

Não basta querer "ter dinheiro suficiente".

É preciso construir, é preciso estruturar, é preciso estabelecer bases que sustentem essa liberdade — mesmo em dias difíceis.

E essas bases, ou "pilares", são menos glamourosas do que parecem, mas são mais poderosas do que a maioria imagina.

Segundo estudos sobre bem-estar financeiro, liberdade não é uma cifra, mas é uma condição: capacidade de escolha, redução de estresse com finanças, e autonomia para agir de acordo com seus valores.

Então, vamos ver quais são esses pilares.

Pilar 1: Controle do hoje para garantir o amanhã

Liberdade começa com domínio sobre o presente.

- Saber exatamente de onde vem seu dinheiro e para onde vai.
- Ter orçamento, monitoramento, clareza.
- Evitar o caos das "contas que somem", do "não lembro quanto gastei", do "vou ver no mês que vem".

Pesquisas indicam que um dos primeiros passos para qualquer saúde financeira é "gastar menos do que se ganha" e ter um plano de base. Sem esse controle, você está sempre reagindo — e reação raramente produz liberdade.

Pilar 2: Reserva e preparo para os imprevistos

Nada abala mais a liberdade do que viver refém de surpresas financeiras.

- Reserva de emergência: 3-6 meses de despesas essenciais.
- Seguro ou proteção quando aplicável.
- Planos de contingência: "E se perder meu emprego?", "E se

surgir despesa X?", "E se a economia mudar?"

Essa base te permite enfrentar as tempestades — e quem tem guarda não teme a chuva tanto quanto quem está exposto.

Pilar 3: Crescimento e uso inteligente dos recursos

Liberdade não é só sobreviver — é crescer de forma alinhada.

- Investir para que o dinheiro trabalhe para você.
- Aproveitar os juros compostos, o efeito acumulado do tempo.
- Validar que o consumo está alinhado aos valores, não impresso pela comparação.

É aqui que a liberdade se transforma em oportunidade — e a oportunidade vira poder de escolha.

Pilar 4: Mentalidade, valores e identidade financeira

Sem esse pilar, os outros se desfazem como castelo de areia.

- Sua relação com o dinheiro — o que ele significa para você? Liberdade? Segurança? Poder? Medo?
- Suas crenças sobre merecimento, origem, sucesso.
- Sua identidade: "Quem sou eu na prosperidade?"

Pesquisas mostram que crenças e mentalidade financeira são fundamentais para alcançar e manter a liberdade.

Se você não aceita a liberdade como parte da sua vida — mesmo com dinheiro — ela se esvai.

Pilar 5: Propósito e escolha consciente

Este é o pilar que torna a liberdade viva — e não só técnica.

- Liberdade com propósito: o dinheiro serve ao que importa — tempo, família, contribuição.
- Liberdade para escolher quem você quer ser, não só o que pode comprar.
- Liberdade para dizer não — a emprego, a estilo de vida, a expectativa de outros.

Quando a liberdade se alinha ao significado, ela se torna inabalável. Você está construindo mais do que riqueza.

Está construindo uma vida que você pode escolher, não que está preso.

Esses pilares são seu mapa — não apenas para "chegar lá", mas para ficar lá em paz.

Evidências e Prática: O Que a Ciência Mostra Sobre Liberdade Financeira

Quando falamos de liberdade financeira, queremos mais do que cifras ou saldos positivos. Queremos uma vida com autonomia, escolhas claras e menos ansiedade com dinheiro. E aqui está a boa notícia: a pesquisa confirma que isso é possível — e que há caminhos concretos para chegar lá.

O que entendem os estudos sobre bem-estar financeiro

Pesquisas sérias sobre finanças pessoais e liberdade mostram que bem-estar não depende apenas de "ganhar mais", mas de controlar, decidir, antecipar e se sentir seguro com o futuro. Por exemplo:

- Um relatório da Consumer Financial Protection Bureau (CFPB) define "financial well-being" (bem-estar financeiro) como a combinação de três elementos: (1) controle sobre o dia-a-dia, (2) capacidade de absorver choques financeiros, e (3) liberdade de escolha para aproveitar a vida — presente e futuro.
- Outro estudo mostra que autonomia financeira (a sensação de "eu posso decidir o que faço com meu dinheiro") está fortemente ligada à satisfação com a vida, mais até do que renda absoluta.
- Pesquisadores identificaram que traços como autocontrole

financeiro e autoeficácia (a crença de que "eu posso controlar minhas finanças") têm impacto direto no bem-estar financeiro — e quando ausentes, aumentam as chances de dificuldades.

Em resumo: liberdade financeira = mais autonomia + mais segurança + mais alinhamento com quem você é.

Três achados que você pode usar hoje

1. Autonomia importa mais que renda alta

Mesmo pessoas com renda mediana relatam alto bem-estar financeiro se sentem que têm escolha e controle.

Então, você não precisa esperar "ganhar muito" para viver com mais liberdade — comece pelo que você já pode controlar.

2. Segurança financeira reduz ansiedade

Ter uma reserva, um plano, previsibilidade — isso gera tranquilidade. Estudos mostram que pessoas com alta sensação de bem-estar financeiro ficam menos estressadas por dinheiro.

Ou seja: liberdade não é só "fazer o que quero", mas "não estar refém do imprevisto".

3. Mentalidade + ação = resultado duradouro

Traços como autocontrole e autoeficácia são preditores de sucesso financeiro. Um estudo de 2025 identificou que a falta desses traços está fortemente ligada a menor bem-estar.

Isso confirma que a mudança interna é tão importante quanto a mudança externa.

Como transformar esses achados em sua vida

A. Medição consciente

Use um questionário ou simplesmente pergunte a si mesmo:

- Eu me sinto no controle financeiro hoje?
- Eu conseguiria encarar um imprevisto financeiro?
- Eu sinto que meu dinheiro me permite fazer escolhas que importam?

Quanto mais respostas "não", mais claro será onde agir.

B. Priorize o controle hoje

Mesmo que a renda seja limitada, invista em clareza: planilha, orçamento, gastos revisados.

Porque como os estudos mostram, o primeiro pilar da liberdade está no controle do dia-a-dia.

C. Cultive a crença de que você pode

Repita: "Eu posso decidir meu dinheiro."

Simule decisões: "Se eu tivesse X reais, faria Y."

Essa mentalidade cria alicerce para o pilar da autoeficácia.

D. Use a segurança como alavanca

Construa uma reserva ou plano de contingência. Quanto maior a sensação de que você está protegido, mais liberdade você sente.

Segundo a pesquisa, essa sensação de "agora posso porque tenho base", aumenta a liberdade vivida.

E. Alinhe o sucesso ao valor — não à ostentação

Quando seu dinheiro e suas finanças refletem quem você é — e não o que os outros querem que você seja — a liberdade se torna real. A ciência mostra: o bem-estar financeiro não é função direta da riqueza, é função do uso da riqueza.

Você está mais perto da liberdade do que imagina.

Não por conta de sorte, herança ou jackpot — mas por conta de decisões consistentes, autoconhecimento e ação inteligente.

Guarde isto:

"Liberdade financeira não é ausência de obrigações. É presença de escolhas"

E agora, com este entendimento, você está pronto para seguir adiante — para aplicar, adaptar, viver.

Aplicando os Pilares da Liberdade: Estratégias para Todos os Perfis

Já vimos os pilares da liberdade financeira: controle do presente, reserva para imprevistos, crescimento inteligente, mentalidade alinhada e propósito consciente. Agora, a pergunta prática: "Como aplico isso no meu contexto — seja qual for a minha renda, fase de vida ou realidade?"

Este é o momento onde a teoria encontra o chão. Onde o ideal deixa de ser distante e passa a ser o próximo passo. Vamos juntos.

Jovens profissionais ou quem está no início da carreira

Se você está nos primeiros anos de mercado, renda moderada, poucas responsabilidades ou talvez algumas dívidas iniciais, sua liberdade ainda pode parecer um sonho distante. Mas ela começa hoje, no que você faz agora.

Estratégia prática:

- Controle do presente: registre cada salário, cada gasto fixo, cada "pequeno luxo". Tenha consciência.
- Reserva para imprevistos: mesmo que pequena, destine algum recurso para um "cofrinho de emergência". Pesquisa da Vanguard mostra que ter pelo menos $ 2 000 reserva aumentou o bem-estar financeiro dos participantes em 21%.

- Crescimento inteligente: mesmo com pouco, invista. Comece com automatização — uma quantia fixa por mês.
- Mentalidade: pergunte-se "Quem quero ser aos 30 anos?" e ajuste seus gastos de hoje para essa pessoa.
- Propósito: evite o consumo por status. Use o que ganha para desenvolver competência, projetar liberdade, não para competir.

"Liberdade financeira não é esperar ter metade do que queremos: é decidir fazer bem com o que temos."

Família em formação ou renda intermediária

Para quem está na fase de casa própria, filhos, crescimento profissional — a liberdade parece mais palpável, mas também mais complexa. Na rotina aparecem dívidas, manutenção, escolhas maiores.

Estratégia prática:

- Controle do presente: revise o orçamento familiar a cada 3 meses. Inclua gastos ocultos (festas, presentes, manutenção).
- Reserva para imprevistos: o ideal são de 3 a 6 meses de despesas essenciais. A pesquisa indica que quanto mais a pessoa está preparada para "choque financeiro", maior o seu bem-estar.
- Crescimento inteligente: diversifique.
- Emprego + investimento + planejamento tributário. Estude.
- Mentalidade: redefina o "status" dentro da família. O que significa ter sucesso para você, para vocês?
- Propósito: invista em memórias e em valores — mais do que em posses. A liberdade também se mede em tempo com filhos, projetos juntos, sorrisos.

Fase madura ou quem busca estabilidade e legado

Se você já tem certa estabilidade, preocupa-se com patrimônio, talvez aposentadoria ou legado para filhos — a liberdade assume outro formato: não mais a conquista, mas a sustentação de uma vida com escolhas.

Estratégia prática:

- Controle do presente: mantenha revisão anual das finanças, acrescente planejamento sucessório, seguros patrimoniais.
- Reserva para imprevistos: aqui você já deve ter algo maior. Use aquilo para cuidar de imprevistos maiores (saúde, mercado, mudanças).
- Crescimento inteligente: agora não é só crescer — é conservar, multiplicar com segurança inteligente.
- Mentalidade: lidar com o "bem que incomoda". O sucesso vira reflexo, comparação, expectativas. Redefina: liberdade agora é escolher parar se quiser.
- Propósito: enviar legado não só de bens, mas de valores, do exemplo. A liberdade também é: permitir-se dizer "cheguei", "agora escolho outra coisa".

Embasamento que sustenta

- A Consumer Financial Protection Bureau (CFPB) define que o bem-estar financeiro envolve "controle sobre o dia a dia", "capacidade de absorver choque", "liberdade para escolhas presentes e futuras".
- O relatório do Federal Reserve indica que em 2023, apenas 72% dos adultos "estavam pelo menos indo bem" financeiramente — destacando que liberdade não é condição automática de renda, mas de estrutura.
- Outro estudo mostra que finanças mal cuidadas afetam não só o saldo, mas a saúde mental e física.

Esses estudos reforçam: a liberdade financeira está ao alcance

— mas via estratégia, não sorte.

Querido leitor, a liberdade financeira não é privilégio reservado a poucos.

Ela é obra de escolhas, hábitos, clareza e persistência.

Quer seja jovem, esteja construindo ou esteja consolidando — hoje você pode dar o passo que mudará a narrativa da sua vida e das pessoas que virão depois.

Sinais de Liberdade: Você Está no Caminho ou Ainda Está Preso?

Se você está construindo sua trajetória financeira, é importante saber distinguir quando realmente está se aproximando da liberdade, e quando simplesmente está apreendendo mais um padrão de sobrevivência financeira. Esta página ajuda você a identificar ambos os lados — o caminho que avança e os "alertas silenciosos" que avisam que ainda há correntes invisíveis.

Sinais de que você está caminhando em direção à liberdade

Estes marcos são indicativos de que seus hábitos, mentalidade e estrutura financeira estão se alinhando com o que chamamos de liberdade — não apenas riqueza. Você poderá reconhecer em si mesmo vários desses sinais:

- Você dorme tranquilo ao olhar seu extrato, pois está consciente de sua situação, e não em negação.
- Já sente que o dinheiro serve aos seus valores, não que você serve ao dinheiro.
- Você se permite dizer "não" — para um emprego, um gasto, uma obrigação — porque está mais preocupado em viver do que em impressionar.

- Possui uma reserva ou plano de contingência que o faz pensar "mesmo que algo dê errado, estarei mais bem preparado".
- As decisões de gasto/investimento não são movidas por impulso ou comparação, mas por reflexão — "isso me leva para onde quero".
- Você começa a se ver menos como trabalhador da vida, mais como participante dela — pensando no legado, no que vai além de você.
- Você percebe que o dinheiro abre oportunidades — não responsabilidades extra — e esse "menos pressão" é um dos maiores ganhos.

Um estudo qualitativo descobriu que, para jovens, "bem-estar financeiro" significa não apenas "ganhar mais", mas "ter liberdade de escolha" e "cobrir as despesas" — e para pessoas de meia-idade, inclui "liberdade de escolha" e "segurança".

Ou seja: liberdade financeira já não é apenas "ter muito", mas "ter bem" e "ter paz".

Alertas de que você ainda está preso — e precisa agir

Mesmo pessoas com bons rendimentos podem estar presas — porque liberdade não depende só de valor, depende de estrutura. Fique atento a estes sinais de que ainda há correntes:

- Quando o dinheiro aumenta, você automaticamente sente "obrigações maiores" — um carro novo, uma casa maior, uma festa maior — e acaba mais estressado.
- Você diz: "Quando tiver X reais, aí sim vou me sentir seguro/ livre" — o que significa que a liberdade está sempre no futuro, e não no presente.
- As suas escolhas financeiras são muitas vezes influenciadas

por "o que vão pensar" ou "o que os outros têm".
- Você não revisa ou simplifica seu padrão de vida: tudo tende a subir, mas sua paz não.
- Você vive na ansiedade de "manter" em vez de "escolher" — trabalhar para pagar, não para viver.
- Falta de foco claro em "para que" você está buscando mais — e é o "para que" que define a liberdade, não apenas o "quanto".

Pesquisas confirmam que finanças mal geridas ou sem preparo afetam não só a carteira, mas a saúde e o bem-estar pessoal.

Se o dinheiro te dá mais desgaste que alívio, pode significar que você ainda está preso — no papel de "ter" e não de "ser".

Estratégias para deslocar de "preso" para "livre"

A. Reavalie seu "porquê"

Pergunte-se: "Para que eu quero mais liberdade financeira?"

Liste 3 motivos que importam — família, saúde, impacto — e use isso como bússola para todas as decisões.

B. Faça um check-list bianual

- Meu padrão de vida subiu mais que minhas escolhas?
- Eu tenho reserva de emergência?
- Eu ainda sinto ansiedade financeira significativa?
- Eu sinto que gasto por impulso ou por valor?
- Eu consigo dizer "não" sem culpa?

Se alguma resposta for "não", você tem ação pela frente.

C. Simplifique para ampliar

Menos é mais. Reduza o que prende: dívidas, parcelas longas, bens que exigem manutenção excessiva, contratos automáticos "que não uso mas pago". Isso libera energia — e a liberdade aparece no espaço que sobra.

D. Invista em tempo-livre, não apenas dinheiro-gasto

Liberdade financeira não se mede só em cifras, mas em escolhas de tempo.

Reserve 10 % do que "ganhou em liberdade" para algo que você ama — um hobby, uma viagem simples, tempo com quem importa. Isso cria padrões de liberdade real.

E. Compartilhe a jornada

Converse com alguém que também busca liberdade. Troque ideias. Divida a vitória e o erro. A liberdade vive melhor quando não é solitária.

Se você quiser, pode esperar "quando tiver mais".

Ou pode começar hoje, com o que tem, no que pode.

Porque liberdade não é esperar ser "rico suficiente".

É usar o que você já tem para viver melhor — e permitir que venha mais depois.

Lembre-se:

> **"Quem vive pela aparência acumula obrigação.**
> **Quem vive pela essência acumula liberdade."**

Olhando para 10, 20 anos: Construindo Liberdade para o Amanhã

Você já percorreu comigo o caminho:

desde a definição do que é liberdade financeira até os pilares, até os sinais de que você está avançando — ou ainda preso.

Agora, convidamos você a olhar para frente, para 10 ou 20 anos, e a desenhar o tipo de vida que liberdade abre — não apenas o presente, mas o legado.

Tempo, escolha e poder de decidir

A liberdade verdadeira não se mede só pela conta bancária — se mede pela capacidade de escolha ao longo do tempo.

Pesquisas mostram que autonomia financeira está fortemente ligada à sensação de bem-estar mais do que a renda absoluta.

Isso significa que, aos 40, 50 ou 60 anos, você não quer estar apenas com "mais dinheiro"; quer estar com mais opções.

Imagine-se em 10 anos.

Você trabalhando porque quer, não porque precisa.

Você pagando contas de cabeça erguida, ajudando a quem importa, desfrutando do tempo com quem ama.

Você dizendo "sim" às oportunidades — e "não" às obrigações que se tornaram prisões.

Se hoje você escolhe controle e clareza, amanhã você colherá liberdade e tranquilidade.

Evidência que fortalece sua jornada

- Uma investigação longitudinal apontou que jovens que relataram maior autonomia financeira (capacidade de decidir) manifestaram níveis mais elevados de bem-estar aos 30 anos.
- Outro estudo mostrou que ter uma boa reserva — ou seja, estar preparado para choques financeiros — reduz significativamente a ansiedade e aumenta a sensação de liberdade.
- Também, a "capability approach" de Amartya Sen ("aproximar-se de quem queremos ser") correlaciona

fortemente com liberdade financeira real — não apenas "ter", mas "poder".

Esses dados reforçam: Você está construindo algo que vale para toda vida — não apenas para o mês que vem.

Plano de 3 etapas para os próximos 10-20 anos

1.Projete sua liberdade desejada

Onde você quer estar em 10 anos? 20 anos?

Como seria sua vida diária? Quem estaria com você? Que escolhas faria?

Escreva isso como se já fosse real.

2.Determine os marcos no meio do caminho

Por exemplo:

- Em 3 anos: ter 6 meses de despesas em reserva.
- Em 7 anos: pagar o imóvel ou reduzir ao mínimo.
- Em 15 anos: poder trabalhar meio período ou em algo que ama.

Esses marcos ajudam a tornar o futuro acionável hoje.

3.**Acompanhe, revise, ajuste**

Uma vez por ano, reveja: "Estou indo na direção que imaginei?"

Ajuste: renda, gastos, investimentos, prioridades.

E lembre-se: liberdade não é linha reta. Há curvas. Há desafios. A vantagem é quem se prepara.

Como a liberdade se torna legado

Não é só sobre você.

É sobre quem vem depois.

Quando você vive com liberdade, você transmite:

- "Vale investir no longo prazo."

- "Vale cuidar das finanças com carinho."
- "Valem escolhas conscientes."
- "Valem valores, não apenas posses."

Esse legado de liberdade passa para seus filhos, para seus parceiros, para sua comunidade.

E a pesquisa mostra que ambientes onde se discute autonomia financeira desde cedo geram adultos mais seguros e livres.

Se hoje você decidir que a liberdade será mais do que sonho, mais do que objetivo — será estilo de vida — então comece a viver como se você já estivesse no ponto de escolha.

Use o dinheiro para o que importa.

Use o tempo para quem importa.

Use suas decisões para quem você quer se tornar.

Como disse antes:

"Liberdade financeira não é ausência de obrigações.

É presença de escolhas."

E agora, com base no que você aprendeu, está pronto para transformá-las em realidade.

CAPÍTULO 25

A riqueza que o dinheiro não compra.

O Patrimônio Invisível: Muito Além do Saldo Bancário

Quando falamos sobre finanças, fácil cairmos no óbvio: "quanto eu tenho", "quanto eu ganho", "quanto consegui poupar".

Esses números são importantes — sem dúvida. Mas é vital reconhecermos que o valor mais profundo não se mede por cifras, e sim por o que o dinheiro permite ser, sentir e dar. Pois a verdadeira riqueza muitas vezes é invisível aos olhos, e, ironicamente, mais cara de conquistar do que qualquer patrimônio material.

O que "riqueza invisível" representa?

Permita-se imaginar:

- A paz de dormir sem preocupação financeira, mesmo que seu extrato não seja milionário.
- A vida com escolhas, tempo para quem ama, projetos que importam — sem ter que provar nada a ninguém.
- A serenidade de dizer não quando quiser, e sim quando faz sentido — não movido por pressão social.
- A capacidade de ajudar outros, não por obrigação, mas por generosidade genuína.
- A autoestima de se saber merecedor, mesmo que esteja construindo — não apenas sobrevivendo.

Esses estados não aparecem numa planilha. Mas moldam vidas. E são eles que definem, no longo prazo, quem está livre de verdade.

O respaldo dos especialistas

Especialistas em educação financeira e bem-estar financeiro vêm há anos alertando: não basta saber "como" poupar ou investir — é preciso saber "por que" e "para quê".

Por exemplo:

- Marguerita M. Cheng argumenta que "A educação financeira não é suficiente — você também precisa de capacidade financeira, bem-estar financeiro e resiliência financeira.".
- Estudos recentes demonstram que a educação financeira melhora indicadores de saúde financeira — "financial health" — ou seja: menos dívidas, mais confiança para lidar com dinheiro.
- E pesquisas sobre bem-estar financeiro confirmam que a autonomia e segurança financeira têm impacto maior na satisfação de vida do que apenas altos rendimentos.

Isso quer dizer que você já está muito à frente — simplesmente buscando este tipo de entendimento.

Porque reconhecer o valor invisível do dinheiro é o primeiro passo para usá-lo como instrumento, não como fim.

Mas agora o convite é: traduzir essa excelência técnica em significado humano.

Transformar o que você sabe em legado: para você, para sua família, para sua comunidade.

E é exatamente nessa ponte que a "riqueza que o dinheiro não compra" se torna possível.

Por exemplo:

- Você ensina adolescentes e jovens que "o cartão de débito"

não é só ferramenta, mas símbolo de autonomia financeira — de pagar com o que se tem, de não entrar em dívida.
- Você mostra que "ter casa própria" vai além de imóvel — é segurança, patrimônio, trampolim para metas maiores.
- Você põe em prática que "dinheiro trabalha para você" não é jargão, é construção de liberdade.

Um exercício de valor imediato

Hoje, reserve 20 minutos e responda com sinceridade:
- 1.Se eu tivesse amanhã $ 1.000 a mais por mês, o que eu faria com esse dinheiro — e por quê?
- 2.Qual valor invisível ele apoiaria? Tempo com família? Doação? Educação?
- 3.O que me impede de viver esse valor já com os recursos que tenho?
- 4.Qual pequeno passo posso dar ainda esta semana para materializar esse valor?

Guarde suas respostas. Elas serão o alicerce para as páginas seguintes deste capítulo — onde vamos aprofundar como construir e sustentar essa riqueza invisível.

Começamos este capítulo com uma convicção: dinheiro deve servir à vida, não a ela servir.

E a melhor parte: você não precisa esperar "ter muito" para viver isso.

Pode e deve começar onde está, com o que tem, com quem é.

Porque a riqueza que importa já se mede pelas decisões que você faz hoje.

Os Cinco Tipos de Riqueza que Transformam sua Vida

Quando falamos de riqueza, muitos ainda pensam apenas em saldo bancário, imóveis ou investimentos. Mas os maiores especialistas em educação financeira sabem que o "capital real" é mais amplo — e contém cinco dimensões que, juntas, moldam uma vida plena. Um dos nomes centrais nesse debate é Sahil Bloom, que em sua obra The 5 Types of Wealth identifica claramente essas cinco categorias: Tempo (time wealth), Social, Mental, Física e Financeira.

Vou desdobrar cada uma delas, mostrar por que importam — e, mais importante, como você pode cultivá-las no dia a dia.

1. Riqueza de Tempo

Tempo é o recurso mais irreversível que existe — você nunca o recupera. Bloom afirma que tempo é "o ativo mais precioso" e que a riqueza real começa quando você **recupera o controle sobre como e com quem você gasta seu tempo".

Por que importa:

- Mesmo com alto rendimento, se você não tiver controle sobre suas horas, não terá liberdade real.
- Um estudo citado no livro mostra que pessoas ricas em tempo relatam níveis de bem-estar mais elevados do que pessoas que apenas ganham muito.

Como cultivar:

- Liste suas atividades nas últimas 24h e marque o que você gostou de fazer.
- Identifique ao menos uma tarefa que você teria preferido passar a outra pessoa ou eliminar.
- Defina: "Esta semana, vou dedicar X horas para algo que importa (família, hobby, descanso) e não preciso justificar isso a ninguém."
- Revise mensalmente: Se estivesse recebendo o dobro de salário, ainda faria mais disso ou menos disso?

2. Riqueza Social

As relações são capital. E pesquisas comprovam: bom relacionamento = vida mais longa, saúde melhor, mais felicidade.

Por que importa:

- Seu patrimônio financeiro pode derreter — mas o patrimônio relacional permanece.
- Os mais bem-ajustados financeiramente também são os que cuidam bem das amizades, família, comunidade.

Como cultivar:

- Escolha uma pessoa na sua vida que você não vê há algum tempo e agende um café, caminhada ou chamada.
- Pergunte-se: "Que tipo de amigo, parceiro, familiar quero ser daqui a 5 anos?"
- Invista tempo em "dar" — mentoria, ajuda, presença — e perceba que, quando você contribui, sua riqueza social cresce, e isso reverte no seu bem-estar financeiro e emocional.

3. Riqueza Mental/*Purposual*

Ter dinheiro ajuda, mas se sua mente não estiver "***comcharge***", o dinheiro vira estresse. Bloom chama essa dimensão de "ter clareza, propósito e liberdade de pensar".

Por que importa:

- Sem crescimento mental e psicológico, qualquer valor financeiro será consumido por ansiedade ou vazio.
- A ciência mostra que pessoas com alta "autoeficácia" e "controle percebido" conseguem melhores resultados financeiros.

Como cultivar:

Reserve 15 minutos diários para reflexão: "Que aprendizado quero buscar esta semana?"

Mantenha um caderno de ideias ou insights — para que o acúmulo de conhecimento não seja só mais um "acho que sim", mas uma transformação real.

Pergunte: "Qual pensamento limitante sobre dinheiro eu ainda carrego?" e ressignifique-o — escreva: "Eu mereço prosperar, porque contribuo e aprendo".

4. Riqueza Física

Saúde, energia, corpo que funciona — sem isso, todas as outras riquezas ficam fragilizadas. Bloom coloca essa riqueza como a base do que importa.

Por que importa:

- Se você precisa trabalhar porque não pode descansar, o "ganhar" vira prisão.
- Investimentos em saúde têm retorno: menos gastos médicos, mais energia, mais tempo para aproveitar.

Como cultivar:

- Selecione um hábito físico que queira aumentar (por exemplo: caminhar 30 minutos por dia).
- Combine com outro pilar: caminhe com alguém da vida social (riqueza social).
- Monitore mensalmente: "Minha energia aumentou? Meu foco melhorou?"
- Lembre-se: pequenas ações hoje se acumulam em anos de qualidade de vida.

5. Riqueza Financeira

Claro, ela está aqui. Mas , como as pesquisas destacam, ela não é o fim, é meio. Bloom afirma que dinheiro é "habilidade para criar opções".

Por que importa:

- Sem controle financeiro, os outros capitais ficam em risco.

- Mas ter muitos bens e pouco critério ou propósito gera mais estresse do que bem-estar.

Como cultivar:

- Estabeleça sua "vida-suficiente" — "enough life" — quantos recursos você precisa para viver com liberdade, antes de acumular mais por acumular.
- Automatize: reserve uma parte da renda para investir ou poupar antes de gastar.
- Evite "comprar status" como forma de validação (como evidenciado por pesquisas sobre consumismo e riqueza real) .

Então vamos a integração entre os cinco

A força deste modelo está em não olhar cada riqueza isoladamente, mas em como você as equilibra e recompõe ao longo da vida. Bloom ressalta que "as pessoas de alta performance não desligam áreas da vida, elas as colocam em nível baixo, mas não as abandonam".

Por exemplo: se você está focando em construir patrimônio financeiro, não significa fechar a saúde ou as relações por anos. Apenas reduza o "dimmer". Porque: ***"O que é acima de zero, compõe."***

Isso significa que manter boas relações, cuidar da saúde, aprender algo novo — mesmo que pouco — gera retorno cumulativo, assim como 1 % ao mês conta.

Agora que você sabe, que a riqueza que realmente transforma não se limita ao que você vai deixar ou ao que você vai acumular.

Ela se mede pelas vidas que você toca, pelas horas livres que você ganha, pela paz que tem ao olhar para trás e para frente — e pelas escolhas que faz no presente

Evolução das Riquezas ao Longo da Vida: Como Priorizar e Equilibrar em Cada Estágio

Quando penso no curso da vida — dos primeiros empregos à aposentadoria — vejo que a riqueza verdadeira não surge de uma única corrida, mas de várias etapas. E em cada etapa, as prioridades mudam: o que mais importa hoje talvez não seja o que mais importará amanhã. Aproveitando os cinco tipos de riqueza que o especialista Sahil Bloom define — Tempo, Social, Mental, Física e Financeira — vamos ver como aplicar e equilibrar essas riquezas em três fases principais: início de carreira, fase de construção/intermediária e maturidade/legado.

- **Fase 1 – Início de carreira (20-35 anos): Fundamentar, ganhar ritmo e moldar identidade**

Nesta fase, você está construindo: salário, reputação, hábitos, mentalidade. O foco primário frequentemente recai na riqueza financeira — porque fazer o básico dar certo já é grande avanço — mas os outros pilares não podem ser negligenciados.

- Financeira: Pagar dívidas, aprender orçamento, começar a poupar automaticamente. Bloom chama atenção: definir "enough life" — quanto é suficiente para você — é chave, mesmo no início.
- Tempo: Mesmo no início, atenção ao tempo livre. Não adianta "ganhar" agora e trocar a vida por horas perdidas.
- Física: Construir saúde e energia. Se nos 20/30 os cuidados não começam, emergências de 40/50 aparecem com mais força.
- Social/Mental: Cultivar relacionamentos verdadeiros e aprender continuamente — pesquisa mostra que mental e social são tão importantes quanto renda.

Como aplicar:

- Automatize 10 % da sua renda para investir ou poupar.
- Reserve 1 hora semanal para aprender algo além do trabalho (mental).
- Marque um café ou encontro com alguém da vida social todo mês.
- Estabeleça que, mesmo com menos recursos, você ainda terá "tempo para si".

Se você iniciar com equilíbrio agora, estará construindo não só patrimônio — estará criando uma vida que vale viver.

- **Fase 2 – Construção e expansão (35-55 anos): Construir patrimônio, família, impacto**

Aqui o ritmo acelera: carreira avançou, responsabilidades maiores: casa, filhos, negócios, talvez. As pressões também aparecem: "ter", "mudar", "acompanhar". O risco de perder equilíbrio é real.

- Financeira: Investimentos relevantes, diversificação, proteger patrimônio. Bloom e outros apontam que o dinheiro sozinho não basta — é o que ele permite, o que ele protege, o que ele abre.
- Tempo: A escolha entre mais horas e mais vida se torna mais explícita. Você pode ganhar mais, mas pagar com menos tempo e menos liberdade. A riqueza de tempo aqui se revela como qualidade, não apenas quantidade.
- Física: A manutenção da saúde se torna essencial — o desgaste acumulado pede atenção.
- Social/Mental: O impacto na família, na comunidade e a clareza de propósito ganham força. A mentalidade "para que eu trabalho" se amplia para "o que deixo".

Como aplicar:

- Reavalie seu "enough life" quantitativamente: quanto você precisa para sustentar liberdade, não só estilo.

- Defina "dias não trabalhados" no ano.
- Pondere: se ganhar mais, vou aumentar tempo ou gasto?
- Invista em saúde preventiva — check-ups, hábitos, qualidade de vida.
- Escolha uma causa ou projeto que esteja além de você — isso fortalece o pilar social e mental.

Se nesta fase você conseguir equilibrar construção com significado, estará não só crescendo: estará usufruindo.

- **Fase 3 – Maturidade, legado e liberdade (55+ anos): Escolher viver, não apenas manter**

Agora o foco muda: você já trabalhou para "alcançar". Agora é sobre "usufruir" e "legar". A liberdade plena aparece como meta.

- Financeira: Não apenas acumular, mas permitir liberdade de escolha: trabalhar ou não, focar em propósito, passar o bastão.
- Tempo: Quantidade de tempo livre aumenta — o que define valor agora é como você o usa.
- Física: Saúde e energia determinam quantas "vitórias" futuras serão possíveis.
- Social/Mental: O legado, a mentoria, a presença familiar e comunitária têm peso enorme.

Como aplicar:

- Estabeleça qual será sua rotina desejada: "Se eu parar de trabalhar, como será meu dia?"
- Desligue gastos elevados que não trazem alegria — o "lifestyle creep" (inflação de estilo) mata patrimônio e liberdade.
- Transforme parte do seu patrimônio em impacto: fundos de doação, mentorias, projetos que perpetuam valor.
- Revise o que "enough" significa agora — não em função de renda, mas de liberdade e legado.

- Celebre conquistas silenciosas: tempo com netos, projetos sem lucro, descanso sem culpa.

Nesta fase, riqueza não é o que você adquiriu — é o que você pode escolher agora, e o que vai deixar para quem vira.

Integrando fases e riqueza: o mecanismo de "dimmer" para cada pilar

Como Bloom propõe, os cinco tipos de riqueza não são "liga/desliga" — são "dimensores". Em cada fase, você "acompanha" cada pilar com intensidade diferente, mas não abandona nenhum.

- Sua riqueza física pode estar "low dimmer" enquanto foca financeira — ótimo, desde que não desligue.
- Sua riqueza social pode estar "medium" enquanto você constrói carreira — ótimo, se não zerar.

O segredo: mantém todos acima de zero, ajustando o foco conforme a fase da vida.

Esse equilíbrio evita arrependimento — porque imaginar "se eu tivesse cuidado da saúde mais cedo" ou "se eu tivesse dado atenção ao tempo" é dor que dinheiro não cura.

Você está diante de uma visão que liga técnica e alma, números e valores, futuro e presente.

As fases da vida não acontecem ao acaso — acontecem por escolhas. Escolhas conscientes, informadas, alinhadas com o que você deseja ser e com o que deseja deixar. E quando você aplica isso — não apenas entende — a "riqueza que o dinheiro não compra" deixa de ser teoria e vira seu modo de vida.

Exemplos, Aprendizados e Mestres: Quando a Prática Revela o Invisível

Quando falamos de "riqueza invisível", não estamos entregando apenas uma metáfora bonita. Estamos apontando para algo real, profundo, comprovado — que está apoiado em estudos, em exemplos de vida e em reflexões de grandes autores. Agora é o momento de trazer casos concretos e ensinamentos de peso, para que o que lemos até aqui deixe de ser apenas teoria e se torne transformação.

"O comportamento importa mais que o conhecimento" *— Morgan Housel em The Psychology of Money:*

"Ter sucesso com dinheiro tem pouco a ver com o quão inteligente você é e muito a ver com o seu comportamento."

E ainda:

"O maior valor intrínseco do dinheiro — e isso não pode ser subestimado — é sua capacidade de lhe dar controle sobre o seu tempo."

Essas frases não são meros adornos. São faróis para o que estamos construindo neste livro: renda, patrimônio, investimentos são importantes — mas a grande virada está no uso, no domínio, na coerência entre quem você é e como você gasta seu dinheiro e tempo.

- **Estudos que validam**
- Um estudo qualitativo sobre bem-estar financeiro apontou que jovens avaliam esse bem-estar em três componentes: manter o estilo atual, alcançar estilo desejado e liberdade financeira.
- Isso mostra que liberdade já não é "um dia ter um milhão". É "a capacidade de viver bem, agora e depois".
- Outro estudo mostrou que autocontrole financeiro e autoeficácia financeira (crença de que "eu consigo gerir meu dinheiro") são fortemente correlacionados com bem-estar financeiro — e faltas nesses traços geram mais dificuldades.

- Ou seja: não basta saber "como investir". É saber "que eu posso, que eu mereço, que eu agirei".
- Uma ligação clara entre finanças e saúde: problemas financeiros (alto nível de dívida, instabilidade) afetam saúde mental e física.

Logo, quando trabalhamos "riqueza" que vai além do banco, estamos investindo em vida — não em saldo.

Esses estudos fundamentam o que queremos: uma riqueza que se mede em escolhas, autonomia, paz — não apenas em zeros no final da conta.

Exemplos de vida que inspiram

Considere alguns perfis:

- Um profissional que alcança bom padrão de renda, compra o que "todos têm", vive acelerado — e depois se pergunta: "Para que, mesmo?" Ele podia ter algo menor, mais alinhado, e mais tempo livre — e talvez fosse mais feliz.
- Uma família que, mesmo com renda moderada, prioriza: tempo com filhos, reserva emergencial, viagens simples, educação.
- Resultado: menos ansiedade, melhor qualidade de vida, legado saudável.
- Um aposentado que "tem dinheiro" mas não tem tempo, saúde ou sentido — e se dá conta de que "ter" virou fardo.

A partir dali, ele redireciona: doa, mentoriza, dedica-se ao que ama — e encontra liberdade real.

O que muda entre esses perfis?

A consciência do porquê do dinheiro, o alinhamento entre finanças e vida, e a percepção de que o que permanece é mais valioso do que o que se exibe.

Lições práticas para aplicar hoje

1.Escreva: "Se meu dinheiro servisse apenas para uma única coisa, qual seria?"

- Tempo livre?
- Saúde?
- Segurança para família?
- Impacto social?

Quando tivermos clareza, nossas decisões ganham foco.

2.Olhe seu extrato e seus gastos últimos 3 meses:

- Quais compras ou gastos me aproximaram desse "único porquê"?
- Quais me afastaram?
- Identifique 2-3 gastos que não servem ao que você escreveu.

3.Escolha um "experimento de riqueza invisível" para os próximos 30 dias:

- Reduza um gasto supérfluo e direcione para algo de valor humano (uma doação, um curso, tempo com alguém).
- Registre os efeitos: me sinto mais leve? Dormi melhor? Fiquei mais presente?

4.Revise crenças antigas:

- *"Dinheiro muda as pessoas."*
- *"Quem tem muito está sozinho."*
- *"Preciso ter para valer."*
- *Pergunte: "Essas crenças me ajudam ou me travam?"*
- *Substitua por: "Ter me permite escolher bem."*
- *"Prosperar me permite servir."*
- *"Minha riqueza visível é consequência da riqueza invisível."*

5.Crie uma rede de conversas financeiras:

Compartilhe com alguém de confiança seus objetivos de riqueza invisível.

Explique que dinheiro agora não é fim — é meio.

Essa conversa fortalece a mentalidade e cria suporte.

Você, já percorreu uma jornada de experiência, trabalho, construção de negócios e visão.

Agora o convite é: leve isso para o que realmente importa.

Não apenas para "ganhar mais", mas para "ser mais", para "ter liberdade", para "legar valores".

Porque a maior riqueza não é aquilo que você compra. É aquilo que você se torna — e aquilo que você permite para quem você ama.

As Armadilhas que Minam a Riqueza Invisível (E Como Evitá-las)

Ao longo da vida, não é raro sermos seduzidos por caminhos que parecem promissores, mas que nos afastam da verdadeira prosperidade. Não estamos falando aqui apenas de golpes financeiros ou escolhas erradas. Estamos falando de algo mais sutil e poderoso: as armadilhas modernas que consomem nossa atenção, drenam nosso tempo, corroem nossa saúde emocional e desviam nosso foco do que realmente importa.

Essas armadilhas são silenciosas, sociais, aceitas — e perigosas. Mas o primeiro passo para vencê-las é enxergá-las. E é isso que vamos fazer agora.

1. A Armadilha da Comparação Contínua

"Fulano tem mais." "Beltrano foi mais longe." "Meu vizinho fez um cruzeiro."

Essa comparação constante — alimentada por redes sociais, marketing agressivo e ambientes de competição — sabota a riqueza invisível ao roubar o maior bem da vida: a paz interior.

Como ela age:

- Gera insatisfação crônica.
- Faz com que você gaste mais do que precisa para manter uma aparência.
- Faz parecer que você "está atrasado", mesmo quando está no seu tempo.

Como evitar:

- Pratique o silêncio digital: reduza o tempo de exposição a redes sociais.
- Faça o exercício da gratidão reversa: "O que eu NÃO tenho que me ajuda?"

Lembre-se: o sucesso do outro não invalida o seu.

Como diz Theodore Roosevelt:

"Comparison is the thief of joy."
"A comparação é a ladra da alegria."

2. A Armadilha da Pressa e da Distração

Vivemos em um mundo que glorifica o "agitado", o "sem tempo", o "ocupado". Mas estar ocupado não é o mesmo que ser produtivo. E correr não é o mesmo que avançar.

Como ela age:

- Impede reflexão.
- Dificulta conexões profundas com pessoas.
- Faz você viver no automático, perdendo a vida real.

Como evitar:

- Crie espaços de pausa: uma hora sem telas por dia, uma caminhada sem música, um almoço sem pressa.
- Agende tempo para pensar — literalmente.
- Respeite seu tempo interno. A pressa não acelera o que é profundo.

3. A Armadilha do Estilo de Vida Inflacionado

Esse é um dos maiores sabotadores da liberdade financeira. O "lifestyle creep" — a inflação do estilo de vida — acontece quando, à medida que ganhamos mais, passamos a gastar mais... sem ganhar mais qualidade de vida.

Como ela age:

- Você troca simplicidade por excessos.
- O que era "desejo" vira "necessidade".
- E, mesmo com mais dinheiro, você se sente mais preso.

Como evitar:

- Revise seus padrões: você precisa mesmo de tudo isso?
- Volte ao básico: "O que me traz alegria, de fato?"
- Mantenha os pés no chão: ganhe mais, mas não se escravize por isso.

4. A Armadilha do Isolamento Financeiro

Falar sobre dinheiro ainda é tabu. Isso cria um ciclo de isolamento onde as pessoas enfrentam problemas sérios — dívidas, insegurança, medo do futuro — mas não pedem ajuda. E, sozinhas, caem.

Como ela age:

- Impede que você aprenda com outros.
- Faz você achar que "só você está assim".
- Gera vergonha, que paralisa ações.

Como evitar:

- Crie espaços seguros para falar de dinheiro.
- Participe de grupos de apoio, leitura, educação financeira.
- Lembre-se: pedir ajuda não é sinal de fraqueza, é prova de sabedoria.

5. A Armadilha da Falta de Propósito

Você ganha, investe, compra, mas... por quê?

A ausência de propósito é como um buraco no casco de um navio: não importa o tamanho da embarcação, ela vai afundar.

Como ela age:

- Gera vazio mesmo em meio à fartura.
- Cria metas que não significam nada.
- Faz você seguir modelos que não têm a ver com sua essência.

Como evitar:

- Pergunte a si mesmo: "Se dinheiro não fosse problema, como eu viveria?"
- Faça o "exercício do legado": "O que eu gostaria que dissessem de mim quando eu partir?"
- Redirecione: alinhe seu orçamento com seus valores. O que você diz que é importante deve aparecer nos seus extratos.

Transformando armadilhas em alavancas

Essas armadilhas não precisam ser destino. Elas podem ser aviso. E todo aviso pode virar um chamado para mudança.

Aqui estão três perguntas-bússola para aplicar a cada decisão financeira (ou de vida):

1. Isso me aproxima de quem eu quero ser?
2. Isso serve ao meu propósito ou apenas ao meu ego?
3. Estou ganhando liberdade ou estou comprando prisão?

Se a resposta não for um "sim" firme — pare, respire e reconsidere.

As maiores riquezas que você pode ter — tempo com quem ama, paz para dormir, saúde para viver, propósito para acordar, liberdade para escolher — não estão à venda. Mas estão ao alcance de quem sabe onde procurar. E saber onde procurar começa por saber onde não cair.

Seu Plano Pessoal de Riqueza Invisível: Da Ideia à Vida de Verdade

Você já percorreu um caminho rico: entendeu que a grande riqueza vai muito além do saldo da conta; conheceu os cinco tipos de riqueza (temporal, social, mental, física, financeira) conforme o modelo de Sahil Bloom.

Agora é a hora: transformar entendimento em ação. Aqui está o plano para você criar sua própria "economia da riqueza invisível" — duradoura, consciente e com raízes na sua verdade.

1. Defina seu Norte: Qual riqueza priorizo agora?

Pegue um papel, ou abra seu app de notas, e responda:

"Se eu olhar para meus 10 próximos anos, qual tipo de riqueza merece prioridade hoje — e por quê?"

Pode surgir algo como:

- Tempo: Quero recuperar as manhãs de sábado com minha filha.
- Social: Quero nutrir ao menos duas amizades profundas que mantenho à distância.
- Mental: Quero aprender continuamente para poder ensinar no futuro.
- Física: Quero ter energia aos 60 anos para caminhar 30 km tranquilo.
- Financeira: Quero criar a base suficiente para decidir parar antes de 65 anos.

Escolha um foco primário para os próximos 12 meses — sem se culpar pelas outras riquezas, mas com foco claro no primeiro andar.

2. Marque marcos trimestrais e semestrais

Com o foco definido, crie marcos concretos. Exemplo

Se o seu foco for o tempo:

- 3 meses: Estabelecer uma rotina de desligar o trabalho às 19h dois dias por semana.
- 6 meses: Dedicar 4 horas contínuas no fim de semana exclusivamente para lazer ou família.
- 12 meses: Fazer uma viagem de 5 dias com quem amo, sem celular de trabalho.

Se o foco for financeiro:

- 3 meses: Automatizar 10% da renda para investimento.
- 6 meses: Finalizar um curso sobre educação financeira prática.
- 12 meses: Ter reserva emergencial que cubra 3 meses de despesas fixas.

Anote os marcos — eles transformam o "algum dia" em "já".

3. Acompanhe os outros quatro pilares em paralelo

Mesmo que o foco de 12 meses seja em uma riqueza, os outros quatro não ficam parados. Use este mini-check-list mensal:

- Tempo: Quantas horas livres de verdade tive esta semana?
- Social: Quando foi a última vez que me conectei sem pressa com alguém querido?
- Mental: Que lição aprendi neste mês?
- Física: Qual foi o hábito que mantive consistentemente?
- Financeira: Estou conforme meu plano ou fui puxado pelas armadilhas (como "estilo de vida inflacionado")?

Essa verificação evita que você suba um pilar e derrube outro — uma armadilha que muitos vivem.

4. Implemente um sistema de progresso

- Revisão mensal: Todo final de mês, revise os marcos e check-lists. O que funcionou? O que precisei ajustar?
- Jornada de 90 dias: A cada 90 dias, faça uma reflexão mais profunda: "Onde estou comparado aos marcos dos 12 meses?"
- Revisão anual: Ao fim de 12 meses, faça uma reunião com você — caneta, papel, ambiente tranquilo. Revise se o foco ainda salva ou se precisa mudar.

5. Ferramentas e práticas que ajudam

- Use planilha ou aplicativo de finanças com categorias claras (você já domina isso).
- Crie "hora de riqueza" semanal: bloco de 1 h no calendário para cuidar dos pilares.
- Ritual de gratidão e reflexão: toda noite, anote uma "vitória invisível" (algo que dinheiro não compra).
- Conecte-se com pessoas que veem "riqueza" como algo além do dinheiro — pode ser um mentor, um grupo de leitura, um podcast.

6. A grande virada: use seus recursos para gerar valor

Você já trabalhou para acumular.

Agora, vire o jogo: acumular para contribuir, para servir, para legar.

- Pense em algo que você pode doar: tempo, mentoria, experiência de mercado.
- Invista numa causa que represente valores seus.
- Busque construir legado: não só bens, mas atitudes, histórias, presença.

Quando você transforma riqueza invisível em ação concreta,

você reforça todos os cinco pilares — e torna sua vida irreversível no bom sentido.

Você chega à reta final deste capítulo — e do livro — com verdade, técnica e propósito.

Lembre-se:

**“A maior riqueza está não no que você compra,
mas no que você se torna ,
e no que permite aos outros se tornarem.”**

Hoje, você tem a estrutura.

Tem o plano.

Tem o conhecimento.

Agora: siga com coragem

O Momento em Que a Vida Muda de Direção

Se você chegou até aqui, algo em você já mudou — talvez de forma silenciosa, mas irreversível.

Você pode até não ter percebido o exato momento em que aconteceu, mas ele está aqui, marcado entre as linhas, nos silêncios entre os parágrafos, no eco de tudo o que foi lido, sentido e confrontado neste capítulo.

Foi no instante em que você deixou de olhar para o dinheiro como um fim... e passou a enxergá-lo como um meio para viver melhor, com mais presença, significado e liberdade.

Esse instante é seu divisor de águas.

A Travessia Entre Dois Mundos

Durante muito tempo, a lógica dominante foi a da escassez:

- preciso correr;
- preciso juntar;

- preciso provar;
- preciso ter mais para, só então, ser alguém.

Mas agora você se encontra em outro lugar.

Aqui, o valor não está no saldo, mas na paz que esse saldo pode oferecer.

Não está na marca do carro, mas na qualidade das conversas que ele te permite ter ao levar alguém que você ama para almoçar.

Não está em quantas cifras você alcança, mas em quantas noites você consegue dormir tranquilo sabendo que suas escolhas estão alinhadas com sua essência.

Essa nova consciência é a real virada.

Você cruzou a ponte entre sobreviver e viver.

Entre controlar o dinheiro com medo e dirigir seus recursos com sabedoria.

Entre gastar para preencher vazios e usar o dinheiro para expandir aquilo que já é abundante dentro de você.

A Riqueza Como Ferramenta de Transformação

Agora, você entende:

O dinheiro, por si só, é neutro.

Mas o que você faz com ele pode ser libertador ou destrutivo.

Você pode escolher usar o dinheiro como um agente de paz — e não de ansiedade.

Como uma ponte para experiências, e não como âncora para aparências.

Como um reflexo da sua maturidade emocional, e não como um palco de inseguranças disfarçadas.

E a maior riqueza que isso tudo traz?

Você se torna alguém que não apenas tem...

Mas que entende o que tem. E para que tem.

Um Novo Mapa Para Sua Jornada

Este capítulo lhe ofereceu algo raro: um mapa que não mostra apenas o destino — mostra quem você precisa ser ao longo do caminho.

Você viu que riqueza é plural.

É tempo de qualidade.

É saúde preservada.

É mente limpa.

É relacionamentos sinceros.

É não ter vergonha de pedir ajuda.

É saber dizer "não" quando o mundo diz "sim".

É viver com menos, mas com mais verdade.

É ensinar seus filhos a se sentirem seguros com quem são, e não com o que têm.

E principalmente: É construir tudo isso de forma sustentável, leve, inteligente — e possível.

O Convite Para Viver Essa Nova Versão

Você já não é mais só um leitor.

Você é, agora, um autor da sua nova etapa.

Escreva seus próximos dias com o que você aprendeu:

- Comece com mais silêncio.
- Escolha com mais clareza.
- Gaste com mais propósito.
- Invista com mais visão.
- Doe com mais generosidade.
- Viva com mais alma.

O que antes parecia impossível, agora está ao alcance.

Porque você mudou por dentro.

E quando a mente muda, a conta muda.

A agenda muda.

O bolso muda.
O legado muda.

Ligação com o Encerramento

O que vem a seguir não será um resumo.
Será um aceno de despedida com cara de reinício.
Um capítulo curto, mas intenso.
Uma costura final que une tudo o que você viveu nestas páginas com o que ainda viverá fora delas.
Porque este livro não termina.
Ele apenas transfere o bastão para as suas mãos.
A última página virá como uma brisa que carrega força.
Como um sussurro que marca.
Como uma despedida que não fecha portas, mas abre novos caminhos.
E você, que chegou até aqui, saberá:
"A partir deste ponto, eu nunca mais verei o dinheiro — ou a vida — da mesma forma."

CAPÍTULO 26

Tudo o que aprendi (e ainda estou aprendendo).

Quando Olho Para Trás, Vejo o Quanto Avançamos

Escrever este livro foi, para mim, mais que colocar palavras no papel — foi um reencontro com tudo que vivi, tudo que aprendi e, principalmente, tudo que ainda me esforço para aplicar dia após dia.

Ao longo dessas páginas, você caminhou por conceitos, histórias, exercícios e reflexões que não nasceram em teoria. Vieram do campo. Do chão da vida. Das mesas de reunião, dos boletos vencidos e pagos, dos medos que acordam no meio da noite, e das conquistas que trazem lágrimas de gratidão.

E se você chegou até aqui, eu já posso lhe dizer:

você não é mais o mesmo.

Não porque tenha virado um expert financeiro.

Não porque decorou os percentuais ideais de gasto, investimento ou reserva.

Mas porque entendeu algo essencial: que dinheiro é uma linguagem, e você agora é fluente nela — na versão mais humana, realista e poderosa possível.

O Que Aprendemos, Juntos

Relembrar aqui tudo o que foi abordado seria injusto. Seria como tentar contar o mar com os dedos.

Mas há coisas que precisam ser ditas com nome e sobrenome, pois elas são as colunas da nova mentalidade que você construiu:

- 1.Aprendemos que o cartão de débito é mais que um plástico – é um símbolo de controle, de presença, de realidade.
- 2.Entendemos que finanças não se começam na fase adulta – elas devem ser cultivadas desde a infância, com cofrinhos e conversas francas.
- 3.Vimos que o cartão de crédito pode ser aliado ou vilão – depende de quem o comanda.
- 4.Discutimos a ilusão do aluguel eterno como liberdade, e da casa própria como prisão – e descobrimos que a decisão certa depende de contexto, e não de opinião.
- 5.Aprendemos que investir não é complicado – é começar, é repetir, é respeitar o tempo.
- 6.Compreendemos que você é seu maior ativo – seu conhecimento, suas escolhas, sua energia.
- 7.Percebemos que a realidade econômica não é distante – ela está no seu carrinho de compras, no preço do arroz, na taxa do financiamento.
- 8.Exploramos o medo, a culpa, a ansiedade – e os reconhecemos como partes do jogo. Mas não mais como chefes.
- 9.Refletimos sobre a riqueza invisível – aquela que não aparece no extrato, mas que salva casamentos, sustenta legados e nos permite dormir em paz.

E o mais importante: você aprendeu a se ver como protagonista.

Você não é mais alguém que o dinheiro arrasta.

Você agora é alguém que o conduz.

Com consciência. Com clareza.

Com coragem.

O Aprendizado Que Nunca Termina

E se eu puder ser honesto — como fui desde o início — deixo aqui um último segredo: ***"Eu também ainda estou aprendendo."***

Sim.

Mesmo depois de anos de experiência em crédito, cobrança, mercado financeiro, empresas e vida pessoal, eu ainda erro. Ainda caio em armadilhas. Ainda preciso parar, respirar e me lembrar do que escrevi aqui.

Porque o dinheiro, como a vida, muda.

E o verdadeiro aprendizado nunca termina.

Ele amadurece. Evolui.

Às vezes retrocede, para nos ensinar humildade.

Mas sempre avança, quando estamos dispostos a continuar aprendendo

Ler uma Vez Transforma. Relembrar Sempre Constrói.

Se você terminou este livro com um sentimento de *"por que não me ensinaram isso antes?"*, saiba que esse pensamento é mais comum do que parece.

Por muito tempo, assuntos como dinheiro, consumo, dívida e investimento foram tratados como tabu.

Nas famílias, reinava o silêncio.

Nas escolas, a ausência.

Na mídia, o excesso de informação – muitas vezes desencontrada, comercial, ou alarmista.

Mas agora você tem em mãos um guia.

Um roteiro de clareza.

Uma voz amiga que, página a página, lhe explicou não só o

que fazer com o seu dinheiro — mas o que fazer com você mesmo diante dele. E por isso, esse livro não deve ser lido apenas uma vez.

A Força da Releitura

O primeiro contato com este conteúdo foi como abrir uma janela. Você viu coisas novas. Enxergou horizontes. Respirou um ar diferente.

Mas é na releitura que você planta raízes.

Na segunda vez, você vai ver o que não viu.

Na terceira, vai aplicar o que não aplicou.

Na quarta, vai ensinar o que aprendeu.

E, em cada nova leitura, será uma versão diferente de si mesmo encarando os mesmos ensinamentos com maturidade renovada.

Releia este livro em momentos de dúvida.

Releia ao mudar de emprego, de cidade, de fase de vida.

Releia ao ganhar mais, ao perder o rumo, ao querer recomeçar.

Ele vai conversar com você de outro jeito – sempre.

Compartilhar é Multiplicar

Não guarde este conteúdo só para si.

A verdadeira riqueza é aquela que se compartilha.

Converse com seu cônjuge sobre o que você aprendeu aqui.

Sente-se com seus filhos, sobrinhos ou afilhados e conte histórias sobre economia, sobre escolhas, sobre compras e sonhos.

Use exemplos da sua vida. Fale com verdade. Ouça com paciência.

Lembre-se: educação financeira é herança emocional.

Mais do que deixar dinheiro, deixe entendimento.

Mais do que uma casa, deixe fundamentos.

Mais do que conquistas, deixe sabedoria para conquistá-las de novo, se preciso for.

Se puder, leia este livro com eles. Uma página por semana. Uma conversa por noite. Um capítulo por mês.

Não importa a velocidade — o que importa é o vínculo que isso cria.

A Prática É o Alicerce

Ler transforma.

Relembrar fortalece.

Mas praticar, todos os dias, é o que constrói.

Se você fizer apenas um exercício por mês...

Se revisar seus gastos uma vez por semana...

Se pensar duas vezes antes de comprar o que não precisa...

Se doar mais do que sobrar, e não só o que sobrar...

Você estará, aos poucos, construindo uma fortaleza que o dinheiro não derruba.

A consistência vence o talento.
A prática vence a teoria.
A disciplina vence a sorte.

E Se Você Parar?

Você vai parar.

Todo mundo para.

Alguma conta vai sair do controle. Algum mês vai fechar no vermelho. Algum impulso vai vencer a razão.

Acontece.

Mas quando isso acontecer — releia.

Volte à página que lhe tocou.

Reviva a história que te inspirou.

Retome o exercício que clareou sua mente.

E volte. Sempre volte.

Porque quem aprendeu a viver com consciência nunca mais volta ao escuro do mesmo jeito

O Dinheiro Não É o Fim. É o Caminho Para o Que Importa.

Quando comecei este livro, eu sabia que não estava escrevendo apenas sobre finanças.

Estava escrevendo sobre liberdade.

Sobre autonomia. Sobre paz. Sobre escolha.

Dinheiro é importante.

Mas o que você faz com ele — isso sim muda tudo.

Não é o quanto você ganha.

É como você gasta, com quem divide, o que prioriza.

E, acima de tudo:

Quem você se torna no processo.

Dinheiro: Servo, Não Senhor

É aqui que muitos tropeçam.

Eles trabalham, se esforçam, correm, vencem...

Mas, sem perceber, colocam o dinheiro num trono que ele nunca deveria ocupar.

Dinheiro é ferramenta, não identidade.

É ponte, não destino.

É alicerce, não teto.

Você não deve trabalhar para o dinheiro.

Você deve fazer com que ele trabalhe para você.

Não com arrogância, mas com sabedoria.

Não com ganância, mas com visão.

Toda vez que você compra por impulso, perde o controle de um pedaço da sua liberdade.

Mas toda vez que você escolhe com consciência, você recupera o trono da sua própria vida.

Leveza e Propósito: Os Guardiões da Consistência

Manter uma vida financeira saudável não é viver contando moedas. É viver com propósito.

Não se trata de negar prazeres.

Trata-se de escolher os que têm valor real.

Você pode tomar seu café especial, comprar um presente para quem ama, viajar quando puder — mas faça isso com o coração leve e as contas em ordem.

O sabor é outro. A experiência é outra. A paz é outra.

E lembre-se:

- Você não precisa ser perfeito.
- Você só precisa ser constante.

A consistência é construída com pequenos "sim" ao que importa, e muitos "não" ao que não faz falta.

O Caminho Está Traçado. Mas Ele É Seu.

Este livro lhe deu um mapa.

Mas é você quem vai caminhar.

Haverá dias bons e dias difíceis.

Haverá escolhas fáceis e outras que exigem renúncia.

Mas você tem tudo que precisa:

- conhecimento,
- clareza,
- consciência,
- e agora, um novo olhar.

Volte a este livro sempre que se perder.

Use-o como bússola.

Como espelho.

Como farol.

Porque ele não é só um livro.

É uma promessa de que você pode viver melhor. E pode começar agora.

Você chegou até aqui.
Leu cada capítulo, questionou, refletiu, se emocionou, e talvez tenha revisto partes da sua história.

Mas, acima de tudo, algo mudou em você.
Você agora tem poder.
Poder de decidir.
Poder de dizer "basta".
Poder de recomeçar.
Poder de ensinar.

E, com esse poder, vem o maior presente de todos:
a liberdade de viver com verdade.

Se eu pudesse lhe dizer apenas uma coisa, seria:

Nunca subestime o poder de uma mente financeiramente consciente.
Ela muda famílias.
Ela constrói legados.
Ela cria paz onde antes havia dívida.
Ela ensina amor onde antes havia cobrança."

Esse é o seu novo papel.
Você agora carrega um mapa.
Use-o com amor. Com coragem. Com humildade.
E, se errar — volte. Releia. Refaça. Recomece.

Este livro estará sempre aqui.
E você, nunca mais será o mesmo.

LEMBRE-SE

- ***"Dinheiro não aceita desaforo."***
- ***"Você é o seu maior ativo."***
- ***"Riqueza não é mágica. É matemática."***
- ***"Liberdade é poder dizer não."***
- ***"O dinheiro deve ser seu empregado, não seu senhor."***
- ***"Você compra coisas que não precisa, para impressionar quem não conhece, com dinheiro que não tem."***
- ***"Educação financeira começa no cofrinho."***

Um Convite Final

Releia este livro.
Refaça os exercícios.
Aplique os conceitos.
Discuta com quem você ama.
Compartilhe com quem precisa.
Viva cada página no cotidiano.

E, sempre que puder, ensine alguém.
Nada muda mais a sua vida do que ajudar outro a mudar a dele.

Até Breve

Este livro termina aqui.
Mas a sua nova vida... está só começando.
Obrigado por caminhar comigo.
Nos encontraremos de novo: talvez neste mesmo livro.
Ou, quem sabe, num próximo capítulo da sua própria história.

OOOOOOOOOOOOOO

www.ingramcontent.com/pod-product-compliance
Lightning Source LLC
LaVergne TN
LVHW052137041026
849558LV00042B/532
* 9 7 8 1 9 6 2 1 8 5 8 8 2 *